"十二五"职业教育国家规划教材
经全国职业教育教材审定委员会审定

邮政通信组织管理

(第 2 版)

王为民　主编

北京邮电大学出版社
www.buptpress.com

内容简介

本教材共分七章，从邮政网、邮政生产作业组织全过程全面系统地介绍了邮政企业组织架构、邮政网的构成、邮政网的组织管理体制、各级邮政网的组织管理、邮政支局(所)的组织管理、邮区中心局的组织管理、邮政投递的生产组织管理、报刊生产作业组织管理、国际邮件的组织管理。本教材从邮政网路和生产作业组织两条主线来介绍邮政组织管理体系、管理制度和组织方法与步骤。教材理论与实践相结合，贴近邮政企业实际，适合邮政企业网路组织管理人员和生产作业组织管理人员使用，也适合作为大专院校邮政管理专业的专业教材。

图书在版编目(CIP)数据

邮政通信组织管理 / 王为民主编. --2 版. --北京：北京邮电大学出版社，2014.10
ISBN 978-7-5635-3289-6

Ⅰ. ①邮…　Ⅱ. ①王…　Ⅲ. ①邮政管理　Ⅳ. ①F616

中国版本图书馆 CIP 数据核字(2012)第 269656 号

书　　名：邮政通信组织管理(第 2 版)
责任著作者：王为民　主编
责 任 编 辑：马晓仟
出 版 发 行：北京邮电大学出版社
社　　址：北京市海淀区西土城路 10 号(邮编：100876)
发 行 部：电话：010-62282185　传真：010-62283578
E-mail：publish@bupt.edu.cn
经　　销：各地新华书店
印　　刷：北京鑫丰华彩印有限公司
开　　本：787 mm×1 092 mm　1/16
印　　张：16.25
字　　数：419 千字
版　　次：2008 年 7 月第 1 版　2014 年 10 月第 2 版　2014 年 10 月第 1 次印刷

ISBN 978-7-5635-3289-6　　定　价：35.00 元

·如有印装质量问题，请与北京邮电大学出版社发行部联系·

前　言

随着邮政企业的快速发展，对邮政企业的组织管理要求越来越高，要求邮政管理人员既要熟悉邮政各个生产环节的作业流程与要求，又要全面系统地掌握科学的管理方法，用系统化的思维和严谨科学的方法做好邮政网路组织管理、效益评估和邮政生产全过程的质量管理工作。目前，市场上缺少既贴近企业实际，又较为系统全面地梳理邮政组织管理体系的专业教材。为此，2008 年，石家庄邮电职业技术学院的教师们深入企业调查研究，收集第一手资料，整理了企业相关的业务要求和规章制度以及生产操作规范，并将这些零散无序的规章、规则进行体系化的设计与组织，搭建了中国邮政网路组织和生产作业组织管理的基本架构和组织管理体系。编写出版了邮政通信组织管理教材。6 年过去，邮政的生产作业组织发生了较大的变化，为了适应企业发展变化的要求，我们又对 2008 年版的教材进行了修订。对部分内容进行了更新，对部分章节进行了删减。为了使本教材的风格更加适合学生学习，在体例上设计了学习目标、引导问题、阅读材料、课后实践和复习思考题，以方便学生学习。本教材的第一章由石家庄邮电职业技术学院的李颖讲师编写，第二章由王为民、郭东芬教授编写，第三章由张瑞凤副教授编写，第四章由邱京敏副教授、吴建民副教授编写，第五章由周晓燕讲师编写，第六章由陈军须副教授编写，第七章由胡霞讲师编写。全书由王为民教授统稿。在本教材的编写过程中，一直得到中国邮政集团公司网路运行部的薛志刚博士的帮助，中国邮政集团公司网路运行部的赵生得同志为本教材的编写提供了相关的资料，在此一并向他们表示衷心的感谢。由于企业发展变化快，加上编写、出版需要一些时间，难免造成教材内容的更新赶不上企业的变化。在此，也向读者表示歉意。

编　者

前 言

目　　录

第一章　绪　论

【学习目标】

通过本章的学习，掌握邮政通信的性质、特点、地位和任务以及邮政通信组织管理的原则、主要任务等内容。

【引导问题】

邮政通信与我们的生活息息相关，但是你是否思考过什么是邮政通信？其性质是什么？它在社会中处于什么样的地位和作用？邮政组织管理的机构如何设置？邮政组织管理包括哪些内容？带着这些问题，我们走进本章的学习。

第一节　邮政通信概述

一、邮政通信的地位与作用

邮政通信是关系国家主权、国家信息安全和国计民生的特殊行业。邮电分营后，邮政已成为国民经济中独立运行的一个部门。正确认识邮政在国民经济中的地位和作用，可以让邮政更好地服务于社会，更多地提供高效、优质的邮政信息服务。

（一）政治服务

孔子讲的"置邮传命"距今已有 2 500 余年。这说明中国古代设置邮政，用以传递政府机要文件的历史非常悠久，也说明当今邮政业中机要通信是最初始的专业，是与军政有关的信息业。由此，也就有了"两国交兵，不斩来使"之美谈。纵观古今中外，任何国家任何历史时期的政权组织中，邮政通信都具有十分重要的政治地位。古埃及、古罗马通信组织直接隶属军队，从他们展示的邮政历史资料中我们可以了解到，20 世纪 50 年代前的邮政局长都是佩戴肩章、腰挎战刀的将校军官。在我国，从先秦到清朝，邮政通信组织一直隶属兵曹或兵部管理，足见其要害地位。欧洲人认为只要有教堂、邮政局和警察局，就是当地政府存在的象征，缺一不可。巴西人的口头禅则是"第一相信上帝，第二相信邮政局"。为什么人们如此重视邮政，以致把邮政与上帝相提并论？就是因为邮政通信事关国家主权，事关国家信息安全，事关民族存亡。综上所述，邮政自古以来就是一个与国计民生密切相关的事业，邮政通信的政治地位不容动摇。

（二）信息服务

邮政是人类社会最古老的信息服务业。据文字专家考证，"邮"字本身就是以骑马奔驰的信使图案为基础的象形文字，这也充分说明邮政信息服务业的本质特征。古往今来，邮政成为人类社会不可缺少的信息服务业，为人类社会的进步和发展，做出了不朽的贡献。邮政部门的主要任务是提供信息服务。1835年莫尔发明了电报通信,1876年贝尔又发明了电话机,随着社会进步和科技发展,进入信息时代后,人类传递信息手段更加丰富多彩,信息业有了更加迅猛的发展,广播、电视、报纸杂志、卫星通信、计算机通信等信息服务业应运而生。

然而事实证明,众多信息传递方式并没有取代邮政通信方式,恰恰相反,正如江泽民指出的:“日新月异的现代信息技术,给国际邮政事业的发展注入了新的活力。”新技术的应用为邮政带来了新的生机和广阔的发展前景,世界上所有发达国家的经验都证明了这一点。以美国为例,美国是世界上电信、计算机通信、网络通信最发达的国家,有趣的是,美国同时也是邮政通信最发达的国家,人均信函量高达600～700封,其中与人们生活密切相关的水、电、煤气、有线电视、电话、保险业、电视购物等银行对账单类信函占较大比重,这就是人们常说的DM(Direct Mail),在我国称为商业信函。但同时大量关系国家安全的军政机密信件和经济情报也混杂在这些民用信息中。为此,美国在其邮政法中对军人使用邮政、驻外军事基地邮政通信、政府机关邮政通信,对副总统、国会成员及配偶的邮政通信甚至对前总统及其在世配偶、前国会成员及其在世配偶的邮政通信等都不厌其烦地做出了明确的法律规定,目的就是为了保护国家信息安全,保护国家利益。

(三) 物流服务

2010年6月29日中国邮政速递物流股份有限公司(简称中国邮政速递物流)成立,该公司是经国务院批准,中国邮政集团联合各省邮政公司共同发起设立的国有股份制公司,是中国经营历史最悠久、规模最大、网络覆盖范围最广、业务品种最丰富的快递物流综合服务提供商。中国邮政速递物流在国内31个省(自治区、直辖市)设立全资子公司,并拥有邮政货运航空公司、中邮物流有限责任公司等子公司。

中国邮政速递物流主要经营国内速递、国际速递、合同物流等业务,国内、国际速递服务涵盖卓越、标准和经济不同时限水平和代收货款等增值服务,合同物流涵盖仓储、运输等供应链全过程。拥有享誉全球的“EMS”特快专递品牌和国内知名的“CNPL”物流品牌。

中邮物流运用第三方物流的经营理念、管理模式和技术方法,发挥中国邮政品牌与资源优势,整合邮政物流资源及必要的社会物流资源,建立起与国际物流网络对接、覆盖全国的物流网络和先进、高效的物流信息平台,形成一体化物流服务体系,实现物流、信息流与资金流的融合,将邮政物流发展成为中国规模最大、具有国际竞争力的第三方物流企业。

综上所述,邮政通信行业在一个国家的政治、经济、文化等各个方面的发展都具有重要的地位,发挥着不可替代的作用,承担着多种重要的任务。其根本任务是保证党和国家的通信需要和整个社会以及市场经济发展对邮政服务的需要。其主要任务包括五个方面:

(1) 邮政通信担负着传递国家政令、公文和沟通各级党政军机关之间联系的重任;

(2) 邮政通信是全社会人民群众沟通信息、联络感情的最普遍的通信方式;

(3) 邮政通信是市场经济条件下,物质流通的重要渠道;

(4) 邮政通信是市场经济条件下,货币流通的重要渠道;

(5) 邮政通信是中国经济与世界经济联系的桥梁和纽带。

二、邮政通信的性质与特点

2009年颁布施行的《中华人民共和国邮政法》第八十四条规定:“邮政企业是指中国邮政集团公司及其提供邮政服务的全资企业、控股企业。”它是国民经济中一个独立的以传递实物信息为主的产业部门。也称其为邮政通信行业,向社会提供邮政通信服务,具有服务性和公用性两大性质。

(一) 服务性

邮政通信不生产物质产品，而是通过信息和物品的传递提供通信服务，起到空间位移和缩短时间的作用。邮政通信主要是一种以实物为载体的信息传递方式。邮政通信不生产新的实物产品，它根据用户的要求，利用邮政网把邮件由甲地运送到乙地实现邮件的空间位移，它的使用价值就是空间位移的价值，同时在传递邮件时根据用户的不同时间需求开设了不同传递时限的业务种类，也体现了邮政通信的时间效应。它的价值就是为此而消耗的活劳动和物化劳动。因此，邮政为社会提供的是劳务或服务，其经济属性表现为服务性。

(二) 公用性

邮政企业是由国家开办并直接管理，利用交通运输工具等手段传递以实物为载体的信息的行业，是现代社会进行政治、经济、科学、文化教育等活动和人们联系交往的公用性基础设施。因此，邮政通信具有公用性的性质，它作为社会的基础设施为全社会提供服务，是人们使用最普遍的通信手段，是发展社会主义市场经济的重要渠道和媒体。邮政的服务对象是全社会，任何人都享有邮政通信的权利，即邮政承担普遍服务。邮政的公用性主要表现在服务范围的广泛性和服务对象的普遍性以及使用的平等性。它是社会基础设施的重要组成部分，在国民经济和人民生活中占有重要地位。世界各国都把实现邮政的普遍服务作为邮政发展的宗旨。制定相关的法律，保障邮政通信的正常进行，对邮政的基本业务——信件业务授予邮政企业专营权，以政策扶持邮政发展。

邮政通信是现代通信的一部分，是以邮政通信网为基础、以实物为载体的信息传递活动，其呈现出以下特点。

1. 邮政通信的生产活动是通过传递附有信息的实物产生效益

邮政通信是根据用户的要求把附有信息的实物由甲地传递到乙地，而且保持实物原样不变。由于邮政通信的生产活动是通过传递附有信息的实物产生效益，因此，邮政通信必须利用运输工具完成实物信息的传递，邮政通信对运输工具具有一定的依附性。

为实现实物信息传递，邮政部门建立了实物传递和运送网络，以从分散到集中，再从集中到分散的方式，经过收寄、分拣、封发、运输和投递等环节，完成实物和信息的传递。因此，以局所和邮路相互联结而形成的邮政通信网是实现邮政通信的物质基础。

2. 邮政通信生产过程和消费过程的同一性

邮政的生产始于交寄，终于投递。用户交寄邮件是用户使用邮政业务的开始，也是邮政生产过程的开始，一旦邮件投递给收件人，生产过程就结束，同时就实现了信息的空间转移，消费过程随之结束。

3. 全程全网联合作业

各种邮政服务基于邮政通信网络，要完成邮政全程生产作业过程，通常由两个或两个以上的邮政企业协同作业才能完成，才能为用户提供完整的服务，全程全网联合作业是邮政通信最为突出的特点。

三、邮政通信的服务方针

邮政通信的服务方针是迅速、准确、安全、方便。

- 迅速——传递速度要快捷、及时;
- 准确——要求不出差错;
- 安全——不发生邮件丢失和损毁的情况,万无一失;
- 方便——为用户使用邮政业务提供方便。

第二节 邮政企业的组织架构

邮政是一个巨大复杂的系统,其复杂性不仅体现在网络庞大和业务多元方面,而且还体现在与其他类似系统(这里指“企业”)的目标差异上。其他类似系统一般仅有一个经济价值目标——盈利。而中国邮政则既要面对激烈的竞争实现盈利目标(作为国有企业),同时还必须承担普遍服务义务——维持一个完整而又普遍覆盖的网络。因此,在国土和区域间差异都非常巨大的情况下,邮政面临着多方面的挑战。而合理的组织架构设计将有利于中国邮政在战略层面实现巨大区域差异性与网络完整统一性之间的平衡,从而有利于从组织体系上保证中国邮政经济与社会价值目标的实现。

一、邮政企业的性质

中国邮政集团公司是在原国家邮政局所属的经营性资产和部分企事业单位基础上,依照《中华人民共和国全民所有制工业企业法》组建的大型国有独资企业。中国邮政集团公司依法经营邮政专营业务,承担邮政普遍服务义务,受政府委托提供邮政特殊服务,对竞争性邮政业务实行商业化运营。

中国邮政集团公司在政府依法监管、企业独立自主经营的邮政新体制下,将按照建立现代企业制度的要求,逐步发展成为结构合理、技术先进、管理科学、服务优良、拥有著名品牌、主业突出、具有国际和国内竞争实力的现代化企业集团。由此可见,我国的邮政企业具有以下三个性质。

1. 国有性

邮政通信是关系国家主权,关系国家信息安全,关系国计民生的特殊行业,邮政早已成为国民经济中独立运行的一个重要部门。因此,邮政是国家开办并直接管理的,运用各种运输工具传递实物信息的通信行业,是现代社会推行政治、经济、科学、文化、教育等活动和人们联系交往的国有公用性基础设施。

2. 公用性

邮政是公用性企业,是社会基础设施之一,这是由邮政本身具备的基本职能所决定。邮政与一般国有企业最根本的不同在于邮政承担了国家赋予的普遍服务义务。这是世界各国邮政共同具有的特点。在我国,公民的通信自由和通信秘密是受法律保护的,邮政承担普遍服务的目的就是保障公民通信权利落到实处,也是邮政企业公用性的具体体现。

3. 专业性

随着社会的进步和科学技术的迅速发展,尤其在进入信息时代后,人类传递信息的手段更加多样化,然而实践证明,众多的信息传递方式取代不了邮政通信方式。“邮政永远存在”不仅仅是一句口号,而且是邮政企业专业性的写照。根据国家法律的规定和社会的需求,邮政企业经办的业务分为三大类,即邮务类业务、速递物流类业务和金融类业务。

邮政企业与一般企业最根本的不同在于邮政承担了国家赋予的普遍服务的义务。普遍服务的实质是社会公用事业的特征，其内涵是：第一，人人都平等享受同样的服务；第二，价格低廉，人人都用得起；第三，承担普遍服务的部门不以营利为目的，而是强调社会效益。

《邮政法》第十五条规定："邮政企业应当对信件、单件重量不超过五千克的印刷品、单件重量不超过十千克的包裹的寄递以及邮政汇兑提供邮政普遍服务。邮政企业按照国家规定办理机要通信、国家规定报刊的发行，以及义务兵平常信函、盲人读物和革命烈士遗物的免费寄递等特殊服务业务。邮政普遍服务标准，由国务院邮政管理部门会同国务院有关部门制定；邮政普遍服务监督管理的具体办法，由国务院邮政管理部门制定。"第十六条规定："国家对邮政企业提供邮政普遍服务、特殊服务给予补贴，并加强对补贴资金使用的监督。"第十八条规定："邮政企业的邮政普遍服务业务与竞争性业务应当分业经营。"

二、邮政企业的管理体制

邮政政企分开之后，逐渐形成了中国邮政集团公司——省邮政公司——地（市）邮政分公司——县邮政局四个层级的组织机构模式。省公司是集团公司出资的二级法人单位。

（一）中国邮政集团公司的定位

企业的财产属于全民所有，国家依照所有权和经营权分离的原则授予企业经营管理。企业对国家授予其经营管理的财产享有占有、使用和依法处分的权利。中国邮政集团公司暂由财政部代表国务院履行出资人职责。公司实行总经理负责制，总经理为公司法定代表人。相应的中国邮政集团公司具有以下权利。

(1) 作为国务院授权的投资机构，负责经营和管理国有资产，承担国有资产保值增值义务。

(2) 集团公司对其全资企业、控股企业和参股企业（以下称有关企业）的国有资产和国有股权行使出资人权利，依法经营、管理和监督，并承担相应的保值增值责任。

(3) 将各省邮政局和原国家邮政局直属单位的经营性净资产上划，作为中国邮政集团公司的国有资本。集团公司对有关企业享有资产收益权。

（二）中国邮政集团公司的义务

中国邮政集团公司根据国家有关规定，承担邮政普遍服务义务；受国家委托，承担机要通信业务、义务兵通信等特殊服务。同时集团公司要建立健全成本削减激励机制，在保证普遍服务能力和服务标准的前提下努力降低普遍服务成本。

三、邮政企业的组织架构

（一）邮政集团公司组织机构及职责

根据企业改革和业务发展的需要，中国邮政集团公司成立后，主要从事普遍服务业务、竞争性业务（包括快递和物流业务）和邮政储蓄业务。其下设的主要机构有：办公室、市场经营部、网路运行部、财务部、企业发展与科技部、人力资源部、国际合作部、邮票发行部、审计部、纪检组监察局、党群工作部、机关事务部、邮政业务局、报刊发行局（公司）机构，同时拥有中国邮政储蓄银行、中国邮政速递物流有限公司、中国集邮总公司、中国邮政航空公司、中邮人寿保险股份有限公司等全资子公司及 31 个省（区、直辖市）邮政公司。主要机构设置如图 1-1 所示。

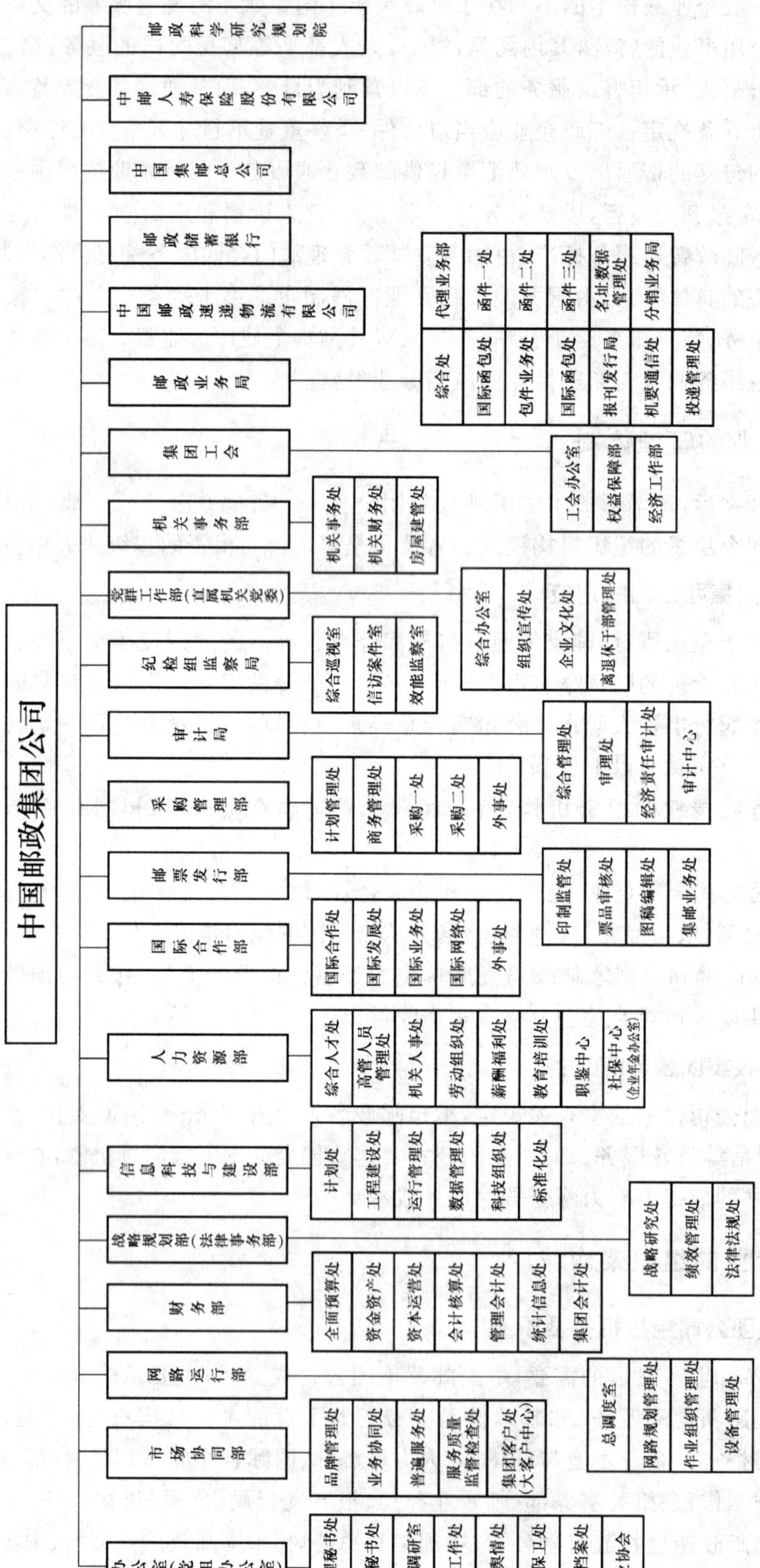

图 1-1 中国邮政集团公司组织机构图

办公室

(1) 负责制定集团公司总部工作规则和办公制度；

(2) 负责组织起草集团公司年度工作计划、重要会议工作报告、领导讲话、综合材料及相关重要文件等；

(3) 负责协调集团公司总部各部门的工作关系，处理集团公司总部日常工作和督办工作；

(4) 负责组织安排集团公司领导活动；

(5) 负责集团公司总部的文件工作；

(6) 承办集团公司全国性重要会议；

(7) 负责集团公司总部对外联络、媒体关系和新闻发布；

(8) 负责集团公司信息管理工作；

(9) 负责集团公司舆情监测，统筹处理舆情危机；

(10) 负责集团公司安全保卫管理工作；

(11) 负责集团公司总部的信访工作与档案管理工作；

(12) 负责本部门内的综合行政管理工作；

(13) 研究、拟订本部门各专业培训计划，并组织实施；

(14) 完成领导交办的其他工作。

党组办公室

(1) 负责制定集团公司党组工作规则和办公制度；

(2) 负责处理集团公司党组日常工作和督办工作；

(3) 负责组织安排集团公司党组的相关活动；

(4) 负责集团公司党组的文件、信息管理等工作；

(5) 完成集团公司党组领导交办的其他工作。

战略规划部

(1) 负责拟订集团公司中、长期发展战略和发展规划；

(2) 负责组织集团公司战略规划的落实、实施；

(3) 负责战略规划执行情况的监控、评估和调整；

(4) 负责研究国内外形势及国家、行业和地方政策，为集团公司战略决策提供支撑；

(5) 负责集团管控、管理体制、运营模式、业务及协同、企业改制等重大战略问题的研究，并提出解决方案；

(6) 负责汇总、编制集团公司年度经营计划，并跟踪、统计、分析、报告集团公司年度经营计划执行情况；

(7) 负责拟定集团公司业绩和绩效管理制度，组织对集团公司总部各部门及各下属单位的绩效管理与考核；

(8) 负责本部门内的综合行政管理工作；

(9) 研究、拟订本部门各专业培训计划，并组织实施；

(10) 承担集团公司战略规划咨询委员会办公室的日常工作；

(11) 完成领导交办的其他工作。

法律事务部

(1) 负责为集团公司的经营管理决策提供法律咨询；

(2) 负责审查、修改集团公司合同或协议，并督促履行；

(3) 负责办理或委托办理集团公司总部诉讼、仲裁等事务,指导集团公司各下属单位处理法律纠纷;

(4) 负责集团公司证照管理和知识产权管理法律事务;

(5) 负责指导和管理集团公司各下属单位的法律顾问工作;

(6) 参与集团公司总部重大对外投资项目的招投标和谈判工作;

(7) 完成领导交办的其他工作。

市场协同部

(1) 负责制定邮政业务协同的相关管理制度、规范及办法,建立协同机制;

(2) 负责指导、协调、管理集团公司三大板块之间的业务协同;

(3) 负责板块间关联交易政策研究、日常管理和协调;

(4) 负责邮政品牌的建设、维护和管理,组织开展品牌宣传;

(5) 负责贯彻落实普遍服务标准,开展与主管部门的沟通联系;

(6) 负责组织开展集团公司服务质量的监督检查(稽查)工作;

(7) 负责选择战略合作伙伴,签订战略合作协议,并组织实施;

(8) 负责跨板块集团客户的开发、维护和管理工作;

(9) 负责集团公司三大板块渠道、客户等资源的共享共用;

(10) 负责本部门内的综合行政管理工作;

(11) 研究、拟订本部门各专业培训计划,并组织实施;

(12) 完成领导交办的其他工作。

网路运行部

(1) 负责研究邮政网路组织原则和网路体制,制定网路发展规划;

(2) 负责制定和优化邮件内部处理业务流程;

(3) 负责制定各类邮件的全程时限、频次规定并组织实施;

(4) 负责邮政干线网路的组织管理和指挥调度;

(5) 负责协调、指导省内和邮区内邮路的组织和优化工作;

(6) 负责网路运行的安全生产工作;

(7) 负责制定分拣封发作业制度和操作规范,并组织实施;

(8) 负责省际、省内分拣封发关系的动态管理;

(9) 负责制定和审批各级邮区中心局的分拣作业计划;

(10) 负责干线网路的设备选型、调拨、维护、管理工作;

(11) 负责邮件容器的调拨及管理工作;

(12) 负责组织推进和管理网路运行信息化工作;

(13) 负责干线邮件运输、处理量的统计及分析工作;

(14) 负责对邮区中心局的业务指导工作;

(15) 负责本部门内的综合行政管理工作;

(16) 研究、拟订本部门各专业培训计划,并组织实施;

(17) 完成领导交办的其他工作。

财务部

(1) 负责制定集团公司会计核算办法和财务规章制度,并组织实施;

(2) 负责组织集团公司全面预算管理,下达预算目标;

(3) 负责普遍服务和特殊服务政策及专项财政补贴的管理；
(4) 负责集团公司资金资产、产权管理工作；
(5) 负责对外投资、直接融资、资本运营工作；
(6) 负责集团公司对外财务信息披露和年度决算编制；
(7) 负责税收政策的研究、税收管理和税收筹划工作；
(8) 负责组织推进和管理集团公司财务信息化工作；
(9) 负责管理会计体系建设和决策支持工作；
(10) 负责制定集团公司统计报表制度和统计指标体系；
(11) 负责财务信息、统计信息的管理和分析工作；
(12) 负责集团公司关联交易定价和对内、对外结算工作；
(13) 负责本部门内的综合行政管理工作；
(14) 研究、拟订本部门各专业培训计划，并组织实施；
(15) 承担集团公司预算管理委员会办公室的日常工作；
(16) 完成领导交办的其他工作。

人力资源部

(1) 负责贯彻落实中央和集团公司党组关于干部、人才工作的方针、政策和要求；
(2) 负责拟定集团公司人力资源战略规划和相关政策，并组织实施；
(3) 负责建立健全集团公司人才工作体系，组织开展人才队伍建设工作；
(4) 负责集团公司高管及后备人员的选拔任用、考核激励和监督管理工作，以及外派董事、监事的相关管理工作；
(5) 负责集团公司机构设置、人员配置、劳动用工、劳动标准等劳动组织管理工作；
(6) 负责集团公司人工成本计划管理，拟定员工薪酬基本制度，指导薪酬分配工作；
(7) 负责集团公司员工福利、劳动保护工作；
(8) 负责制定集团公司员工教育培训规划，指导开展员工教育培训工作；
(9) 负责集团公司总部人力资源管理工作；
(10) 负责集团公司社会保险、补充保险相关工作；
(11) 负责集团公司职业技能鉴定工作；
(12) 负责人力资源管理信息化的组织推进与管理工作；
(13) 负责本部门内的综合行政管理工作；
(14) 研究、拟订本部门各专业培训计划，并组织实施；
(15) 承担集团公司机构编制委员会办公室和薪酬分配委员会办公室的日常工作；
(16) 完成领导交办的其他工作。

信息科技与建设部

(1) 负责拟定集团公司中、长期信息化规划和科技发展规划，并组织实施；
(2) 负责拟订集团公司年度投资计划，并组织实施；
(3) 负责集团公司信息化建设、土建、工艺改造等项目管理工作；
(4) 负责全网信息系统调度、运行等管理工作；
(5) 负责电子渠道支撑系统的规划建设和电子渠道的运行管理工作；
(6) 负责网站建设、更新、优化、推广和网站安全维护等管理工作；
(7) 负责制定集团公司信息安全管理制度、管理流程及管理措施，并监督实施；

(8) 负责组织全网信息安全检查和信息安全风险评估;
(9) 负责信息数据资源的收集、分析、审核等管理工作;
(10) 负责研究制定集团公司各业务板块间信息资源共享方案,并组织实施;
(11) 负责建立健全科技管理体系,管理集团公司科技成果;
(12) 负责组织制定技术体制和标准规范,推进集团公司标准化工作;
(13) 参与集团公司重大工程建设项目采购招、投标活动;
(14) 负责本部门内的综合行政管理工作;
(15) 研究、拟订本部门各专业培训计划,并组织实施;
(16) 承担集团公司信息化委员会、科技委员会办公室的日常工作;
(17) 完成领导交办的其他工作。

国际合作部

(1) 负责拟定集团公司国际化发展战略、海外市场开发方案,并组织实施;
(2) 负责拟定集团公司对外合作与对外交流政策;
(3) 负责国际邮件网路的规划和组织管理;
(4) 负责组织开展国际及中国港澳台地区业务合作,协调相关政府部门关系;
(5) 负责收集、整理与分析国际市场信息及相关动态;
(6) 负责归口管理和经营集团公司国际业务、境外机构及境外资产;
(7) 负责统筹集团公司外事管理工作,组织安排外事活动;
(8) 负责本部门内的综合行政管理工作;
(9) 研究、拟订本部门各专业培训计划,并组织实施;
(10) 完成领导交办的其他工作。

邮票发行部

(1) 负责拟定邮资票品(包括邮票、邮资封片等邮资凭证,下同)的发行方针和政策;
(2) 负责遴选和拟定邮资票品选题,拟定邮资票品的选题规划和年度发行计划;
(3) 负责组织实施邮资票品图案图稿的编辑、设计及评审工作;
(4) 负责纪念邮票选题及纪念邮票图稿的报审工作;
(5) 负责发布邮票、邮资封片的发行计划,及每套邮票、邮资封片的发行公报;
(6) 负责研究、制订、下发邮资票品印制生产计划,确定邮资票品印制工艺,审定原材料选型及相关技术标准;
(7) 负责邮资票品的印制、监管、储运和销毁工作;
(8) 负责对北京邮票厂业务管理,及其他邮资票品生产企业的监管;
(9) 负责与外国邮政联合发行邮票的组织联络工作;
(10) 负责拟定个性化邮票和邮资广告明信片业务的经营方针,审核个性化邮票和邮资信封、邮资明信片图案;
(11) 负责仿制仿印邮票图案的审批和管理;
(12) 负责组织实施全国性重大题材集邮品开发的审定工作,参与集邮业务经营活动方案的策划与组织;
(13) 负责集邮业务经营与管理工作;
(14) 负责本部门内的综合行政管理工作;
(15) 研究、拟订本部门各专业培训计划,并组织实施;

(16) 完成领导交办的其他工作。

采购管理部

(1) 负责制定集团公司采购管理体系及相关制度、规范、流程,并监督实施;

(2) 负责拟定集团公司中长期采购发展规划和年度采购计划,组织实施并监控计划执行情况;

(3) 负责编制和动态维护集团公司一级集中采购目录和总部二级集中采购目录,并组织实施;

(4) 负责建设并维护集中采购供应商目录,组织实施供应商管理工作;

(5) 负责建设集团公司评标专家队伍,建立评标专家库;

(6) 负责统计、分析各类采购数据及信息,牵头组织建设和维护物资采购信息系统;

(7) 负责审核集中采购合同及相关协议,并进行监督、检查;

(8) 负责建立采购工作的后评价机制,并组织实施;

(9) 负责组织处理涉及集中采购工作的投诉和合同纠纷;

(10) 负责本部门内的综合行政管理工作;

(11) 研究、拟订本部门各专业培训计划,并组织实施;

(12) 完成领导交办的其他工作。

审计局

(1) 负责制定内部审计业务规章制度和业务规范,并监督实施;

(2) 负责拟定审计工作规划与年度审计计划,并组织实施;

(3) 负责集团公司审计项目的组织管理工作;

(4) 负责对集团公司下属单位主要负责人开展经济责任审计;

(5) 负责对审计中心及受托审计机构审计资料的审理;

(6) 负责组织审计质量控制工作,并监督实施;

(7) 负责对审计中发现的问题监督落实整改;

(8) 负责利用审计信息资料,为集团公司决策和经营管理活动提供建议;

(9) 负责审计信息化的组织推进和管理工作;

(10) 负责对集团公司下属单位审计工作进行指导,组织审计人员培训工作;

(11) 负责本部门的综合行政管理工作;

(12) 研究、拟订本部门培训计划,并组织实施;

(13) 完成领导交办的其他工作。

纪检组监察局

(1) 负责制定集团公司反腐倡廉等纪检监察各项规章制度,并监督执行;

(2) 负责集团公司惩治和预防腐败体系建设工作,落实党风廉政建设责任制检查考核工作;

(3) 负责组织协调对集团公司下属单位的巡视工作;

(4) 负责受理各级领导人员违规违纪问题的信访举报及申诉工作;

(5) 负责对集团公司管理的高级管理人员违规违纪案件进行查处;

(6) 负责参与调查处理集团公司总部、集团公司下属单位发生的重大、特大责任事故,对调查结果提出处理建议;

(7) 负责监督、检查集团公司的重大招投标项目,围绕集团公司的生产、经营、管理等活动组织开展效能监察工作；

(8) 负责信访案件的统计和分析；

(9) 负责建立、管理集团公司高管人员廉政档案；

(10) 负责纪检监察管理信息的组织推进和管理工作；

(11) 负责协调开展廉洁风险防控工作；

(12) 负责指导、督促和检查集团公司下属单位的纪检监察工作；

(13) 负责承担党组纪检组的职能；

(14) 负责本部门内的综合行政管理工作；

(15) 研究、拟订本部门各专业培训计划，并组织实施；

(16) 完成领导交办的其他工作。

集团工会

(1) 负责研究制定全国邮政工会工作目标和任务，贯彻党的路线、方针、政策和工会工作方针；

(2) 负责动员和组织邮政职工开展具有行业特色的职工经济技术创新活动；

(3) 负责组织开展形势任务教育和群众性文化体育活动；

(4) 参与制定企业发展规划、年度计划、改革方案和涉及职工切身利益的重要规章制度；

(5) 负责邮政企业职工民主管理工作，建立和完善维权机制，维护职工的合法权益和民主权利；

(6) 负责全国邮政工会组织管理工作，协助党组织管理工会干部，指导下属单位邮政工会组织的自身建设和改革；

(7) 负责全国邮政劳动模范和先进集体的评选、表彰、培养和管理工作；

(8) 负责邮政工会系统信息网络建设和全国邮政工会理论研究工作；

(9) 负责全国邮政女职工工作；

(10) 负责邮政工会系统外事工作；

(11) 负责管理和使用邮政工会经费；

(12) 负责本部门的综合行政管理工作；

(13) 研究、拟订本部门培训计划，并组织实施；

(14) 完成集团公司党组和上级工会交办的其他工作。

党群工作部

(1) 负责贯彻落实中央和集团公司党组关于党建工作的总体部署和要求，指导下属单位的党建工作；

(2) 负责组织开展思想政治研究，做好集团公司员工队伍思想稳定工作；

(3) 负责组织开展集团公司精神文明创建工作；

(4) 负责集团公司群众组织建设的指导协调工作；

(5) 负责集团公司员工群众性活动的协调和组织工作；

(6) 负责集团公司企业文化建设和管理工作；

(7) 负责集团公司总部离退休干部的管理与服务工作，指导集团公司各下属单位离退休干部管理工作；

(8) 负责指导集团公司党的统战、民族、宗教事务等工作；

(9) 负责本部门内的综合行政管理工作；

(10) 研究、拟订本部门各专业培训计划,并组织实施;
(11) 承办上级党组织、集团公司党组织交办的其他工作。

直属机关党委

(1) 负责集团公司直属机关党的建设工作;
(2) 负责集团公司直属机关思想政治工作;
(3) 负责集团公司直属机关企业文化建设工作;
(4) 负责集团公司直属机关精神文明建设工作;
(5) 负责集团公司直属机关党的纪律工作;
(6) 负责集团公司直属机关党的群众组织建设的指导、协调工作;
(7) 负责集团公司直属机关群众性活动的协调和组织工作;
(8) 负责组织开展集团公司直属机关党的统战、民族、宗教事务等工作;
(9) 完成上级党组织、集团公司党组织交办的其他工作。

机关事务部

(1) 负责集团公司总部资产的日常管理工作;
(2) 负责集团公司总部及在京直属单位的基本建设管理工作;
(3) 负责集团公司总部的财务管理工作;
(4) 负责集团公司总部的后勤保障工作;
(5) 负责集团公司总部的办公用房和物业管理工作;
(6) 负责集团公司总部及在京直属单位的住房制度改革;
(7) 负责集团公司总部的内勤保卫工作;
(8) 负责集团公司总部办公用品用具的管理及印制工作;
(9) 负责集团公司总部的车队管理工作;
(10) 负责组织落实地方政府交办的工作;
(11) 负责本部门内的综合行政管理工作;
(12) 研究、拟订本部门专业培训计划,并组织实施;
(13) 完成领导交办的其他工作。

(二) 省邮政公司组织机构及职责

根据中国邮政集团公司总部机构设置,各省(区、市)邮政公司(简称省邮政公司)也有相应的机构设置,包括办公室、市场经营部、网路运行部、计划财务部、人力资源部、安全保卫部、审计部、监察室、邮政速递物流公司、信息技术局、培训中心,另外,服务质量监督检查部、党群工作部、企业发展与科技部、离退休管理部等为选设机构。主要机构设置如图 1-2 所示。

办公室

负责处理和协调机关日常工作。负责秘书、文件、值班、督办、信息、重要会议会务、公共关系、新闻宣传、机要、保密、法律事务、外事、信访、档案管理等工作。法律事务室为综合部的二级部,根据需要综合部可下设新闻中心。在管理关系上,省公司的办公室对应集团公司总部的办公室。

市场经营部

负责制订年度业务发展计划并组织实施;制定经营政策和业务发展激励政策;指导各专业公司(局)的经营工作,协调各专业公司(局)之间的关系;负责业务发展和服务目标考核、业务视察、客户服务;负责产品管理(研发、优化、调整)、服务质量和标准管理、品牌管理、营销策划

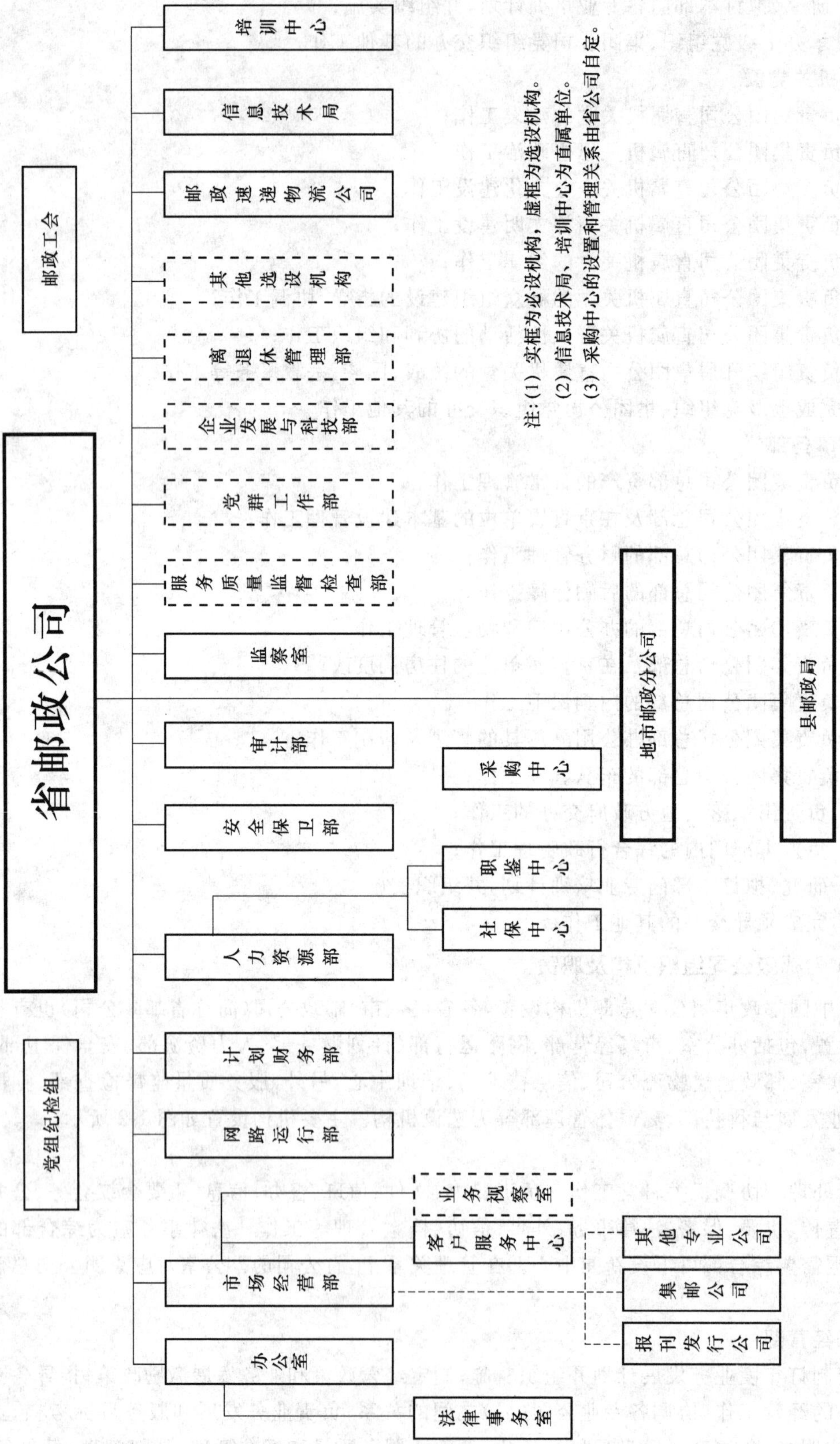

注:(1) 实框为必设机构，虚框为选设机构。
(2) 信息技术局、培训中心为直属单位。
(3) 采购中心的设置和管理关系由省公司自定。

图 1-2　省邮政公司组织机构图

管理、业务宣传归口管理；负责组织省内营业网、投递网的规划；负责业务信息系统应用的综合管理。客户服务部作为市场经营部的二级部。服务质量监督检查部如果不单独设立，则作为市场经营部的二级部。在管理关系上，省公司的市场经营部对应集团公司总部的市场经营部；业务工作分别对应集团公司邮政业务局、邮政速递物流局和邮政储汇局。

网路运维部

负责研究提出省内邮政网路组织规划；对省内邮政干线网路实施指挥调度；负责时限和频次管理；对省内邮区中心局（包括各实物处理中心）实施业务指导；实施省内邮路发运计划、作业制度、时限、安全和质量的检查；组织省内邮政实物网路优化和作业流程优化；组织邮政实物网路的信息化工作；负责设备管理工作（采购和招标除外）；负责邮件容器的管理。允许网路运维部同时挂“指挥调度中心”牌子。在管理关系上，省公司的网路运维部对应集团公司总部的网路运行部；涉及国际网络的相关事项，对应总部的国际合作部，并通报总部的网路运行部。

计划财务部

负责编制中长期发展规划和年度财务预算、投资预算；制定财务政策；组织财务预算、决算以及综合平衡工作，并监控预算执行情况；负责省内资金调度、资产盘活、资费管理、统计工作；组织全省财务检查；在集团公司规划指导下，负责编制本省邮政发展规划；制订年度建设计划并组织实施；管理建设工程项目；行使省公司预算管理委员会办公室的职责。在管理关系上，省公司的计划财务部的财务、计划职能分别对应集团公司总部的财务部、企业发展与科技部。

人力资源部

负责编制省公司人力资源开发规划并组织实施；制定本省人力资源管理制度；企业高级管理人员的考核、任免和管理；人事管理（招聘、调配、晋升等）、岗位管理、劳动力组织管理、薪酬管理和劳动保护；制定本省工效挂钩办法和绩效考核办法并组织实施；制订年度员工培训计划并组织实施，对职工培训中心进行业务管理；负责公司员工社会保险和企业补充保险管理和实施；负责组织实施职业技能鉴定。“社保中心”和“职业技能鉴定中心”为人力资源部的二级部。在管理关系上，省公司的人力资源部对应集团公司总部的人力资源部。

安全保卫部

负责制定省内邮政通信安全保卫相关制度及防范标准；负责编制安全应急预案及组织实施；负责企业安全生产；负责组织实施安全检查；负责配合公安机关查处重大邮政通信案件、刑事案件；负责与公安、检察、法院、国家安全、治安综合治理部门协调，共同部署预防和打击危害邮政通信安全的犯罪活动。在管理关系上，省公司的安全保卫部对应集团公司总部的办公室。

审计部

负责省公司的内部审计工作（包括财务审计、工程审计、经济责任审计和专项审计）。原则上审计部门单设。部分业务规模较小的省份，经集团公司总部批准，审计部门可以与纪检、监察部门合设。在对上管理关系上，省公司审计部对应集团公司总部的审计部；在对下管理关系上，审计部门对地市实行派驻制。

监察室

与党组的纪检组，或党委的纪委合署办公，负责协助公司党组党风廉政建设和组织协调反腐倡廉工作；负责协调行风建设；负责指导省公司直属及下属单位的纪检监察工作；负责公司高级管理人员违规违纪案件的查处工作；负责协调省公司行政效能监察工作；负责受理涉及各级管理人员的群众来信来访。在管理关系上，省公司监察室对应集团公司总部的监察局。经营规模较小的省份，经集团公司总部批准，允许监察室（纪检组）与党群工作部合设。

省邮政公司可以根据实际情况，选择设立服务质量监督检查部、党群工作部、企业发展与科技部、离退休管理部等职能部门。省邮政公司内设机构的数量(包括统一设置机构和选择设立机构)原则上控制在9个以内〔不含邮政工会、监察室(纪检组)〕。邮政从业人员总数超过3万人或业务收入规模超过30亿元，以及地域广大、普遍服务任务重的省份，内设机构的数量经批准可适当增加。

省邮政公司直属机构和下属市县机构在机构设置上保留邮政储汇局、保留省邮政速递、物流公司、保留省信息技术局，省邮政公司原则上保留省报刊发行、集邮、商函公司(局)。省公司可根据业务发展规模，另行考虑单独设立电子商务局(公司)等专业经营机构。组建后的各省(区、市)邮政公司(以下简称省邮政公司)的工商变更登记名称为“××省邮政公司”，地市邮政局更名为“××邮政分公司”，县邮政局对外继续使用“××县邮政局”的称谓。

第三节　邮政通信组织管理的内容

邮政通信组织管理就是邮政企业为了向社会提供各种邮政业务和邮政服务，需要对生产过程中的人员、设备、场地和劳动对象以及信息等生产要素进行有目的、有计划、有秩序的合理配置和科学安排，并实施有效控制的全部活动。

一、邮政通信组织管理的任务

邮政通信组织管理的任务就是根据全国邮政通信的生产任务，合理利用生产资源，科学组织邮政生产，使邮政生产最大限度的合理化，获取全程全网的最佳经济效果。

邮政通信组织管理要遵循邮政全程全网运作规律，按照现代管理的理论和方法，将邮政生产过程中的生产人员、设备、场地和劳动对象以及信息要素有机地结合起来，在全国范围内和企业范围内形成一个适应社会需要和邮政生产特点的生产组织管理系统，以保证向社会提供优质高效的邮政服务，并达到提高劳动生产率、降低生产成本、确保安全生产、改善劳动条件，提高效率和效益的目的。

二、邮政通信组织管理的内容

邮政通信组织管理工作是一个复杂的系统工程，许多工作涉及全网和各个生产环节，因此，邮政通信组织管理的内容即包括对全网的组织管理(邮政通信网组织管理)，也包括对各个生产环节的管理，即对邮政营业、分拣封发、邮政运输、邮政投递等四个环节的组织管理，具体包括以下内容。

1. 邮政通信网的组织与管理

(1) 邮区中心局体制

(2) 各级邮政通信网的组织管理

(3) 邮政网运行效率与效益评价

2. 邮政营业支局(所)的组织与管理

(1) 邮政营业服务规范

(2) 邮政营业支局(所)管理规范

(3) 邮政营业支局(所)班组管理

3. 邮区中心局生产组织管理

(1) 邮区中心局用品用具与业务单式

(2) 转运作业组织与管理

(3) 分拣封发作业组织与管理

(4) 邮政运输作业组织与管理

(5) 邮区中心局生产指挥调度

(6) 邮区中心局质量管理

(7) 邮区中心局生产现场管理

(8) 邮政车辆管理

4. 邮政投递的组织与管理

(1) 投递网路组织管理

(2) 投递生产作业流程与作业规范

(3) 投递服务规范与投递质量管理

5. 邮政报刊发行过程的组织与管理

(1) 邮政报刊发行作业流程

(2) 邮政报刊发行组织管理

6. 国际邮件的组织与管理

(1) 国际邮件的分拣封发关系与发运

(2) 国际邮件寄递过程的组织与管理

(3) 国际邮件的监管与检疫

【复习思考题】

1. 简述邮政通信的性质、特点与服务方针。

2. 简述中国邮政集团公司组织机构的结构。

3. 简述邮政通信组织管理的主要内容。

【课后实践】

通过查阅资料或实地调查，了解中国邮政体制改革进行过程中所面临的问题，针对某一个问题谈谈你的想法。

第二章 邮政网的组织与管理

【学习目标】

通过本章的学习，掌握邮政网的概念、组成要素，了解邮政网的组网模式；掌握邮区中心局体制的概念与内涵，了解我国邮区中心局体制的建设过程；掌握各级邮政网的组织要求和组织方法，了解邮政网路运行评价指标体系。

【引导问题】

在生活中，你使用过中国邮政的通信服务吗？一封信、一件包裹是怎样从寄件人手中传递到收件人手中的呢？传递邮件的网路由哪些要素组成？这些要素又是怎样协同工作完成邮件传递任务的呢？带着这些问题，我们走进本章的学习。

第一节 邮政网概述

一、邮政网的概念及组成要素

(一) 什么是邮政网

邮政网是由邮政营业、投递局所及其设施、邮件处理中心，通过邮路（含邮运工具），按照一定的原则和方式组织起来，在控制系统的作用下，遵循一定运行规则完成邮件传递的网路系统。

(二) 邮政网的组成要素

在现实生活中，我们见过各种各样的网，它们都有一个共同的特点，即网是由点和连通点与点的线路构成的。那么，点和线就是网的组成要素。

邮政网也不例外，其组成要素包括：收寄端、邮件处理中心、邮路和投递端。其中，收寄端、邮件处理中心、投递端是邮政网的点，邮路就是连通这些点的运输邮件的线路。下面给出邮政网每种组成要素的含义及作用。

1. 收寄端

收寄端是指分布在全国各地经办邮政业务的邮政局、所，包括邮政局、邮政支局、邮政所、邮政代办所、临时性局所、流动服务点和信箱信筒等。有时我们称之为邮政网点。

收寄端是邮政网的入口，各类邮件通过收寄端进入邮政网，标志着邮政通信过程的开始。

2. 邮件处理中心

邮件处理中心是邮件的集散和经转枢纽，也称为邮政网的节点，担负着邮件的分拣封发任务。不同级别的邮件处理中心承担着不同范围的进、出、转口邮件的处理任务。

3. 投递端

投递端是指各投递局所通过投递人员到达的各类邮件接收点，包括个人住户、单位收发室、邮政专用信箱、用户信报箱、信报箱群等，一些具有投递功能的委办机构、居民委员会、村邮站、信件、报刊代投点等，也可以视为邮件出网的端口。

投递端是邮政网的出口，各类邮件通过投递端送达到收件人手中，标志着邮政通信过程的终结。

4. 邮路

邮路是在邮政网各类网点和节点之间按照规定的频次、时间运输邮件所行使的路线。各种邮路相互贯通组成邮政运输系统，完成运输邮件的任务。

二、邮路的分类

（一）按邮路的管理权限划分

根据管理权限不同，邮路可以分为全国干线邮路、省内干线邮路及邮区内邮路（包括市内邮路和县内邮路）。

1. 全国干线邮路

全国干线邮路由中国邮政集团公司负责管理，在一级邮区中心局之间、一级邮区中心局到二级邮区中心局之间以及省会二级邮区中心局之间运输邮件的邮路，省会一、二级中心局或主要国际邮件互换局到相应的主要国际邮件交换站之间运输邮件的邮路以及中国邮政集团公司指定的邮路。

2. 省内干线邮路

省内干线邮路由省、自治区、直辖市邮政局管理，在省内各级邮区中心局之间、中国邮政集团公司指定的相邻省际二级和三级邮区中心局之间运输邮件的邮路，以及省邮政局指定的跨地市运输邮件的邮路。

3. 邮区内邮路

邮区内邮路由邮区中心局负责管理，在邮区中心局至邮区内各县（市）局和各收投点之间运输邮件的邮路。

市内邮路和县内邮路是邮区内邮路的重要组成部分。

市内邮路是指市邮政局与其分支机构或与车站、码头、机场等地的转运部门和报刊社之间的邮路。

县内邮路是指县邮政局与其所属的农村支局、农村支局之间以及农村支局到村委会代投点之间的邮路。

（二）按经营性质划分

按经营性质划分，邮路可以分为自办邮路和委办邮路。

自办邮路是指邮政部门自备或租用运输工具，由邮政部门自行办理邮政运输业务所形成的运输邮件、报刊的邮路。

委办邮路是指邮政部门与其他部门或个人签订合同并使用他们的运输工具及委托其将邮件运至某地邮局的邮路。

（三）按运输工具划分

按运输工具划分，邮路可以分为航空邮路、铁道邮路、汽车邮路、水运邮路、摩托车及其他机动车邮路、非机动运输工具和旱班邮路。

航空邮路是指利用飞机运输邮件的邮路；铁道邮路是指利用火车运输邮件的邮路；汽车邮路是指利用汽车运输邮件的邮路；水运邮路是指利用机动船或非机动水上运输工具运输邮件的邮路；摩托车及其他非机动车邮路是指利用摩托车或机动脚踏两用车以及其他机动工具运

输邮件的邮路;非机动运输工具和旱班邮路是指利用自行车、人力以及各种人力推拉车运输邮件的邮路。

三、邮政网的分级

邮政网分级的基本依据是邮政网中的节点和邮路及其联系范围和在全网中的地位与作用。

在邮区中心局体制下,邮政网可分为三个级别:全国干线邮政网、省邮政网和邮区邮政网。

(一) 全国干线邮政网

全国干线邮政网是以一级邮区中心局为中心,由全国干线邮路联结一、二级邮区中心局组成的邮政网路体系。它是全国邮政网的主干,在全网占有举足轻重的地位,起着全网运行的决定性作用。

(二) 省邮政网

省邮政网是以省会(自治区首府、直辖市)邮区中心局为中心,由省内干线邮路联结省内各级邮区中心局所组成的邮政网路体系。

每个省都有一个相对独立的省邮政网,它以本省的辖境为联系范围。它是全国邮政网的重要组成部分,上连全国干线网,下连本省辖境内的邮区网,发挥着承上启下的作用。

(三) 邮区邮政网

邮区邮政网是以邮区中心局为中心,由邮区内邮路联结邮区内县(市)局和收投支局所组成的邮政网路体系。

邮区邮政网以本邮区为联系范围。邮区内的市局和县局根据本地区社会发展和邮政通信的需要而组建的市邮政网和县邮政网是邮区网的重要组成部分。

四、邮件在邮政网的传递过程

邮件传递过程是指从用户交寄邮件起,直至将邮件投交给指定的收件人为止的全过程。就某一邮件而言,接受用户交寄邮件的邮政生产单位称为收寄局,它所收寄的邮件称为出口邮件。中间经转邮件的邮政生产单位称为转口局,它所处理的邮件称为转口邮件。投交邮件的邮政生产单位称为投递局,它所处理的邮件称为进口邮件。邮件传递过程大致可分为收寄、分拣封发、运输和投递四个基本环节。

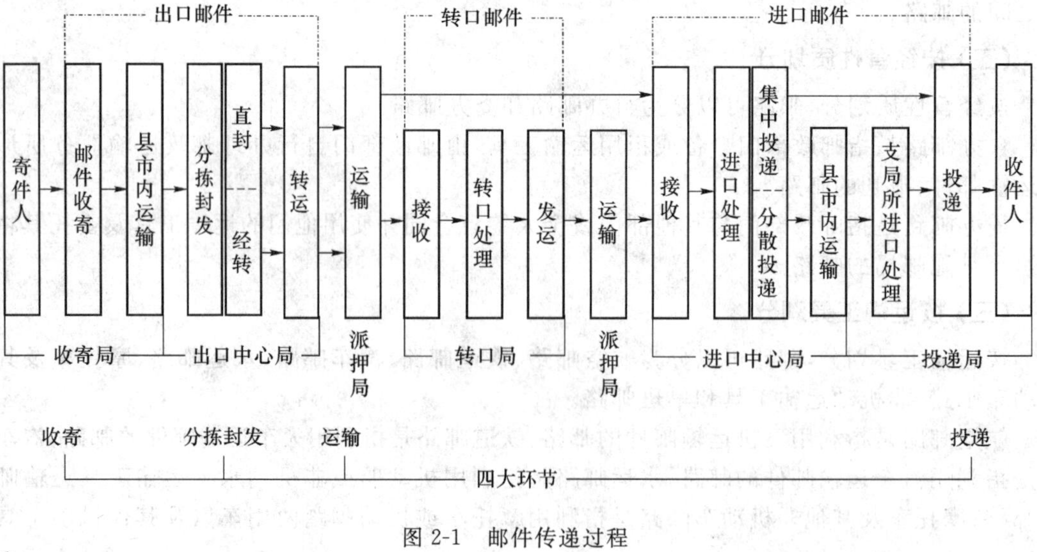

图 2-1 邮件传递过程

(一) 邮件的收寄

邮件的收寄就是邮局接受寄件人的委托,接收寄件人所要交寄的邮件。

收寄邮件是邮局和用户发生业务联系的开始,也是邮件生产过程的开始。从此,邮局就担起把邮件及时、准确、安全地投送给收件人的责任。

邮件的收寄是邮件传递过程的第一个环节,一般情况下,邮件的收寄有以下几种方式。

1. 窗口收寄

窗口收寄是通过邮政营业窗口接收寄件人的邮件。窗口收寄是邮政企业收寄邮件的主要方式,各类邮件均可通过邮政营业窗口交寄。

2. 信筒(箱)收寄

信筒信箱用来收寄平常信件,即平信和明信片。

3. 上门收寄

根据用户的要求,派专人、专车上门服务。上门收寄是特快专递邮件的主要收寄方式。

4. 流动服务收寄

邮政企业针对集团性的流动人口或临时性用邮量较大的单位、企业、公共场所设置临时邮局,办理各类邮件的收寄。

(二) 邮件的分拣、封发

分拣和封发是对邮件进行处理的两个连续的工作程序。

分拣是指按照邮件封面书写的地址,将相关邮件分发到规定格口内的处理。

封发是指将分拣处理好的邮件,按照发运频次、时限的规定和发运路线、寄达局,逐格整理、捆扎、封装成袋、套,抄登封发邮件清单、路单,然后交给运输部门发运的生产过程。

分拣、封发以邮区中心局为基本单元。

(三) 邮件的运输

邮件运输是邮政通信的重要环节,担负着在全国各局、所之间的邮件传送任务。

邮件运输应以邮件的传递时限规定为依据,按各类邮件的不同时限要求,具体组织实施。

(四) 邮件的投递

邮件投递是把邮件送达收件人的过程,是邮件生产过程的最后一个环节。

邮件的投递方式有按址投递和局内投交两种。按址投递指的是邮局按照邮件封面书写的地址,将邮件投交到收件人或规定的代收人或指定地点的投交过程。局内投交指的是通知收件人到指定的窗口领取邮件。

第二节　邮区中心局体制

一、邮政网体制沿革

(一) 邮政网体制的概念

邮政网体制是指邮政网的组织体系和制度,是规范邮政网的一种机制。

邮政营投局所及设施、邮件处理中心和邮路有机联系,相互配合形成了覆盖全国的邮政网,为邮政通信活动提供了物质技术基础。但是,要保证分散在全国各作业点上的邮件能在邮政网上有序的传递,就必须有科学的、有效的组织体系和制度来协调它们之间的活动,使邮件在网上迅速、准确、安全、高效的传递。这种科学严密的邮政网组织体系和制度就是邮政网体制。邮政网体制对全网的结构和邮件运行的方式都有重大影响。

(二) 邮政网体制演变的历程

我国邮政网管理体制的演变大致经历了三个阶段:传统体制,指定转口局体制,邮区中心局体制。

1. 传统体制

在1986年以前,我国邮件的运输主要依赖公路、铁路等社会交通运输力量,没有自己的运输网路,邮件的运递路径完全取决于社会交通运输线路,即所谓的邮政运输网是随着社会交通运输网的变化而形成的,属于自然网,邮件需要经过支局、县局、地市局和省会局等不同级别的邮政节点多次经转才能到达目的地,邮政网的分级也基本上按照行政区划进行分级,这个时期邮政网的管理体制称为传统体制。

2. 指定转口局体制

进入20世纪80年代中期以后,随着社会经济的发展,邮政开始经营商业包裹业务,业务量突飞猛进,但乱封乱发现象严重,邮件丢失、延误的现象不断出现,引起社会强烈不满。为了改进服务质量,原邮电部邮政总局在邮件封发体制上推出并实施了指定转口局体制。自1986年开始,全国选择了255个地理位置适中、交通便利、规模较大的局,划定这些局的经转范围,以此规范邮件的分拣封发关系,取得了明显的效果,255个指定转口局为以后实行邮区中心局体制奠定了很好的基础。

3. 邮区中心局体制

进入2000年以后,随着中国交通运输条件的改善和邮件业务量的增长,实施邮区中心局体制的条件日趋成熟。在2001年,我国对邮政网管理体制进行了重大改革,实行省会邮区中心局与省会市局分离,省会邮区中心局成为省局直属的负责邮件封发和运输的邮政生产单位。非省会二级邮区中心局由所在地邮政局直接管理,设立相对独立的生产单位,在财务上实行单独列账、单独核算。三级邮区中心局由所在地邮政局直接管理,负责实物传递类邮件业务的处理与运输。在2001年,对全网的邮区中心局数目进行了调整,全国共设201个邮区中心局,其中,一级中心局7个,二级中心局70个,三级中心局124个。

二、我国实施邮区中心局体制的背景和目的

(一) 我国实施邮区中心局体制的背景

我国实施邮区中心局体制是在以下背景下进行的:

(1) 通信技术的快速发展要求邮政必须提高服务质量;

(2) 市场竞争的加剧要求必须提高邮件传递时限标准;

(3) 业务量的持续增长为中心局体制的实施奠定了基础;

(4) 交通条件的改善为实施邮区中心体制创造了条件。

(二) 我国实施邮区中心局体制的目的

邮区中心局体制是一种先进的邮政网组织管理体制。早在20世纪70年代,欧美等发达国家先后实施了这种体制,并取得了很好的效果,我国实施邮区中心局体制的目的如下:

(1) 减少邮件经转层次,加快邮件的传递速度;

(2) 适应邮政通信的发展需要,可提高邮件集中度,组织规模生产,便于利用机器(各类邮件的分拣机)处理邮件,提高全网的作业效率;

(3) 可减轻劳动强度,提高劳动生产率,降低邮件处理成本;

(4) 实现邮政网路组织与管理的科学化。

三、邮区中心局体制的内涵

1. 概念

邮区中心局体制是以邮区中心局为基本封发单元和网路组织的基本节点,在此基础上组成分层次的邮政网,是用以传递邮件的一种邮政通信组织制度和方式。需要特别注意的是,在邮区中心局体制下,封发单元从过去的县市局转变为邮区中心局。

2. 内涵

(1) 在全国划分邮区并编码,在邮区内设邮区中心局。

(2) 以邮区中心局为基本封发单元和网路组织中心,组成全国干线网、省内干线网和地市网。

(3) 形成一套适合邮区中心局体制和规模经营、规模生产以及集约化生产的管理体系和运行机制。

3. 邮区中心局的分级

邮区中心局级别划分有如下依据:

(1) 邮区中心局在网中的地位和作用;

(2) 邮件的集散与转口量;

(3) 交通运输条件。

根据以上三个要素把我国邮区中心局分为三级。

(1) 一级邮区中心局

一级邮区中心局是全国范围内大的邮件集散枢纽,它位于全国干线邮路的汇接点,在网路结构中处于省间中心。

一级邮区中心局除承担所在省、自治区、直辖市和邮区内邮件的分拣封发集散任务外,主要承担省间邮件的封发经转和总包转口发运。一级邮区中心局共有 7 个,由首都局和部分省会局组成,如表 2-1 所示。

表 2-1　一级邮区中心局

北京	沈阳	上海	西安	武汉	广州	成都

(2) 二级邮区中心局

二级邮区中心局一般位于全国干线邮路和省内干线邮路的汇接点,是省中心。

二级邮区中心局除承担所在邮区内邮件的分拣封发集散任务外,主要是承担省内和邻省邮件封发经转任务。其组成基础是省会局和位于省内交通枢纽的省级转口局。全国共有 70 个二级邮区中心局。

(3) 三级邮区中心局

三级邮区中心局位于省内干线邮路和邮区内邮路的汇接处,在网路结构上是邮区中心,承担本邮区邮件的分拣封发和运输任务,并承担相邻邮区邮件的转口任务。全国共有 124 个三级邮区中心局。二级邮区中心局和三级邮区中心局如表 2-2 所示。

表 2-2　二级邮区中心局和三级邮区中心局

省(自治区、直辖市)	二级邮区中心局		三级邮区中心局	
	名称	数量	名称	数量
天津	天津	1		0
河北	石家庄	1	承德、张家口、唐山、秦皇岛、保定、邯郸、邢台、沧州、衡水	9
山西	太原、大同、侯马	3	长治、朔州、阳泉	3
内蒙古	呼和浩特、海拉尔	2	包头、临河、赤峰、通辽、集宁	5
辽宁	锦州、大连	2	丹东、营口、鞍山、朝阳、阜新	5
吉林	长春、吉林、白城	3	通化、延吉、四平	3
黑龙江	哈尔滨、齐齐哈尔、佳木斯、牡丹江	4	大兴安岭(加格达奇)	1
山东	济南、烟台、德州、青岛、济宁	5	临沂、菏泽、潍坊、聊城、淄博	5
江苏	南京、徐州、常州	3	连云港、南通、苏州、淮阴、盐城、无锡、扬州	7
浙江	杭州、金华、温州、宁波	4	衢州、台州、嘉兴、湖州、丽水	5
福建	福州、厦门、南平	3	泉州、三明、龙岩	3
江西	南昌、赣州、鹰潭、宜春	4	九江、景德镇、上饶、吉安、抚州	5
安徽	合肥、蚌埠、芜湖	3	安庆、阜阳、黄山、宿州	4
河南	郑州、洛阳、信阳	3	漯河、南阳、商丘、安阳、新乡、驻马店	6
湖北	宜昌、襄樊	2	黄石、恩施、荆州、十堰、咸宁	5
湖南	长沙、衡阳、怀化	3	岳阳、永州、娄底、郴州、吉首、株洲、常德、邵阳	8
广东	深圳、韶关、汕头、湛江	4	东莞、珠海、肇庆、梅州、惠州、江门	6
广西	南宁、柳州、桂林	3	玉林、梧州、百色、河池	4
海南	海口	1		0
重庆	重庆	1	万州	1
四川	内江、西昌、南充	3	广元、宜宾、乐山、攀枝花、达川、绵阳、雅安、泸州	8
贵州	贵阳	1	遵义、凯里、六盘水、安顺、玉屏	5
云南	昆明	1	曲靖、楚雄、昭通、个旧、文山、思茅、大理、临沧、保山	9
西藏	拉萨	1	昌都、日喀则	2
陕西	宝鸡、安康	2	汉中、榆林、延安、商州	4
甘肃	兰州、酒泉	2	张掖、武威、平凉、天水	4
青海	西宁、格尔木	2		0
宁夏	银川	1	固原	1
新疆	乌鲁木齐、库尔勒	2	克拉玛依、伊宁、北屯、阿克苏、喀什、哈密	6
合计		70		124

四、传统体制与邮区中心局体制的比较分析

传统邮政网是随着交通运输条件的改善和城市发展自然形成的，与其相对应的体制称为传统体制。邮区中心局体制是指以邮区中心局为全网的基本封发单元和网路组织的基本节点，在此基础上组织分层次的邮政网，是用以传递邮件的一种组织方式和制度。两种体制之间的比较如表 2-3 所示。

表 2-3　两种体制之间的比较

比较内容	邮区中心局体制	传统体制
分发关系	与邮政网的结构对应	由封发局结合邮运情况而定
时限标准	有明确的时限标准	无明确的时限标准
封发局分布	以邮区中心局为封发单元，封发局数量少、规模大、分发功能集中	以县市局为封发单元，封发局数量多、规模小、分布分散、分发功能分散
网路层次	层次清晰、分工明确	层次繁杂、分级不严、混合运输
技术构成	内部处理多采用自动化、机械化手段，收投以手工和半机械化为主	主要以手工操作为主，机器只在局部起辅助作用
作业量分配	分拣封发和运输集中于中心局并实行机械处理，收投作业分散在服务网点	作业量分布无规律，县市局既是处理中心，又是收投部门
运能调节	弹性大、灵活	运能调节困难
运用环境	业务量大、交通条件好、时限要求高的社会环境	业务量小、时限要求不高的社会环境

第三节　各级邮政网的组织

一、全国干线邮政网的组织

（一）全国干线邮政网的地位和作用

全国干线邮政网是我国邮政网的最高层次，在全网中处于关键和统领的地位，发挥着关键性的作用，对于保证全网畅通运行起着决定性的作用。同时，全国干线网还是连接我国邮政与世界各国邮政之间的桥梁和纽带，在国际邮政通信中发挥着重要的作用。

（二）全国干线邮政网的任务

全国干线网是连接各省的全国性邮政网路，是把我国邮政网与世界各国邮政网连接的纽带。因此，全国干线网的任务是：①负责国内跨省邮件的传递；②负责我国邮政与各国邮政间国际邮件的交换。

（三）全国干线邮政网的构成

全国干线网是由全国干线邮路及其所连接的一级邮区中心局、二级邮区中心局组成。全国干线网的结构形态属于网状多点辐射，7 个一级中心局之间基本上呈网状联结，由 7 个一级中心局向它们所属的 70 个二级中心局辐射。

干线邮路主要是铁道邮路、航空邮路和汽车邮路，随着今后干线邮运量的发展和我国航空

运输、公路运输的发展,航空、汽车运输承担的干线邮运量会逐渐上升。

(四) 全国干线邮路组织的原则

中国邮政集团公司负责一级干线邮路的总体规划和组织管理,负责一级干线邮路增撤的审批,负责一、二级干线邮路专用火车邮厢、一级干线汽车和相关设备的配备。各省(自治区、直辖市)邮政公司负责所承担的一级干线邮路的运行管理、设备管理。

我国地域辽阔,交通运输和经济发展不均衡,要求干线邮路的组织必须在中国邮政集团公司统一领导和总体规划下,在保证邮件时限及安全的基础上,遵循以下原则。

1. 维护网路统一性、完整性的原则

干线运输网是邮政提供社会普遍服务和参与市场竞争的优势所在,统一和完整是实现邮政网路畅通的基础,是干线邮路组织的基本原则。

2. 保障业务发展的原则

为增强市场竞争能力和促进业务发展,应合理调整和优化网路结构,为邮政经营提供网路支撑和保障。

3. 确保邮件传递时限的原则

应根据各类邮件时限和频次的规定,结合各地交通实际情况,充分选择各种运输方式和综合利用各种运输工具,确保邮件传递时限。

4. 实行计划发运邮件的原则

要根据邮路运行时间、频次以及运输工具的最大装载能力,制订合理的邮件发运计划,实行计划发运。

5. 运行高效的原则

在满足邮件传递时限的前提下,根据邮件流量流向的变化,对各种运输方式的成本进行综合比较分析,采取有效措施,提高全网运行效益。

二、省内干线邮政网的组织

(一) 省内干线邮政网的地位和作用

在邮区中心局体制下,省内干线邮政网处于全国三级网中的中间地位,它上连全国干线邮政网,下接地市网,在整个邮政网中起着承上启下的作用。它是干线邮政网与地市网的结合部。

(二) 省内干线邮政网的特点

1. 邮政网覆盖的区域差别大

省内干线邮政网以本省的行政区域为其联系范围,由于全国各个省(自治区)的面积不同,造成省内干线邮政网覆盖的区域差别很大。例如,新疆维吾尔自治区的面积为 160 多万平方千米,而江苏省只有 10 万平方千米,海南省仅 3 万多平方千米。可见,省内干线邮政网组织的差别很大。

2. 面临的外部环境不同

对省内干线邮政网影响较大的外部环境包括交通运输和经济发展水平。由于各省的地理位置不同,覆盖面积差别大,使得各省的交通运输条件也不尽相同,有的省铁路运输很发达,有的省公路运输发达。邮政运输对交通运输有很强的依赖性,这就决定了各省邮政运输网的组

织结构和成本有很大的差别。

经济条件对邮政网的组织也有很大的影响，经济发展水平越高，邮政业务量越大，对邮政网组织能力和要求越高。

3. 邮政网的结构不同

由于各省的地理位置、地形地貌等自然环境不同，使得省内干线邮政网的结构及其组织形式差别很大，邮政网的结构有的是网状的，有的是星状的，还有的是复合形式。运邮的方式也是多种多样。

4. 省内干线邮政网邮件传递能力差别较大

由于各省的经济发展水平的差异造成邮政业务量也有很大不同，经济发展水平高的省，业务量较大，省内干线邮政网的技术装备也较好，网路的组织管理水平和人员素质相对较高，邮政网的传递能力也大。经济条件较差的省，邮政业务量较小，邮政网的技术装备水平、管理水平等相对较差，邮政网的传递能力也较小。

（三）省内干线邮政网优化组织的内容

1. 调查现状

（1）地理环境：地形条件、水文条件；

（2）交通条件：铁路、公路、水运、航空条件；

（3）邮件流量流向特点和最新的统计资料；

（4）邮路现状：长度、运量、时限等；

（5）局所分布状况：地理位置，空间分布特点，收寄、投递能力；

（6）处理中心的处理能力和设备利用情况；

（7）分拣封发关系。

2. 分析存在的问题

主要分析目前省内干线邮政网在分拣封发关系、邮政运输能力、时限水平等方面存在的主要问题。

3. 确定优化目标

（1）时限目标：次晨达邮件、全夜航邮件、EMS、信函按时投递率，报纸当日妥投率；

（2）能力目标：省邮政网全年处理邮件的能力；

（3）效益目标：投入产出率。

4. 划分邮区、确定中心局

根据邮件流量流向的特点以及邮件的传递时限的要求，综合分析本省地理、交通、经济以及业务量的分布等多种因素，采用定性与定量相结合的方法，将全省划分为若干个邮区，在每个邮区选择一个邮区中心局。

5. 调整分发关系

（1）省内各邮区中心局之间建立直封关系；

（2）调整邮路结构；

（3）逐步取消省内干线邮路上县市局的接发功能；

（4）逐步建立起省内直达的干线邮路；

（5）紧密衔接全国干线邮路。

三、邮区网的组织

(一)邮区网的定义和邮区网组织的总体要求

1. 邮区网的定义

邮区网是以邮区中心局为中心,以邮区内支线邮路连接邮区内的县(市)局和收投支局所组成的邮政网路体系。

2. 邮区通信网组织的总体要求

邮区通信网组织的总体要求是在满足邮件传递时限和频次指标的前提下,以最低运营成本为目标,合理规划邮区的范围,恰当地选定中心局和服务网点的位置以及邮路的组织方式,构成与业务量发展和邮件流量流向分布相适应的网路体制,实现邮区网整个系统的优化。

(二)邮区通信网的组织程序

1. 划分邮区确定各邮区的范围

邮区范围主要受交通条件、地理条件、邮件流向流量规律,业务量发展目标和服务水平的影响。值得说明的是,第一,目前我国各省已进行了邮区的划分,全国共有201个邮区。因此,这里所讲的划分邮区,准确地讲是对原有邮区的范围进行调整。第二,调整邮区范围的大小主要依据是邮区内邮件的传递时限和邮区中心局集散邮件量,具体是依据EMS时限(一天)作为邮区网组织的基本要求。同时,也要保证邮区中心局有足够的处理量,一般日处理量为20万件(平函)以上。

2. 确定邮区中心局

确定邮区中心局是在邮区范围内选择某个局作为邮区内邮件的集散中心,确定邮区中心局的要求是尽可能选在交通条件好,地理位置适中的地点,便于邮区内邮件的集散。

3. 设置服务网点和组织邮路

由于邮区网中的县、市局和收投支局是邮件进入邮政网的入口,是邮件传递的源点和终点,邮区网应根据邮区内各县、市的人口密度、地域面积大小同时兼顾邮政服务点的业务量和业务收入,科学合理地确定邮政服务网点。邮路是把邮区内的各类邮政服务点和邮区中心局连接起来的连线,邮路组织的基本原则是满足各类邮件的传递时限和频次的要求,恰当地选择邮路的结构和邮运方式,确保邮件迅速、准确、安全地传递。

4. 建立作业技术体系和组织管理体系

根据邮区中心局和服务网点的分布以及邮路结构,建立有效的作业技术体系和组织管理体系。

例1:表2-4为石家庄市邮政局区内邮路邮运频次和运行计划时间表。

石家庄—平山,石家庄—高邑,石家庄—辛集,石家庄—深泽邮路的邮件发运计划为第一频次去程带运各局各类进口邮件、报刊、机要;返程带运各局封发的各类出口邮件。第二频次返程带运沿途各局出口特快专递、快递包裹、平挂信函、信函状平刷。

石家庄—南宫,石家庄—灵寿邮路为早出晚归运行,相关局按二次进局时间封发、交车。邮件发运计划为去程带运宁晋、新河、南宫各类报纸;栾城、赵县、新乐、行唐、灵寿进口邮件、报刊、机要;返程带运栾城、赵县、新乐、行唐、灵寿各局封发的各类出口邮件;带运宁晋、新河、南宫特快专递、平挂信函、快递包裹、信函状平刷。

表 2-4　石家庄市邮政局区内 6 条邮路运行计划

派押局:石家庄邮区中心局				2007-4-18	
邮路	局站	第一频次		第二频次	
		车到时间	车开时间	车到时间	车开时间
石家庄—南宫 全程 284 千米	中心局	7:35:00	8:15:00	18:20:00	18:50:00
	机要局			17:50:00	18:00:00
	栾　城	8:50:00	9:00:00	17:00:00	19:10:00
	赵　县	9:30:00	9:40:00	18:10:00	18:20:00
	宁　晋	10:20:00	10:25:00	15:30:00	15:40:00
	新　河	11:15:00	11:20:00	14:40:00	14:50:00
	南　宫	11:55:00			14:00:00
石家庄—灵寿 全程 206 千米	中心局	7:35:00	8:15:00	18:20:00	18:50:00
	机要局			15:50:00	18:00:00
	新　乐	9:25:00	9:40:00	16:10:00	16:20:00
	行　唐	10:10:00	10:25:00	15:30:00	15:40:00
	灵　寿	11:00:00			14:40:00
石家庄—高邑 全程 142 千米	中心局	7:35:00	8:15:00	19:40:00	20:00:00
	石速递			18:50:00	19:00:00
	元　氏	9:15:00	9:30:00	17:10:00	17:20:00
	赞　皇	10:00:00	10:10:00	16:30:00	16:40:00
	高　邑	10:45:00	11:00:00	15:40:00	15:50:00
	中心局	12:10:00	12:40:00		
石家庄—平山 全程 168 千米	中心局	7:35:00	8:15:00	18:50:00	19:20:00
	石速递			18:00:00	18:10:00
	鹿　泉	9:05:00	9:25:00	17:10:00	17:20:00
	井　陉	10:05:00	10:25:00	16:30:00	16:40:00
	矿　区	10:45:00	10:55:00	16:00:00	16:10:00
	小　作	11:15:00	11:25:00		
	平　山	12:15:00	12:30:00	14:40:00	14:50:00
	中心局	13:40:00	14:10:00		13:00:00
石家庄—辛集 全程 162 千米	中心局	7:40:00	8:20:00	19:40:00	20:00:00
	石速递			18:50:00	19:00:00
	藁　城	9:00:00	9:30:00	17:20:00	17:30:00
	晋　州	10:05:00	10:35:00	16:40:00	16:50:00
	辛　集	11:10:00	11:40:00	15:50:00	16:00:00
	中心局	13:00:00	13:30:00		
石家庄—深泽 全程 172 千米	中心局	7:40:00	8:20:00	19:10:00	19:30:00
	石速递			18:20:00	18:30:00
	正　定	8:55:00	9:15:00	17:30:00	17:40:00
	无　极	10:15:00	10:35:00	16:30:00	16:40:00
	深　泽	11:05:00	11:25:00	15:40:00	15:50:00
	中心局	13:00:00	13:30:00		13:40:00

(三) 邮区网层次的划分

邮区网是一个非常复杂的网路系统。按其联系范围,邮区网可分为三个层次,即邮区中心局所辖网路,城市邮政网,县内邮政网。邮区中心局所辖网路是邮区网的主体和骨干;城市邮政网和县内邮政网是邮区网的基础和延伸。

1. 城市邮政网的组织

(1) 城市邮政网的概念

城市邮政网(简称城市网)是由城市(不含市管县)范围内的邮政营投局所及设施、邮件处理中心和市内邮路,按照一定的原则和方式组织起来的从事邮政通信活动的网路体系。

(2) 城市邮政网的特点

城市邮政网是连接邮政内部生产与社会公众的纽带,城市邮政网是城市邮政企业组织内部生产的物质技术基础,只有城市邮政网有效运转,邮政企业才能完成各个生产环节,为城市提高邮政服务;同时,城市邮政网的营业和投递又直接接触社会公众,是整个城市邮政网的起点和归宿。所以说城市邮政网是连接邮政内部生产与社会公众的纽带,具有如下特点。

1) 双重性

一方面,城市邮政网包含了收寄、分发、运输和投递四个主要环节,它们相互配合、协调活动形成了一个完整的系统,可以完成本市范围内邮政通信的任务。因此,城市邮政网具有相对独立性。另一方面,由城市四个生产环节所形成的组织体系又是全国邮政网的始端、终端和节点,其活动是全程全网联合作业的一部分,它只有与全国干线网、省邮政网和农村网有机地结合起来,才能完成国内、国际邮政通信任务。因此,城市邮政网又具有从属性。

2) 点多线密,技术构成高,设施先进

由于城市人口密集,经济行为单位的空间分布较为集中,所以,与县邮政网相比,城市网的网点分布较密集。由于经济发展水平的差异,城市对邮政通信服务的需求量远大于农村,对于邮政服务质量提出了更高的要求。为了充分满足这种要求,城市邮政网必须配置先进的技术设备。所以,城市网的技术构成和设施都比县邮政网要先进。

3) 城市网的组织不仅与邮件内部处理过程相连接,而且直接接触社会公众

(3) 城市网的地位和作用

城市网担负着完成本市各用户之间、市区各用户与国内及国外广大地区各用户之间邮政通信联系的任务。城市网是全国邮政网的重要组成部分,主要体现在以下几个方面。

1) 城市网是整个邮政系统的一个子系统。

2) 市内邮路上连全国干线邮路、省内干线邮路和地市网内邮路,向下扩展到县内与广大农村邮路相连接,处于干支交接地位,发挥干支通流的作用。

3) 市邮政局是全国邮政网的重要节点,且多是各级转口局,也是未来中心局的基础,在国内、国际邮政通信中有举足轻重的作用。

城市网可以产生可观的经济效益。由于城市是经济的核心,城市邮件量大。因此,城市局所的业务收入是邮政收入的重要来源。

(4) 城市营业局所的设置指标和方法

为了确保全网和城市邮政服务水平并获得一定的经济效益,邮政主管部门应规定城市局所的设置标准,作为城市网设置局所的依据。

1) 设置指标

局所平均服务人口和局所平均服务面积(或半径)是反映公众用邮方便程度和社会效益的

指标。局所业务量或业务收入指标是用来衡量局所的设置是否合乎经济合理的要求，是考虑邮政部门经济效益的指标。

原邮电部曾于 1980 年制定了各类城市(大、中、小)设置邮政局所的标准。这一标准已不能适应目前邮政通信发展的要求。因此，急需中国邮政集团公司尽早制定出适应邮政通信发展的设置标准。

2）城市邮政营业局所的局址选择

城市邮政营业投递局所布局的重要内容之一是确定各局所的具体位置。目前，局址的选择和确定尚无定量标准，一般采用定性方法。

定性方法的基础是深入分析影响局址选择的因素和确定局所位置应遵循的原则。

① 影响局址选择的因素

- 城市地域面积的大小和地域条件；
- 人口数量、人口结构和人口密度；
- 经济发展水平和经济结构；
- 产业布局：经济行为单位的空间分布，如商业区、工业区、住宅区、文化区的空间布局；
- 运输网的布局：市内道路布局；
- 社会和政治机构、管理体制的特点；
- 文化及日常生活特点；
- 邮政需求量和邮政服务水平。

② 城市邮政营业局所选址的原则

- 适合城市的性质、特点和发展方向；
- 最大限度地接近用户；
- 尽可能满足用户的用邮需求；
- 便于合理组织市内邮运；
- 取得期望的经济效益。

(5) 市内邮运系统的概念和种类

1）市内邮运系统的概念

市内邮运系统是指城市范围内在营投局所，邮件处理中心和转运部门之间按照一定的原则和结构组织起来运送邮件的邮路系统。

2）市内邮路的种类

市内邮运系统的邮路分两种：一种是转趟邮路；一种是市内盘驳邮路。

① 转趟邮路是在邮件处理中心与市内各邮政局所之间按固定频次和规定时限往来运送邮件的邮路。

② 市内盘驳邮路(接发邮路)是在邮件处理中心与位于车站、机场、码头等地的转运部门及报刊社之间往来运送邮件、报刊的邮路。

(6) 城市邮路的组织原则

1）时效性

满足各类邮件在市内运输的需要，确保市内运输时限的完成。

2）经济性

在保证邮件时限的前提下，通过合理的组划，使市内邮运经济高效，即以尽可能低的运输费用保质保量地完成邮件的市内运输任务。

3)灵活性

由于市内运输系统的运转受城市交通、规划以及业务量变化等外部环境因素的影响,这就要求市内邮运在保证正常运输需要的同时,还要有一定的应变能力,以应付临时变化的需要。

(7)城市邮路的组织方法

城市邮路分为接发邮路和转趟邮路。

1)接发邮路

接发邮路主要完成邮件处理中心与转运点、报刊社之间点对点的运输,多采用以邮件处理中心为中心的辐射形邮路。接发邮路的组织简单,其特点是作业量大,作业频次和运量的大小主要取决于外界运输工具的到开时间和运输量的大小。

局站和局社间的运输时限是接发邮路组织的重要内容和依据,各个市局应根据外界运输工具的到开时间、当地报纸的出版时间、分拣封发部门的作业时间确定接发邮路的起始时间、作业频次和作业任务,制定出全日运行时间表。

2)转趟邮路

转趟邮路是分拣中心与市内各营投局所之间按照固定班期和规定线路运输邮件、报刊的路线。转趟邮路的组织方法分为以下几个步骤。

第一步:确定作业频次和作业时间

市趟频次是市局在每昼夜内对市内支局所运送邮件、报刊的次数。市趟时限是指运输工具自市局出发转趟至返回市局为止,中间经历的最大时间限度。市趟频次和各频次的时限确定应以中国邮政集团公司规定的时限标准和市内阶段作业时限分配为依据。根据分配的时限,确定出满足各类邮件时限要求的市趟基本频次。其思路是先对各类邮件的每一时限规定,拟定出满足其要求的市趟频次,然后再将相近时间的频次合并,就得出能够满足时限的基本市趟频次。

例2:假设某市局各支局所上午投递作业最晚开始时间为9:00,下午投递作业最晚开始时间为14:00,营业终了时间为18:00,各频次的作业时间长度为1小时,并采取混合运输方式。

根据现行的时限规定,首先拟定7个市趟频次(如表2-5、表2-6所示),然后再将7个频次合并成4个频次,即得出能够满足时限要求和邮运需要的市趟频次。

表2-5 市内邮运拟订频次表

		规定时限	拟定频次顺序号
信函	出口	11:00以前收寄的内部处理时间小于10小时	1
		营业终了前收寄的内部处理时间小于12小时	2
	进口	6:00以前到站的当日下午投递	3
		16:00以前到站的次日上午投递	4
报纸	进口	5:00以前到站的当日上午投递	5
包刷	出口	10:00以前到站的当日下午投递	6
		当日收寄的次日8:00前处理完毕	7

表 2-6 市趟基本频次的确定

基本频次	出班目的	出班时间	作业内容	合并作业频次
1	上午投递赶班	8:00—9:00	送信报等	4,5
2	收 11 点信	11:00—12:00	送重件,收信	1
3	下午投递赶班	13:00—14:00	送信报等,收轻件	3,6
4	营业终了收各类邮件	18:00—19:00	送重件,收各类邮件	2,7

第二步:确定各作业频次交接局所

先按照各个支局所的业务功能、业务量大小、所处地理位置以及交通运输条件进行分类,然后确定各类局所的交接频次。这样就可以根据每个局所需要交接的频次,确定各趟次所需要联系的局所。

第三步:组织转趟路线

确定趟路的结构、条数和具体的行走路线。

目前一般采用经验推算的方法组划市内转趟邮路,邮路结构一般以环形为主,但是对于距离处理中心较远的局所,采用环形邮路影响时限的应以辐射形为主。

例 3:石家庄邮区中心局 207 邮路邮运趟班车运行时刻表,车 14 时 10 分由车库开出,途经分发中心、维名路邮局、中华中邮局、南长街邮局、裕西邮局、枢纽楼等节点,最后沿原路 19 时返回车库,沿途形成一个环状。

表 2-7 2007 年石家庄邮区中心局邮运趟班车运行时刻表

局站名称	车到时间	车开时间	作业内容
车出库		14:10:00	
第一运递频次			
分发中心	14:30:00	14:50:00	取:维明站点投递、维明兑付快包
维明营业	15:00:00		交:兑付快包及站点投递 取:各类出口邮件
维明大宗		15:15:00	取:全部大宗邮件
中华中	15:30:00	15:33:00	取:各类出口邮件
南长街	15:38:00	15:42:00	取:各类出口邮件
裕西	15:48:00	15:52:00	取:各类出口邮件
枢纽楼	16:12:00		
212			交:出口特快专递
盘驳车			交:全部出口邮件
仓储中心			取:本趟各点单册袋
201			取:本趟各点空袋
第二运递频次			
发车	17:00:00		
裕西	17:10:00	17:15:00	交:单册袋、空袋 取:各类出口邮件
南长街	17:23:00	17:27:00	交:单册袋、空袋 取:各类出口邮件
中华中	17:33:00	17:38:00	交:单册袋、空袋 取:各类出口邮件
维明大宗	18:00:00	18:10:00	交:单册袋、空袋 取:全部大宗邮件
维明营业		18:18:00	交:单册袋、空袋 取:各类出口邮件
速递局	18:30:00		交:出口特快专递
盘驳车	18:35:00		交:全部出口邮件
车回库	19:00:00		

2. 县内网的组织

(1) 县内网的作用和特点

县内网是以县邮政局为中心,由农村邮路连接各乡镇邮政支局所、服务点所组成的传递邮件的网路体系。

1) 县内网的作用

• 县内网是繁荣我国农村经济的基础设施

• 县内网是全国农村邮政的物质技术基础

• 县内网是全国邮政网的重要组成部分

2) 县内网的特点

• 邮政业务发展极不平衡

由于我国经济发展水平之间存在很大差别,不同省份的县内网之间存在很大的不平衡性,即使同一个省,不同的县之间邮政业务发展条件和水平也存在很大差别。

• 经济效益差

由于农村经济发展落后,农村人口分布分散,产业布局分散,致使单个局所的业务量小,规模经济效益差。

• 邮政基础薄弱

农村经济发展水平低,基础设施差。

(2) 农村邮路组织形式

1) 辐射形邮路

从起点到终点,去程和返程沿着同一条直线或曲线行走的路线。

2) 环形邮路

从起点出发,沿曲线行走一圈,仍然回到原来出发点的路线。

3) 混合邮路

直线形邮路与环形邮路相结合的路线。

(3) 农村局所建设与发展方向

农村要大力发展村级委代办局所,以提高营业网的覆盖面,方便广大农民用邮,提高农村地区的服务水平,增加业务收入。

具体措施和发展方向如下。

1) 业务量较大的乡、镇政府所在地,规模较大的厂矿、林区、畜牧区、农场应设置自办局所;

2) 地理位置适中的农村邮路和投递路线组织的中心应设置投递局所;

3) 自办与委办相结合,大力发展委代办局所;

4) 定点服务与流动服务相结合;

5) 营业与投递相结合;

6) 实行局所承包经营。

(4) 农村投递路线的组织原则和方法

1) 农村投递路线组织的基本原则

① 经济原则:选择最短路线、连接尽可能多的局所;

② 重点原则:先党政机关、厂矿企业、学校,后行政村和居民点。

2) 农村投递路线组织的方法

① 调查研究,掌握数据

- 乡镇、机关、厂矿、农林场、行政村、居民点的分布状况；
- 现行邮路、支局所、代办所、邮票代售处、信报站、信报接转点的分布情况；
- 邮件报刊的流量、流向，重点投递点的邮件量和报刊量；
- 铁路、公路、河流、湖泊、山脉、丘陵、桥梁和渡口情况；
- 农民用邮习惯，集贸市场的时间、地点，乡镇的生产特点和产品特点。

② 分析研究，绘制路线草图

③ 测定试行，复查修正定案

④ 正式开班，编制“邮运时间表”

第四节 邮政网运行效率与效益评价

一、建立邮政网运行评价体系的目的和意义

邮政实物网对寄递类业务发展起着重要的支撑和保障作用，其运行效率和效益的提高对邮政业务的发展至关重要。为落实“资源以效益为导向”的管理理念，实现网路运行“质量优、效率高、效益好”的总体目标，集团公司在全网开展了“网路运行质量效率与效益 KPI 评价体系”建设工作。邮政网络运行评价指标体系的建设是邮政实行精细化管理的要求，也是邮政转变发展方式的要求。邮政网路运行评价指标体系建立后，可对大量的网路运行基础数据进行准确采集、量化分析、科学评价，从而诊断出网路运行管理中存在的关键问题，进而针对问题进行修正，从而实现网路资源的优化配置、管理创新的持续深化、运行成本的有效控制、运行质量和管理水平的持续提升，使得网路运行的质量、效率和效益得到较大提高。

二、建立邮政网运行评价体系的指导思想与原则

（一）建立邮政网路运行评价体系的指导思想

以“发展现代化邮政，满足社会需要”为方针；以“层次清晰、结构合理、运行规范、管理科学”为指导；以提高网路运行的质量，保证网路运行的时限，提高网路运行效率和效益为目标；立足于“服务全网、服务经营、服务用户”的基本理念，建立科学完整的网路运行评价体系。

（二）建立邮政网路运行评价体系的原则

（1）全面性原则

（2）代表性原则

（3）经济性原则

（4）可操作性原则

（5）相对稳定性原则

三、邮政网运行评价体系的建立

（一）评价体系建立的总体思路

1. 评价体系模型

评价指标体系采用 AHP(Analytic Hierarchy Process)方法建立模型。AHP，又称层次分

析法，是一种定性与定量分析相结合的多目标决策分析方法，由多个因素构造一个相互联结的层次结构模型，根据网路运行基础指标的相关性完成指标体系的架构。

2. 评价体系关键点分析

(1) 要能够展示邮政网路运行对邮政寄递类业务的支撑作用

(2) 要体现邮政的双效，即效率和效益

(3) 要体现管理的需要，即体现网路运行内部管理的需要

(4) 要体现指标之间的关联性

评价体系的关键点包括展示网路运行的重要性和支撑作用，评价网路运行的效率和效益，分析网路运行的质量和时限水平。

(二) 指标设定及分类

1. 指标设定

评价指标应该根据不同的评价对象进行设定：全网层面的应关注宏观的、整体的网路运行状况；省级层面要兼顾宏观和微观，既要体现全省的运行状况，又要对省内重点网运生产单位进行评价；中心局层面要更多地关注对生产车间、班组以及生产环节的评价。

2. 指标分类

对于选定的指标按照运行效益、运行效率、运行质量三方面的内容进行归类，保证各个评价内容都能够进行完整、清晰的评价。

(三) 指标体系的构成

评价体系分为三个层面，分别是全网层面、全省层面和中心局层面。

每个层面通过三个评价方面去构成，分别是运行效益、运行效率和运行质量。

四、邮政网运行评价指标体系

(一) 运行效益指标

1. 成本贡献率

该指标为全网指标，反映邮政网路运行对邮政业务的支撑作用。指标越高，表明邮政网路对邮政寄递类业务的支撑能力强，网路运行的效益高；反之，表明网路运行的支撑能力比较差，网路运行的效益较低。

2. 百元资产收入

反映邮政网路运行的固定资产利用率，当该指标越高时，表明网路运行的固定资产利用的状况越好；反之，表明网路运行的固定资产利用的状况越差。

3. 成本收入率

当该指标越高时，表明网路运行的单位成本获得的收入高，运行状况好，效益高；反之，表明所消耗的成本就越高，运行状况较差。

4. 人均劳动生产率

人均劳动生产率指企业产出量和企业人员的比例，即人均产出量，反映网路运行人员的劳动生产效率。当该指标越高时，表明网路运行的人均产出量高，运行状况好，效益高；反之，表明人均产出量低，运行状况差，效率低。

5. 人均成本

人均成本指企业成本和企业人员的比例，即人均消耗量。反映网运生产过程中，人均消耗

的生产成本的多少。网路运行工作人员，包括管理人员、技术人员、分拣封发人员、运输人员、生产辅助人员，也包括合同工和劳务工（在中心局场地内负责营业环节和投递分拣环节的不计算在内）。

（二）运行效率指标

1. 产能满足情况

产能满足情况是邮件处理量与现场最大处理能力的比值，反映网路运行处理能力的满足情况。由两个指标构成，分别为分拣封发产能满足率和转运产能满足率。

（1）分拣封发产能满足率

该项指标反映网运的分拣封发环节的处理能力的满足情况。

当指标大于1时，表明处理能力不足，需要进行一定规模的扩大，包括规模扩大和人员增加或者通过流程改造和技术更新来提高处理能力；当指标小于1时，表明处理能力富余，指标过高或者过低时都要加强管理。

（2）转运产能满足率

该项指标反映网运的转运环节的处理能力的满足情况。

当指标大于1时，表明处理能力不足，需要进行一定规模的扩大，包括规模扩大和人员增加或者通过流程改造和技术更新来提高处理能力；当指标小于1时，表明处理能力富余，指标过高或者过低时都要加强管理。

2. 干线运能综合利用情况

干线运能综合利用情况是实际运量与额定运能的比率，反映干线邮路中已有运能的利用率。

在全网评价的过程中，一级干线运能综合利用情况由三个指标构成，分别为一级干线火车运能利用率、一级干线汽车运能利用率和一级干线正班汽车运能利用率。

在省评价和中心局评价过程中，可以扩大到二级或者三级邮路。

3. 邮运生产车辆使用情况

邮运生产车辆使用情况由三个指标构成，分别是邮运生产车辆完好率，邮运生产车辆里程利用率，邮运生产车辆车日利用率。

4. 生产设备使用情况

生产设备使用情况是生产设备实际（即良好、正常、安全使用）状况和配置要求的比例，以及邮件上机分拣的情况。反映网路运行内部处理的自动化设备配置的合理性和有效性，以及设备的使用情况。

生产设备根据分拣邮件种类的不同可分为包裹分拣机、信函分拣机和扁平件分拣机，并且关于生产设备使用情况的指标又分为三个，分别是分拣机使用率、分拣机完好率和上机率。

（三）运行质量指标

1. 封发情况

封发情况是封发不合格或者不符合标准的总包、邮件与总量的比例。它是反映邮件封发质量的综合性指标。

封发情况有四个指标构成，分别是总包规格合格率，总包转运准确率，邮件封发准确率，邮件分拣准确率。

2. 干线汽车邮路准班准点情况

准班准点的班次数量与全部班次的比率所反映的是正班邮路运行班次和运行时间是否

正常。

在全网评价的过程中,一级干线汽车邮路准班准点情况由两个指标构成,分别是一级干线汽车邮路准班率和一级干线汽车邮路准点率。

在省评价和中心局评价过程中,可以扩大到二级或者三级邮路。

3. 邮件信息处理情况

邮件信息处理情况是邮件信息及时、完整的传递的比例,反映邮件信息传递的完整性和及时性。

邮件信息处理情况由四个指标构成,分别是干线出口总包扫描勾核率、总包信息发送及时率、给据邮件网上清单及时准确率和给据邮件开拆率。

4. 时限完成情况

时限完成情况是邮件传递的时限的达标情况,反映邮件传递是否满足时限要求。

时限完成情况由五个指标构成,分别是分拣封发时限达标率、干线运输时限达标率、总包 24 小时以上滚存率、总包 48 小时以上滚存率、总包 72 小时以上滚存率。

5. 其他情况

其他情况是网路运行质量的其他有关的指标和网路安全指标,补充反映网路运行质量的其他方面。

其他情况由五个指标构成,分别是信函违计划发运率、总包破损率、邮件破损率、重大通信事故发生次数、运输事故发生次数。

(1) 信函违计划发运率反映网路运行中信函发运违反发运计划的情况。

(2) 总包破损率反映总包在网路运行全过程中破损的情况。

(3) 邮件破损率反映邮件在网路运行全过程中破损的情况。

(4) 安全性指标补充反映网路运行质量的其他方面。

重大通信事故是指整车邮件错发、漏发、错漏交换;大批邮件(50 袋或 100 件以上)水湿、污染、损坏、毁弃;一次性丢失、被盗总包 30 袋(散件 50 件)以上;机要邮件失密、丢失、损毁引起严重后果;其他给企业带来重大经济损失或对企业声誉造成不良影响的事件。

【阅读资料 2-1】

优化省内网路结构　强化地市网运管理

一、实施的背景和必要性

山西省邮政实施邮区中心局体制以来,全网运行效率和效益得到了显著提升。但随着社会经济发展,企业内外部环境发生很大的变化,需根据实际运行情况对其进一步完善,使大网处理和运输效率不断提高。

从邮政外部环境看,社会经济发展和交通运输建设速度快,对省内邮政网的组织和建设产生重大影响。“十一五”期间,一个以太原为中心,辐射市县、覆盖全省、南通中原、北出长城、东连京冀、西达秦蜀的高速公路网初具规模,交通运输状况明显改善,为进一步优化邮政网路结构提供了条件。同时,在“十二五”规划中、省委省政府提出,“要以太原市区为核心,加快发展太原都市圈,重点建设以大同、朔州为核心的晋北城镇群,以临汾、侯马、运城为核心的晋南城镇群,促进区域协调发展”,这将会使邮件流量流向发生显著变化。根据经济发展趋势,结合交通运输条件,强化省会中心局干线运输网组织,以二级中心局为重要节点,着重构造区域性集散中心,对推动邮政改革发展,服务地方经济,具有重要意义。

从邮政内部环境看,邮政业务规模扩大、新业务增长,以及发展方式的转变,对网路运行及生产组织提出了新的需求。随着公司化改革不断推进，邮政业务快速发展，对邮政网运工作要求也越来越高。另外，从邮件处理量及邮件运行轨迹看，省内各中心局处理规模偏小，机械化、自动化程度不高，设备利用率偏低；邮件的直封率不高，造成干线总包量和小袋较多或邮件分拣次数增加，时限传递较慢；三级中心局的功能薄弱，作用没有充分发挥；核算体系不完善，影响了承担跨市域行政区划处理和运输邮件的积极性。为进一步推动邮政业务发展，使集团公司“转方式、调结构，关注质量和效益，注重科学发展，全面提升邮政经济质量和效益”的发展战略成为切实可行的措施，落实到基层网运部门，优化省内网路组织结构，对促进网路整体效益提高具有深远意义。

从省内网路组织结构及职责分析看，改进生产作业组织方式，优化调整网路结构和布局，是提高企业运行效率和经济效益的重要途径。省公司网运部主要负责省内网路规划、干线邮运计划以及调度计划的编制；省会中心局主要负责二级以上干线邮路、本邮区内邮路的组织和指挥调度以及本局内部生产作业的组织和管理；各市局网运部门主要负责本区域的邮运计划、协调与经营部门的联系，而二、三级中心局及市内邮件处理中心主要负责本区内邮路组织、指挥调度以及内部生产作业；三级中心局与各市局网运管理职责存在重叠和交叉，致使网路的快速反应能力明显降低，内部盘驳等低效能的重复劳动现象比较普遍，内部管理和协调成本居高不下。因此，难以实现真正意义上的、统一高效的、号令全网的指挥调度体系，在很大程度上造成了网路资源的浪费和运行效率低下。

二、主要思路

优化省内网路结构，强化地市网运管理的出发点在于通过构建省内三级网路运行体系框架，实现生产指挥调度的进一步集中和管理扁平化，提升网运效率和效益。首先，充分发挥省会中心局在全省网路中的核心作用，将省际邮件的处理和运输功能向省会中心局集中，使之成为省际邮件的处理、转运和运输组织的中心，并搭建全省邮政干线网基础平台，为大集散处理、大通道运输、平台化运作、精细化管理创造条件；其次，关注各类邮件传递轨迹，以二级中心局为重要节点，构建区域性集散中心，强化对所在区域支撑服务能力，提高邮件传递时限；再次，调整三级中心局业务功能，以地市局为节点组建成立生产指挥调度中心，兼有管理和生产职能，按行政区划负责本地网(含县局)的作业组织和生产运行，实施动态调度，强化末端网的地位和作用。

三、主要举措

(一) 强化省会中心局能力建设，搭建全省邮政干线网基础平台

首先，强化省会太原邮区中心局干线运输功能。近年来，按照提高邮路运行效益思路，坚持“搭载、延长、衔接”组织方式，不断扩大省会中心局对全省一、二级干线网管控规模，接收省物流局及各市局派押的各类汽车邮路10条，新开通干线汽车邮路4条。通过邮路优化整合，太原邮区中心局派押一、二级干线汽车邮路占全省比重由以往的53.57%提高到目前的81.25%，辐射省内11个地市，紧密衔接西安、郑州集散中心，增强了与京津冀和西北部等全国区域经济中心的通邮能力。

其次，扩大省会太原邮区中心局省际邮件集散范围。改革初期，速递物流公司刚刚起步，运营能力有限，为充分发挥省会邮区中心局管理优势和技术装备水平，实现邮件内部处理规模化、信息化、自动化，本着提高时限、节约成本、共享资源、代理结算原则，先后由太原邮区中心局承担了速递分拣、省物流集散任务。在省际邮件出口方面，将大同、侯马二级中心局日均处理出口各类省际普通邮件8.83万件调整至太原中心局集中处理出口；在省际邮件进口方面，

将晋城市省际进口速递、报刊邮件分拣封发关系由长治邮区调整到太原中心局直接处理经转。

再次,拓展省会太原邮区中心局生产处理能力。为实现大范围集散、大规模处理、平台化运作,山西省以科技、工程建设为重点,使省会中心局处理能力及技术水平取得长足进步。在工程项目方面,先后完成了邮件储运中心工程建设、转运场地扩建及生产现场辅助用房建设等基建项目10余项;在科技项目方面,完成了信函分拣机窗口信识别功能、邮袋除尘系统清灰装置、综合管理控制中心建设等科技项目14项;此外,2010年,完成了太原中心局交叉带分拣机项目上线运行工作,并采取了包裹、挂刷、包状平刷、特快邮件同机分拣作业模式,日均处理邮件量在3万件以上,大大提高了邮件处理效率。

(二)强化二级中心局区域服务能力,打造区域集散中心

首先,打造以省会太原邮区中心局为主体的中部区域集散网络。省会中心局在承担省际邮件的分拣和干线运输任务的同时,也承担所在地区邮件集散任务,成为功能齐全、覆盖面广、专业化程度高的区域性集散中心。为强化太原中心局对所集散区域的服务能力,2009年将太原市邮政局市内转趟功能划归至太原邮区中心局,结合中心局盘驳邮路进行太原市内转趟邮路组划,并有效整合太原同城速递专网,由太原邮区将速递邮件分拣到段,并带运到各投递网点,构建了同城速递邮件交换平台,提快特快专递时限0.5天。2010年,启动了太原中心局投递分拣前置工作,将晋中局市趟组划、市内普邮分拣及太原局市内普邮投递分拣等功能任务一并纳入太原邮区中心局,由太原中心局逐步将晋中市局、太原市局进口各类邮件直接分拣到1 218条投递道段和13个农村网点,同时组划晋中、太原两市的市内趟车邮路,以构建专业、高效的山西中部太原都市圈同城集散网。

其次,打造以大同、侯马二级中心局为主体的晋北、晋南区域集散网络。将非省会二级中心局(大同、侯马)定位成具备省际进口邮件的分拣封发及干线总包接发转运功能的进转口局。2009—2010年,先后取消了大同、侯马邮区中心局省际普通邮件出口功能,集中精力开展区内进口普通邮件分拣到段和所辖邮区内邮件互换工作。按照减少经转层次、加快传递时限思路,以深入开展邮区中心局投递分拣前置工作为手段,深化区内延伸服务功能。2010年,大同、侯马中心局分别启动了对大同、朔州、临汾、运城局进口本地普通邮件分拣到投递道段工作,取消了区内市局二次分拣作业。随着投递分拣前置工作的实施到位,将逐步优化整合区内网路组织结构,强化非省会二级中心局对区内邮路管控力度,构建辐射晋北、晋南的区域集散中心。

(三)强化地市网路运行管理力度,全面提升全网运行效率和效益

首先,理顺地市网运管理体制,实现业务功能归口管理。随着二级邮区中心局功能充分发挥,三级中心局地位和作用已经弱化。按照集团公司意见,山西省先后在2007年试行、2008年推进、2010年全面实施邮运生产动态指挥调度和规范扁平化生产管理。调整了阳泉、长治、朔州三级邮区中心局业务功能,其职能比照地市局;与此同时,全省各市局在整合原有的中心局和网运管理机构基础上,按照行政区划组建成立具有职能管理和生产运行合一的指挥调度中心。在管理层级上,直接对口省公司网路运维部,初步实现了扁平化管理模式。各市局新组建成立指挥调度中心比照省公司网运部职责负责本地市邮政(含县局)网路运行、车辆、设备、邮件容器等管理工作和地市所辖行政区划内互寄和进口(落地)邮件的分拣封发、邮件的经转集散、本市市趟和市到县邮路组织等生产工作,是全市局(含县市局)通信生产的控制中枢,对全局(含县市局)通信生产实行集中、统一管理,组织生产执行层(各生产班组)完成各项生产任务。

其次,扎实深化"三化"改革,理顺地市网络运行机制。一方面,规范生产作业流程。为确

保本地网的可靠运行，2010 年 7 月下发了《关于印发山西省邮政内部处理环节推行“大班组交叉作业”实施意见的通知》（业务字〔2010〕79 号），全面推行大班组交叉作业模式，优化市、县局内部作业流程。市局层面，指挥调度中心下设两个生产班组，即封转班组和邮运班组。将函件、报刊、包件分拣及转运接发合并为一个班组，按照各类邮件时限要求进行分时交叉作业，优先满足畅销报刊和轻快件的投递时限频次；并将原市内邮件处理中心的邮件初分与投递局的细分功能进行整合，对二级中心局无法直封到段的市局，实现由生产指挥调度中心一次分拣到市区各投递道段。司机和押运员组成邮运班组，除机要邮路实行双人驾押外，其余邮路实行单驾。县局层面，只设一个生产班组，将各县（市）局的县内普通邮件分拣、转运、投递合并，组成“分拣投递班”，在一个班次内完成各类邮件的分拣、转运、运输和投递等工作任务。另一方面，夯实基础管理水平。为全面推行大班组交叉作业，对部分局的生产场地进行了改造，全部实现大平面作业。引入“6S”管理方法，加强现场管理，做好用品用具定制摆放，保持现场卫生整洁。运用“挂牌工作法”，明确各岗位职责，确定作业人员、工作时间，使每个员工明了各环节生产、交叉工作的内容，自行组织作业。设置专职检查人员，在各市局的监督检查与安全保障部内设专职网运管理岗 1 名，专职网运安全与检查工作，督促生产指挥调度中心贯彻落实邮运制度，加大对邮件在内部处理和干线运输环节的时限及投递分拣质量的监控力度，提高普通邮件传递的稳定性。贯彻执行邮运调度管理规范，实施邮运动态指挥调度，强化应急处置能力，确保网路生产运行正常秩序。推进管理创新，定期指派各指挥调度中心管理人员参加省会中心局生产运行分析会，加强相互间管理经验交流学习；同时，根据基层平时反馈问题准备培训资料，省公司在对基层进行日常调研时，就各中心反映问题进行业务指导、培训，使随时随地学习、交流成为一种长效机制。

四、实施效果

山西邮政在完善“网运体制”改革的过程中，按照集团公司的部署，结合实际，锐意进取，转变观念，大胆创新，整合资源，优化流程，不断突破制约发展的体制、机制瓶颈，增强了经营网路的意识，取得了运行效率和经济效益双丰收。

（一）强化了指挥调度，保障全网运行畅通

网运改革的目标，就是要提高网路运行的效率和效益，更好地支撑和促进邮政业务发展。通过强化二级中心局，调整弱化三级中心局业务功能，按行政区划组建指挥调度中心构建本地网，全省统一实施了集中、动态、精细化管理，实现了省内网路指挥调度权的集中和指挥管理的扁平化，减少管理层次，使得网络的整体效应得以充分发挥，执行力得到全面加强，更好地支撑邮务类业务的经营发展。

在经营支撑保障方面：为确保对业务发展的支撑，省公司网运部对各专业旺季生产提前发出预警，各生产指挥调度中心贴近经营、贴近市场、贴近用户，对内部处理流程和运输模式进行整体优化，从收寄、分拣到运输环节首创了基于信息预处理和分拣前置的校园包裹、大宗商函直运模式，减少经转环节，加快了传递速度。对大宗客户实施了邮编预处理、现场直封的作业模式；采取了优先发运、提前预报措施，成功应对日均 3 万余件的“思乡月”邮运高峰。为确保邮运生产质量，由设置独立于生产指挥调度中心的专职网运检查岗，加大监督检查力度，严格落实“网路运行质量检查通报”制度。省公司每月 30 日定期召开由各营销专业局、指挥调度中心广泛参与的调度例会，及时协调解决生产运行中的支撑保障问题，并辅以事项考核制度，使“三化”成果得到了巩固，使经营承诺得到有力保障。

在突发事件应急处置方面：通过实施集中动态指挥调度，把基层网运资源整合成市场反应快、运行效率高、生产应急保障可靠的基础网运平台。在奥运安保、六十周年国庆安保等一系列重大事件的应对中,指挥调度中心的应急实战能力得以充分展现。尤其是在2009年特大雪灾中,反应迅速,组织有序,应对得力,确保了邮运安全畅通。整个雪灾期间,通过铁路托运等有效方式及时疏运邮件2.3吨,1 200多袋(8 000件左右)。各调度中心迅速反应,全面备战,严密监测,准确掌握交通运输方面动向,并以网络形式24小时在线反馈全省各条干线、区内邮路运行情况,实时动态指挥调度,充分发扬全网团结协作精神,全省局部地区邮件"压"而不乱,网路运行平稳有序,没有出现重大邮件、邮车及人身安全事故,切实保障了全网运行的安全畅通。

(二)提高了处理能力,实现了降本增效

省内网路组织结构调整,资源的优化配置,进一步提高了资源利用率,邮件时限加快了,实现了能力增长和降本增效双突破。

在全省干线邮件集散运输层面:一是通过封发关系调整,全省省际出口的普通邮件全部由各营业网点直封至省会太原邮区中心局集中处理出口,实现了大范围集散,处理规模大幅提高,太原中心局日均进出口速递、平信、平刷、挂信、普包、快包分别为28 177、224 595、101 597、9 849、4 579、2 187件,达到或超过二级中心局平均处理水平。2010年交叉带环型包裹分拣机上线运行,实现特快、普包、快包、挂刷、平刷邮件(包状)全部进行上机分拣,真正实现了"一机多用",每天运行10小时,分时段分别处理各类邮件,上机分拣效率由过去的每小时不足1 000件提升至每小时2 610件,进入全国先进水平行列,处理能力大大增强,极大地提高了劳动生产率。二是实施干线邮路集中派押、整合,通过推行"人休车不休"、实施干线邮路套跑、车型综合调剂利用等措施,大幅减少车辆的空载行驶和加车数量,一、二级干线邮路汽车运能利用率分别达到98%、95%,车辆固定资产投资显著降低。另外,由于承担着全省干线运输,运邮车辆较多,将车辆维修厂划归太原邮区中心局后,车辆运行有了保证,在一定程度上降低全省邮运风险。

在区域性邮件集散层面:分析邮件的运行轨迹,进口省际普通邮件及报刊分拣任务由太原、大同、侯马三个二级中心局承担。为减少邮件经转层级,加快邮件传递时限,将投递环节分拣到段的工作纳入网运管理,将网运分拣和投递分拣合并为一个环节,由三个二级中心局直接分拣到段,减少投递部门二次开拆、分拣,压缩邮件内部处理时间,使其成为延伸服务、支撑经营的突破口。从时限上看,全省市局之间,普邮传递时间一般是2～3天;市局至县局全程时限一般是3～4天;县局之间全程时限一般是4～6天。网运速度明显加快,在频次和时限上更好地满足经营要求。实施分拣到段的局,投递员出班时间普遍提前,投递人员有了更多对外服务时间。从成本上看,减少了重复劳动,同时大同、侯马局分拣人员减少20余名,减少直接人工成本60余万元;优化作业流程,推行投递分拣前置,整合报刊场地,共计节约生产场地4 490平方米,为全省邮政改革发展提供了强有力的支撑。

在地市网运基础管理层面:各生产指挥调度中心既是基层网运管理单位,又是生产的实体,赋予相应的责权,切实树立"抓支撑就是抓效益"的观念,管理效益日益凸显。仅车辆管控一项,2009年10月车辆集中管控后,全省车辆综合使用率大幅提高,减少急需新增和更新车辆投资450多万元,有效缓解了车辆投资压力;通过实施车辆精细化管理,推行单车费用核算工作,实现了车辆管理由部门向单车转移,成本管控从粗放向精细化转变,车辆运行成本得到有效控制,全年节约汽车维修、燃油、保险等费用1 200多万元。以晋城局为例,其指挥调度中心管理着全局各类生产和行政用车79辆,进入旺季生产后,通过实施动态调度,指挥调用机要通信局、投递局等各类车辆，突击投递各类邮件，既确保邮件不积压、不延误，又提高了车辆综合利用率；开展单车核算工作后，强化车辆日常管理，通过严格落实"一车一卡"制度，利用"油中感谢"网站每周对全局机动车辆的加油情况进行跟踪分析，查处违规加油行为2起，及时进行了通报处理，增强了驾驶员节约用油意识，提高了做好车辆日常维护工作对节能降耗重要性的认识，燃油消耗较同期下降13.67%，车辆运行成本大幅降低。

（三）优化了作业流程，提高了运行效率

生产流程标准化和生产操作规范化改革的全面推进，使得各市局网运生产和管理步入科学、规范、有序的运行轨道。通过推行大班组交叉作业，实行竞聘上岗，选拔了一批素质相对较高、业务技能相对较强的人员，经过业务技能强化培训，员工由原来的"一人一岗、一种业务"向"一人多能、一人多职"的"多面手"方向转变，生产人员劳动生产率显著提高；与此同时，2010年通过在全省推行大班组交叉作业以来，全省网运环节盘活人力资源261名，充实了银企对账单投递、专业营销销售等岗位人员配置，实现人力资源结构的进一步优化，促进了企业转型健康发展。

实践证明，指挥调度中心成立，"三化"改革落实，使得末端网路运行更加高效、顺畅，各项工作贯彻执行坚决，生产运行效率提高显著。在大班组交叉作业推进过程中，以运城局为例，推进速度快，成效十分显著。机构数量减少，内部处理环节（含县局）减少了18个班组。人力资源盘活，减员67人，减员占比36.81%。作业场地节约，优化后实际使用面积821.86平方米，为原使用面积的70%。设备设施减少，由原7个作业台席803个格眼，减少到4个台席402个格眼。邮件时限加快，内部分拣与投递部门实现按投递道段装框交接，封转环节直接细分到市内147个道段，较调整前可提前30分钟出班投递。工时利用率提高，分拣封发人员由原来人均日工作时长3.25小时增加为7小时；转运接发在岗时间由24小时减为16小时，日人均减少8个小时。

【复习思考题】

1. 什么是邮政网？邮政网的组成要素是什么？

2. 邮区中心局体制的概念和内涵是什么？

3. 什么是转趟邮路？什么是市内盘驳邮路？

4. 说出邮政网路运行评价体系的评价对象。

5. 分拣封发产能满足率小于1时，表明处理能力不足，需要进行一定规模的扩大，包括规模扩大和人员增加或者通过流程改造和技术更新来提高处理能力，请判断这个结论是否正确。

6. 百元资产收入越高时，表明网路运行的固定资产利用的状况越好；反之，表明网路运行的固定资产利用的状况越差。请判断这个结论是否正确。

【课后实践】

1. 分组到邮区中心局参观，了解邮区中心局在邮政网中的作用，写出调研报告。

2. 分组到市邮政局调研，了解市邮政网的组织方法，写出调研报告。

3. 结合我国邮政实际，分组讨论邮区中心局管理体制的实施对邮政网管理产生的作用和意义。

第三章　邮政营业支局(所)的组织与管理

【学习目标】

通过本章的学习，了解邮政营业支局(所)设置的要求和岗位职责，掌握邮政营业组织的内容；熟悉邮政营业服务环境与服务设施；掌握邮政营业服务礼仪和营业服务纪律；熟悉邮政营业支局(所)的各项用品用具；掌握"6S"现场管理法和邮政支局(所)定置定位管理；了解邮政支局(所)业务管理的内容和基本要求；理解邮政营业支局(所)基础资料管理的内容；了解邮政营业支局(所)设备和系统使用管理的内容；了解邮政营业支局(所)安全管理的内容；掌握营业班组管理的方法。

【引导问题】

你到过邮政营业支局(所)吗？你了解邮政营业支局(所)是如何设置的吗？你知道邮政营业人员在为客户服务时应该遵循哪些服务规范和服务礼仪吗？作为邮政营业支局(所)长，应该如何对邮政营业支局(所)进行管理呢？带着这些问题，我们走进本章的学习。

邮政营业是邮政通信四大环节之一，是邮政的门面和邮政企业的窗口，营业工作的好坏，代表着邮政的形象。邮政营业是邮政通信生产的起始环节，其质量的好坏直接影响通信生产全过程的质量和全网的正常进行。

第一节　邮政营业支局(所)组织管理概述

一、邮政营业支局(所)任务、设置与管理

邮政营业支局(所)是指市、县(市)邮政局的分支机构，是能办理邮政业务的邮政对外服务网点。在邮政企业经营管理体制当中，邮政支局(所)是邮政企业发展的基础，邮政企业的发展战略、方针目标和各项工作任务，最终都要靠邮政营业支局(所)来落实。

(一) 邮政营业支局(所)的任务

在市场经济条件下，邮政企业已从过去单纯的生产管理型逐步向经营型服务型转变。在这一转变过程中，支局(所)的作用也相应地发生了变化。支局(所)的任务是在做好内部管理的基础上，通过为用户提供满意的服务，搞好邮政市场营销，树立良好的邮政形象，增强市场竞争能力。

目前，邮政营业支局(所)经办的主要业务包括邮件寄递、邮政汇兑、集邮票品销售、国内报刊/图书等出版物订阅和零售、电子商务、代理邮政储蓄等。

(二) 邮政营业支局(所)的设置和管理

1. 设置原则

邮政营业支局(所)的设置应满足邮政普遍服务的要求,应同时考虑服务半径、服务人口和预测的业务收入三个因素。

在2009年国家邮政局发布实施的《邮政普遍服务标准》中,规定了提供邮政普遍服务的邮政营业场所的设置应至少满足下列条件:

(1) 北京市城区主要人口聚居区平均1 km服务半径或1万～2万服务人口;

(2) 其他直辖市、省会城市城区主要人口聚居区平均1～1.5 km服务半径或3万～5万服务人口;

(3) 其他地级城市城区主要人口聚居区平均1.5～2 km服务半径或1.5万～3万服务人口;

(4) 县级城市城区主要人口聚居区平均2～5 km服务半径或2万服务人口;

(5) 农村地区主要人口聚居区平均5～10 km服务半径或1万～2万服务人口;

(6) 交通不便的边远地区,应按照国务院邮政管理部门制定的标准执行。

另外规定:乡、镇人民政府所在地原则上应设置1个提供邮政普遍服务的邮政营业场所;较大的车站、机场、港口、高等院校和宾馆,应设置提供邮政普遍服务的邮政营业场所。

2. 网点布局

邮政营业支局(所)应按照"统筹安排、合理布局、方便用户"的原则纳入城乡规划和建设中。建设城市新区、独立工矿区、开发区、住宅区或对旧城区进行改建时,应同时建设配套的提供邮政普遍服务的邮政设施。

3. 营业时间

《邮政普遍服务标准》中规定,提供邮政普遍服务的邮政营业场所的营业时间应满足以下要求:

(1) 城市主城区每周营业时间不应少于6天,每天营业时间不应少于8小时;城乡结合区每周营业时间不应少于6天,每天营业时间不应少于6小时;

(2) 乡、镇人民政府所在地每周营业时间不应少于5天,每天营业时间不应少于6小时;

(3) 农村地区每周营业时间不应少于3天,每天营业时间不应少于4小时;

(4) 车站、港口、机场、高等院校、繁华地区等客流量大的区域,应根据实际情况合理安排营业时间;

(5) 交通不便的边远地区,应按照国务院邮政管理部门制定的标准执行;

(6) 遇国家法定节假日,提供邮政普遍服务的邮政营业场所可根据实际用邮需求,适当调整营业时间,调整后的营业时间应对外公布,并按公布的营业时间对外服务。

4. 邮政营业支局(所)的设置和撤销

邮政企业设置、撤销邮政营业场所,应上报中国邮政集团公司和各省(市)邮政管理部门审批、登记后,方可设置或撤销。设置要书面上报各省(市)邮政管理部门备案;撤销提供邮政普遍服务的邮政营业场所,应经中国邮政集团公司和各省(市)邮政管理部门批准后予以公告。撤销后由省邮政公司上报集团公司和各省(市)邮政管理部门备案并撤销机构代码。

5. 邮政营业支局(所)的管理模式

邮政营业支局(所)实行中国邮政集团公司、省(自治区、直辖市)邮政公司和地市邮政局三级管理模式。

二、邮政营业支局(所)岗位设置与岗位职责

通常,营业支局(所)设置以下工作岗位:支局(所)长、营业班(组)长、质量检查员和信息管理员4个工作岗位。

(一)支局长岗位职责

(1)贯彻执行党和国家的各项法律、法规、方针、政策、标准、指示、命令和中国邮政集团公司的各项规章制度。依法经营,规范经营,完成各项通信生产经营指标;

(2)维护邮政企业权益,依法保护邮政通信设施,不擅自改变其使用性质;

(3)贯彻"迅速、准确、安全、方便"八字方针,确保基本制度、基础工作、基本操作规程的落实和邮件、设备、票款、人身、交通的安全,完成各项通信质量指标;

(4)负责本单位通信生产的指挥调度。按照作业标准组织生产,采用新技术,使用新设备,提高劳动生产率;

(5)深入班组检查现场并定期检查支局管理人员的工作。主动接受社会监督,应处理好用户来信、来电、来访;

(6)按照市场调查,决策营销方案,了解本单位客户构成,掌握客户动态信息,监督做好大客户的开发与维护工作;

(7)掌握本单位职工的思想动态,做好思想政治工作,关心职工生活,实行局务公开民主管理,确保职工队伍稳定;

(8)定期对职工进行业务培训和职业道德、遵纪守法等方面的教育,提高全员素质;

(9)按照上级有关政策,建立激励机制,制定奖励考核办法,搞好内部分配,充分调动职工的积极性;

(10)执行例会制度,定期召开局务会、经营质量分析会、职工大会,对工作进行总结部署;

(11)完成上级部门交办的其他各项工作。

(二)营业班长岗位职责

(1)组织本班组通信生产,制定生产人员岗位职责和工作计划、保证措施,完成邮政营业局所下达的经营指标;

(2)落实各项规章制度,定期进行经营质量分析,保证通信质量和安全生产等指标的完成;

(3)文明生产,主动接受社会监督,处理用户来信、来电、来访。实施定置管理,做到现场布局合理;

(4)组织本班组的生产会议和业务学习,修改、保管各种业务资料;

(5)做好职工的思想工作,支持工会小组工作,关心职工生活、主动为职工解决实际困难;

(6)负责本单位计划指标的编制和落实,掌握各项计划指标的完成进度并向支局长汇报;

(7)做好市场调查,每月、季有统计和经营活动分析;

(8)按规定建立、据实填制各种统计原始记录、统计台账和统计图表;

(9)按时上报各类统计报表,保证数据真实准确,为经营考核提供统计资料;

(10)及时理订和妥善保管各种统计档案;

(11)完成上级领导交办的其他工作。

(三) 质量检查员岗位职责

(1) 贯彻执行各项业务规章制度,协助支局长完成通信质量指标;

(2) 监督检查班组通信质量,做好质量检验记录、统计工作;定期组织质量分析活动;

(3) 按规定落实监督检查制度,保证检查内容、频次和质量;

(4) 对邮件质量、资费收取和邮资机、制签机使用情况进行监管稽查,按规定做好各项检查记录,并按时向相关主管部门上报检查结果;

(5) 每周向支局长汇报检查情况,对各班组发生的质量差错应及时登记、报告;发现质量隐患和重大问题应及时请示,妥善处理;

(6) 掌握邮政营业局所通信生产和服务质量情况,及时处理进出口查验和用户来信、来电、来访;

(7) 定期向用户发放征询意见函,统计用户满意度,做好用户回访工作。

(四) 系统管理员岗位职责

(1) 掌握本邮政支局管理范围内的计算机和网络设备的配置情况和操作方法,正确使用计算机和各种网络设备,做好日常维护工作;

(2) 监测本邮政支局管理范围内的计算机和其网络软、硬件设备的运行情况,当发生异常情况时,及时报告、处理和记录;

(3) 定期检查主机系统的日志文件,对异常情况及时进行记录、处理;

(4) 负责本邮政支局范围内营业工号的管理;

(5) 负责调试邮政支局营业设备和相关业务信息系统内的设备配置;

(6) 在无专人保管资料和软件介质时,负责保管主机软件和硬件配置的资料。

三、邮政营业支局(所)组织管理的内容

(一) 邮政营业组织的主要内容

邮政营业组织的主要内容包括营业时间的确定、场地布局、作业的组织以及劳动组织等。

1. 营业时间的确定

营业时间的确定,原则上应从满足用户需要,提高邮政服务水平和企业经济效益两个方面来考虑。既要适应当地日常生活情况、季节的变化、方便用户用邮,又要考虑营业人员的工时利用率,并照顾相关分拣、运输、投递部门的作业时间。

2. 营业场地的布局

营业场地的布局主要指营业厅的布局,要根据局房的建筑面积和建筑格局,合理布置公众活动部分和营业人员活动部分,既要方便用户用邮,又要便于营业人员工作,确保通信秘密和票款安全。

3. 营业窗口设置

营业窗口是邮政企业为用户办理邮政业务的服务系统,主要有分台(专业)窗口和综合窗口两种形式。营业台席的设置,应根据定性与定量相结合的方法。定量地考虑

营业台席数＝计划负荷/(生产定额×作业时长)

或者　　营业台席数＝时限负荷/作业时长

由于营业工作负荷的不均匀性,营业台席又不能每天每小时随时增减,所以营业台席必须按照计划期内最大日和最大小时负荷需要来配备,即负荷最大的时候需要多少,就得配备多

少。因此,正确预计最大负荷,采取措施来降低工作负荷的不均匀程度是十分必要的。但是,营业台席的设置也要考虑营业厅、营业场地的大小,在营业厅窗口设置方面,既要考虑工作效率、方便用户,也要考虑营业厅的整洁与美观。

4. 营业人员的配备

营业人员的配备既要考虑工作台席的数量,又要考虑工作负荷的大小。在台席数设定的情况下,营业人员的需求量会受到负荷不均匀的影响,所以营业员的数量应灵活掌握。尽可能在工作负荷大的时候多配,小的时候少配,不能简单地按最大负荷来配备,以便减少人力浪费,提高营业人员的工时利用率。

营业班组的组织一般都实行倒班的组织形式,要做到合理排班,尽量照顾到下列情况:

(1) 在可能条件下每班人数相等,全班人员上下班时间一致,以便各班轮换和班内组织各种会议、业务学习等集体活动;

(2) 前后班在工作告一段落时彼此交替,便于分清责任;

(3) 符合公休规定,改善劳动条件,合理安排用膳休息和上下班时间;

(4) 各个班组的工作条件相同。

总之,合理配备营业人员应尽量提高工时利用率,减少工时损失,为此应从作业起、讫时间,生产人员上下班、用膳、休息等时间的确定,做出合理安排。

(二) 邮政营业管理的主要内容

邮政营业管理主要包括制度管理、服务质量管理、生产现场管理、财务管理、基础管理、营业班组管理等内容。

1. 用品用具管理

邮政用品用具管理是邮政部门为统一用品用具规格,保障供应,严格控制使用而进行的管理活动。它包括邮政日戳、邮资机、邮政夹钳、铅志、邮袋、邮政袋牌、业务单式、业务章戳和袋绳等的管理。

2. 现场管理

邮政支局(所)的现场管理对生产现场的各种要素进行合理地配置,是实现优质高效、低耗、均衡、安全生产、文明作业,提高支局(所)生产作业效率和生产作业质量的重要手段和途径。现场管理主要体现在定置定位管理上。

3. 业务管理

业务管理是对邮政企业经营过程中的各项业务按照经营目的执行有效的规范、控制、调整等管理活动。邮政营业支局(所)的业务管理包括班前班后管理、排班管理、工作交接管理、信息化管理、业务处理管理、邮政用户专用信箱管理、资费和票证管理、营业档案管理等内容。

4. 基础管理

基础管理是企业管理的重要组成部分,为实现邮政企业管理职能提供资料依据。主要包括基础资料的管理、业务资料的管理、劳动管理、用户维护等内容。

5. 设备和系统使用管理

设备和系统管理是对邮政营业各类生产系统和营业设备的管理,按规定使用和维护。

6. 安全管理

安全管理是为了确保营业支局(所)邮件、人员、设备、信息等安全所进行的管理活动。为加强支局(所)的安全管理工作,邮政营业支局(所)应建立、健全安全管理制度。

7. 班组管理

邮政营业班组是邮政营业支局(所)直接参与生产经营活动的基本单位。支局(所)预期生产经营目标的实现、生产经营方针的执行、生产经营任务的完成都要依靠营业班组去完成。因此,必须加强营业班组的日常管理工作,做好班组的建设工作。

【案例 3-1】

××市邮政局的邮政营业管理

为了树立邮政良好的企业形象,进一步提高营业的服务意识和服务质量水平,××市邮政局认真贯彻邮政"迅速、准确、安全、方便"的服务方针,严格遵循"将心比心,用户称心"的企业服务理念,按照国际标准化组织(ISO)质量标准和优质服务窗口的标准要求,着重抓营业班组基础管理工作与营业窗口服务工作,并积极创建"营业精品窗口"。

一、各营业部制定班组考核办法

为了做好班组基础管理工作,确保劳动纪律、对外服务质量、通信质量,各营业班组根据自身情况制定了相关的班组考核办法,以达到班组规范管理的目的。

在规范管理工作上,要求营业员在规定的工作时间前20分钟到岗,开门时全体站立迎接第一批用户,上班时间当班人员必须坚守岗位,不得串岗或做与工作无关的事。营业现场要求整洁卫生,用品用具定置摆放,为用户提供良好的用邮环境,主要营业厅配备保安人员,确保工作现场和用户安全。在窗口规范化服务方面,认真做到"五个为用户服务":即以优雅的环境为用户服务,以完善的服务功能为用户服务,以崭新的形象为用户服务,以过硬的素质为用户服务,以灵活的方式为用户服务,有力地推动了窗口服务的规范化。根据优质服务要求和ISO质量标准,我局制定了《营业班业务及班组管理考核标准》,《分等分级考核标准》等考核办法并要求各营业班组严格按照《营业班业务及班组管理考核标准》《分等分级考核标准》执行。

在通信质量管理上,各班组认真贯彻执行三项基本制度,对工作中发生的问题进行严格登记,对工作人员差错进行考核,降低差错率。

二、建立管理资料

各班组严格按照市局要求建立完善基础资料。各大班组已建立缮发用户意见征询函登记表、用户投诉登记表、走访用户及用户来信来访登记簿、班组会议记录、好人好事登记簿、客户营销档案、业务通知登记本、班组成员档案、邮件容器进、出、存登记等资料。

三、建立岗位责任制

为了做好班组基础管理工作,加强职工责任感,该局营业班组根据岗位情况建立了邮政营业员岗位责任制,对各岗位工作职责进行了严格要求。

四、严格执行各项规章制度

(1) 认真做好邮件验视工作。收寄包裹时认真验视内件,注意有无禁寄或超过限寄规定的物品,并注意封装后的复验工作,严禁禁寄物品流入邮政渠道危害其他邮件安全,对化工产品指定营业网点收寄,确保邮件收寄安全。

(2) 加强邮政资费管理。加强邮资凭证(邮票、邮资封、邮资明信片、邮资符志)、邮资机的管理工作,严格按照规定的日期出售、停售、停用,杜绝邮政资费跑、冒、滴、漏。

(3) 在规范经营方面,严格按照集团公司和省公司要求,加强邮政资费管理,对大宗用户资费优惠严格规定执行,杜绝低资费跨界揽收等扰乱经营秩序的现象。

(4) 邮政编码推广使用情况。邮政营业网点配备邮政编码供用户查阅,原始的转筒式编码筒标注到县。在营业窗口配备《中国邮政地址邮政编码簿》。

(5) 按期、按类别对邮政业务档案进行归档，以便进行相关查询。

(6) 按照国家标准和邮政(通信)行业标准进行邮政业务单式和用品用具的生产、采购与领用。

(7) 妥善保管日戳、夹钳、塑料扎袋器等业务用品用具和各项戳记，并按规定使用。

(8) 每个工作日前按规定更换日戳上的字钉，更换后在“日戳打印簿”上加盖清晰戳样，经检查无误后使用。

第二节　邮政营业服务规范

一、邮政营业服务设施与服务环境

(一) 营业厅外部服务设施

(1) 邮政营业局所外部醒目位置应设置中国邮政店招。

(2) 邮政营业局所应设置局所名称牌和营业时间牌。

(3) 局所名称牌上的机构名称应为“××邮政支局”、“××邮政所”或“××邮政代办所”。营业厅落地玻璃门窗上应粘贴防撞条。

(4) 邮政营业局所门前应按照规定设置信筒(箱)，信筒(箱)上应标注开取时间和频次。《邮政普遍服务标准》中规定，邮筒(箱)设置应至少满足下列条件：

① 直辖市、省会城市城区主要人口聚居区平均0.5～1 km服务半径；

② 其他地级城市城区主要人口聚居区平均1～2 km服务半径；

③ 县级城市城区主要人口聚居区平均2～2.5 km服务半径；

④ 乡、镇人民政府所在地主要人口聚居区平均5 km服务半径；

⑤ 交通不便的边远地区，应按照国务院邮政管理部门制定的标准执行；

⑥ 提供邮政普遍服务的邮政营业场所门前应设置邮筒(箱)；

⑦ 较大的车站、机场、港口、高等院校等人口密集的地方，可根据需要增加邮筒(箱)的设置数量。

(5) 遇雨雪天气，邮政营业局所应在营业厅门前设置“小心地滑”的提示牌，并加设防滑垫。

(6) 有条件的邮政营业局所门口应设有残疾人无障碍通道。

(二) 营业厅内部服务设施

(1) 有条件的营业厅的醒目位置应摆放营业厅平面图，并注明业务功能区域和台席功能。

(2) 营业厅应合理设置业务办理区、用户等待区，有条件的可设置大客户服务区、产品展示区。

(3) 营业厅应按实际情况设置邮政综合台席、集邮台席、服务台席、值班局长(大堂经理)台席等业务处理台席。营业台席上方醒目位置应用中英文标注台席名称和台席编号。少数民族地区台席名称和台席编号应同时标注相应的少数民族文字。

(4) 营业台席前应设置一米线，一米线的制作应符合相关规定。

(5) 营业厅应设置的公众服务设施包括：信筒(箱)、书写台、钟表、日历和垃圾筒。有条件的营业厅可配置等候椅、小推车、碎纸机、电子显示屏、排队叫号机、验钞机(灯)和多媒体业务查询机等。

(6) 营业厅应设置的用品用具包括:邮政编码簿、订阅报刊简明目录、用邮指南、意见簿、书写笔、单据盒、糨糊机或胶水盒、老花镜、擦手巾和针线。有条件的营业厅可为用户提供地图、小药箱、消毒用品、计算器、放大镜和雨伞等。

(7) 营业厅内可根据实际情况设置公告提示牌,包括:"请勿吸烟"、"请勿喧哗"、"请勿携带宠物入内"和"请保管好钱物"等,并在适当位置公布服务监督电话。

(三) 环境卫生

1. 营业厅外部

(1) 应保持中国邮政店招、局所名称牌和营业时间牌的清洁完整。

(2) 营业厅门前信筒(箱)应做到逢开必擦,保持开取时间牌清晰、信筒(箱)整洁。

(3) 防护门(栏)在营业时间应打开并保持清洁。

(4) 应保持营业厅门前干净整洁、地面无烟头纸屑等杂物。

2. 营业厅内部

(1) 营业厅内部应做到"四净四无"。"四净"指地面净、桌面净、墙面净和门窗净;"四无"指无尘土、无纸屑、无杂物和无异味。

(2) 营业员在班前应对责任区内的工作台席、地面、设备进行擦拭;班中、班后应及时清理现场,保持责任区内的卫生整洁。

(3) 营业台席设备、邮政专用品等应保持整洁,营业现场不得存放私人物品。

(4) 公众服务设施和用品用具应保持清洁完好。

(5) 有条件的营业厅可在适当位置摆放绿色植物。

(四) 对外公示和宣传品张贴

(1) 营业厅应在醒目位置对外公示业务信息,包括:禁限寄物品规定、国内邮政业务主要资费表、国际邮政业务主要资费表、港澳台地区邮政业务主要资费表和主要出售品价格表。

(2) 营业厅内应设置宣传架,用于阶段性业务宣传品的摆放或张贴。阶段性业务宣传品应按照发放单位要求的起止日期及时撤换。墙壁、门窗玻璃(台席防护玻璃)等位置不允许张贴业务宣传单、通知和公告等。

(3) 营业厅用户用邮区应摆放常用邮政业务单式填写样张、用邮指南、邮政编码簿和意见簿。

(4) 有条件的营业厅,可利用电子显示屏或灯箱等设施宣传业务变动、阶段性业务介绍和公告等。

(5) 营业台席应根据生产作业情况,适时摆放"请到邻台办理业务"和"暂停服务"等桌牌。

二、邮政营业服务理念与服务方针

(一) 邮政营业服务理念

邮政营业窗口是邮政企业综合服务水平的具体体现,是企业形象的展示牌、服务档次的评价表,营业窗口的服务应最大限度地让用户满意。随着市场经济的不断发展,用户对服务要求在不断提高,邮政窗口要迅速更新理念,在服务上不断追求高目标,提升服务品位,创造新的服务特色。通过树立"用户是亲人"的服务理念,努力使职工养成良好的工作习惯,为客户提供专业化、规范化、人性化的服务,较好地展示企业形象,提升服务水准。

(二) 邮政营业服务方针

邮政通信的服务方针是迅速、准确、安全、方便。我们在第一章已经作了阐述,这里不再重复。

【阅读资料 3-1】

北京东四邮电局多年践行"用户是亲人"理念,被人们称为"亲情驿站"

走进东四邮电局营业厅,干净整洁的环境,热情周到的服务,亲切和气的话语,令不少用户倍感温馨。

始建于1909年的东四邮电局,在20世纪50年代因"大胆打破陈规",千方百计方便用户,成为全国服务战线的红旗。见证中国邮政百年发展的东四邮电局,如何才能在新时期保持先进并不断创新?东四邮电局的探索从未停止过。

一、"用户是亲人"

"顾客是上帝"的口号在全国服务行业比较盛行,但东四邮电局的员工却提出疑问:上帝什么样儿?应该怎样对待上帝?邮电局党支部及时在员工中开展了"用户在我心中地位"的大讨论。老师傅任志刚讲了多年前亲历的一件事。一位不识字的大娘带着生病的孙子从河北来北京,错把安眠药当感冒药带在了身上。孩子的父母发现后心急如焚,连夜往北京拍加急电报。东四邮电局火速投递的同时,还派人到火车站广播寻人,赶在火车进站的第一时间找到了祖孙俩,避免了一场意外。任师傅说:"用户的事就是我们的事,用户的亲人就是我们的亲人!"

员工与用户间发生的许多故事深深感染、启发了员工。有人说:"你跟谁最亲,就应该把用户当成谁。"于是,他们响亮地提出了"用户是亲人"的口号。1999年进行ISO国际质量体系认证时,东四邮电局就把"用户是亲人"作为核心内容写进了质量方针,成为检验服务的标准。

从"上帝"到"亲人",称谓的变化不仅拉近了邮政与用户的距离,而且带来了员工服务思想的升华和服务理念的更新。北京人民艺术剧院道具专家丁里先生是东四邮电局的老用户。有40多年用邮经历的丁老对邮电局员工的亲情服务体会尤深。他总结东四邮电局亲情服务有"三个一",即一副针线、一张桌子、一句话。丁老说:"邮电局有针线不新鲜,而东四邮电局的针永远是纫好线的;大厅的老板台支局长不用,值班局长不用,却留给咱老百姓使;再就是那句最贴心的话'用户是亲人'"。如今虽然他已年逾八旬,他家也在几年前搬离了东四地区,但老人还是隔三岔五从十几千米外、倒3次公共汽车到邮局走走、看看。

"你们把顾客当亲人,急人所急、想人所想,让我全身涌动'在家千般好,出门胜在家'的暖流。"一封封表扬信让员工受到激励,也成为他们不断改进工作的动力。他们从自己日常生活中遇到的不便联想到用户的困难并加以改善。营业厅大理石台面不便书写,他们就在窗口的书写部位铺上透明胶垫;公用书写笔使用频率高,值班局长就每天试试那些笔是否书写流畅;以往邮政资费表高高挂在墙上,用户需仰脖眯眼查看。如今,他们把打印塑封好的资费表立在书写台上,用户平视便可一目了然。邮局的志愿服务便民箱里更是备有放大镜、交通图、雨衣、应急小药箱等。专为用户准备的不同度数的老花镜就有好几副。日久天长,点点滴滴,用户从这些细节中感受到东四邮电局员工亲人般的关照与体贴。

二、"邮局几十年一直好,员工一茬一茬全都好!"

来东四邮电局办事,营业员脸上总是挂着微笑;老人腿脚不便,营业员会细心地扶一把;办业务有时钱没带够,营业员拿出自己的钱来垫付;外地用户在京住院急用钱,家属取汇款证件不全,邮电局派人带着钱款陪用户到病床前补办手续……

近些年来,邮政逐步开办了代发工资、养老金、最低生活保障金等业务。一天早上,一位来东四邮电局取低保金的中年人,因钱没到账无法领取,便在营业厅发牢骚骂人。营业员刘超立即上前耐心解释,并答应到账后马上通知他。经邮局事后了解,低保金的账务往来有规定的在途期限,相关单位和部门不了解,故未预留内部处理时间。此后,他们便每月提前打电话,提醒相关部门尽早划账,以确保用户按时领取。员工由此联想到邮局代发的工资、养老金也可能存在这种情况,就主动联系相关单位,避免了此类情况的发生。如今,每到养老金集中发放日,东四邮电局总是提前开门,把用户让进营业厅,值班局长现场疏导,事先帮助用户把准备工作想周全,办稳妥。

东四邮电局副局长、全国劳动模范沈智慧不仅各项业务驾轻就熟,而且擅为用户排忧解难。一次,一位母亲订错了《中学生学习报》,等到发现时想改订但已错过了第一期。沈智慧帮她联系报社,不巧报社也卖完了。因这期报纸有孩子需要的辅导材料,这位母亲很着急。沈智慧请投递员从别的用户家借来这份报纸,自己复印、粘贴后送到她手中。沈智慧担任值班局长多年,她对老弱病残、孕妇、外地人、外国人等不同用户采用不同的服务方法与技巧,并将自己的经验归纳、总结成《值班局长工作法》。

东四邮电局服务区内有20多户残疾人,为实现无障碍服务,他们在营业厅铺设了盲道,服务台备有盲文字典。值班局长陈兰颖自学手语,成为北京邮政第一个考取中国就业促进会手语CAEP证书的员工。陈兰颖与竹竿胡同的聋人夫妇关汉声、薛印珠在10多年的交往中建立了深厚的情谊。无论是订报纸、领取养老金等日常业务还是其他特殊需求,陈兰颖都想方设法帮助解决。北京奥运会期间,两位老人特别想看比赛,但苦于不认路,又没票。得知老人心思的陈兰颖专门去排队买票,并利用休息日带他俩逛"鸟巢",看残奥会篮球比赛,圆了老人的奥运梦。

东四南大街102号广义修笔店的张广义老先生,在东四邮局用邮60多年。老人感叹:"东四邮局不是一天两天好,而是几十年一直都好;东四邮局员工也不是一个两个好,而是一茬一茬的全都好!"

三、品牌服务铸就"业务骨干培养基地"

东四邮电局的优质服务不仅在附近居民中有口皆碑,而且在区内部委机关等大客户中信誉良好。原址在朝阳门内大街的外交部是东四邮电局的老客户。1997年新址建成即将搬离东四邮局道界时,外交部专门派人找到北京邮政有关部门,希望搬家后继续由东四邮电局提供服务。几十年间,东四邮电局总是想方设法满足外交部的各种用邮需求。他们甚至开辟投递专段,专人专车保证报纸第一时间送达。

随着时代的发展,信函、固话、电报等传统业务日渐萎缩,东四邮电局提升服务质量的同时不断发展新业务。一次,投递班长刘继生拿着几封无法投递的信函找到当时的局长王海林,希望邮局出面向北京移动公司核实地址。原来,这些信是移动公司寄出的手机话费催缴函。随着手机的普及,欠费的情况越来越多。但许多催缴函地址不准确邮局无法投递。王海林意识到,当时刚起步的邮政商业信函可以解决移动公司的困难。他便找到上级业务部门连夜论证,制定了包括名址打印、封装寄递、退信处理等一条龙服务的方案,当年就为北京移动追缴欠费200多万元。此后,北京移动与邮政建立了战略合作关系,又相继洽谈了手机机主确认函、话费账单等业务。如今,年交寄量超过2 000万件。

创造了无数行业第一的东四邮电局,也成为先进人物、业务骨干的培养基地。东四邮电局先后涌现出10位各级劳模和一大批先进典型,近百人走上了企业重要经营管理岗位,每年业务骨干输出率达员工总数的10%以上。目前,近半数员工达到大专以上学历,1/3熟练掌握外语,21%成为高级工,5%成为业务技师。政治素质强、业务技能精、服务水平高的员工队伍,为铸就首都邮政品牌、不断创新提供了有力的保障。奥运会期间,他们在北京国际新闻中心临时邮局为来自世界各国的3000多名非注册记者服务,赢得了"最佳服务团队"奖,充分展示了中国邮政员工的风采。

三、邮政营业服务礼仪

邮政营业服务礼仪是指营业员在服务全过程中应具备的基本素质和应遵守的行为规范。

(一) 仪容仪表

(1) 营业员在对外服务工作中应保持衣着整洁美观,容貌端正,修饰得体。

(2) 同一营业厅内营业员的标志服应按季节统一更换,配套穿着。标志服(包括领带)应保持干净整洁,不可有皱褶污渍,缺损;衬衫扣子应扣紧,领带拉至脖颈,不可松垮戴在胸前。穿着制服时衬衫下摆不可露出制服外,男营业员衬衫下摆应扎入裤内;不可挽袖子或裤管。

(3) 工号牌(卡)应佩戴在左胸上方或摆放在台席的固定位置。佩戴时保持直线水平,不能歪斜或戴在上衣兜内半遮半露,位置以不低于标志服第二颗纽扣为宜。

(4) 营业员应穿深色皮鞋和袜子,皮鞋应保持干净,鞋带系好,不可随意趿拉着皮鞋;工作时间内不能穿露出脚趾的凉鞋或拖鞋,鞋跟高度以不超过4 cm为宜;女营业员应穿与肤色相近,无花纹、不跳线的袜子,袜口应高于裤口或裙摆。

(5) 发型应端庄大方,发色和发型不得怪异夸张。男营业员前发不覆额,侧发不掩耳,后发不触领。女营业员前发不遮眼,不梳披肩发,长发束扎盘结。

(6) 佩戴饰品应简单得体,原则上不宜超过2件,每种饰物不得超过2种,不佩戴另类、夸张、娇艳、过分华丽的饰品,耳饰不能悬垂。

(7) 营业员面部应保持清洁,男营业员不蓄胡须,女营业员淡妆上岗,指甲修剪不得长于指尖,指甲油用浅色或透明色。戴眼镜的营业员应保持镜片清洁。

(二) 站姿

(1) 营业员站立时两眼正视前方,头正肩平,下颌微收,挺胸收腹。

(2) 男营业员可双脚分开,与肩同宽,两手自然下垂或自然交叉于腹前或背后。

(3) 女营业员双脚并拢或呈丁字步,两手交叉于腹前,右手搭于左手上,虎口靠拢,指尖微曲。

(三) 坐姿

(1) 营业员坐在工作座椅上时,上身应保持端正,下肢不应乱晃或抖动,不跷二郎腿。

(2) 接待用户时应正坐在椅子上,不倚靠椅背和坐满椅面,占椅面1/2～2/3为最佳;身体挺直,胸部挺起,腹部内收,双手自然地放在桌子上或操作机器上,后背离椅子应保持一拳的距离。

(四) 行姿

(1) 行走时应保持一条直线,步幅适度,速度均匀,重心放准,身体协调。不可左顾右盼,摇晃肩膀或低头看地,眼睛应自然地向前看。

(2) 迎面遇见用户,应主动为其让路,靠右边行走,右脚向右前方迈出半步,身体向左转微笑点头问候。

(3) 与用户并排行进时,按照"以右为尊"的原则,营业员应位于用户的左侧。

(4) 用户从背后过来,应停步为其让路,身体向左边转向来人,向旁边稍退半步,并微笑点头问候。

(5) 与用户前后行走时,应走在用户前侧或后侧,距离 60～100 cm 左右为宜。

(6) 经过通道、走廊时应放轻脚步,主动靠右侧行走,不得大声喧哗。遇到用户应礼让,不得抢行。如需经过拐角或楼梯、障碍物时,应及时地提醒客户,不应将客户置于身后不顾。

(五) 手势

引导手势:五指并拢,手掌自然伸直,手心向上。拇指弯曲、紧贴食指,另四指并拢伸直,肘微弯曲,肘低于腕。头部和上身微向伸出手的一侧倾斜,指尖朝所指方向,另一手下垂或背在背后,目视用户,面带微笑,表示出对用户的尊重和欢迎。

握手手势:手掌与地面垂直,用右手手指握住对方手掌。站立时上身略向前倾,目视对方,表情友好、亲切,适当用力,上下抖动 3 次,握手时间以 1～3 秒为佳。

(六) 表情

(1) 用户走入视线 2 米范围内用目光迎接用户,当与用户视线接触时,微笑并点头示意。

(2) 与用户面对面时,相距以 60～100 cm 之间为宜,目光应停留在用户鼻眼三角区,视线应保持平稳,变化时注意过渡自然。

(3) 接待用户、同事间打招呼应真诚、友善、面带微笑,给对方表里如一的感觉。

(七) 服务语言

(1) 营业员在办理业务过程中,应适时使用"您好、请、谢谢、对不起、再见"10 字服务用语。

(2) 营业员服务时宜使用普通话并做到五个有声,即"来有迎声、办理业务有关照声、问有答声、收付款有唱声、走有送声。"

1) 来有迎声是指根据用户的不同身份选择适当的称谓,主动向用户说:"您好,请问您办什么业务"等问候语。

2) 办理业务有关照声是指有多个用户等待办理业务时,应做到"接一、问二、照顾三"。

3) 问有答声是指用户在咨询相关业务时,营业员应做到准确无误地解答。

4) 收付款有唱声是指营业员在收付款时,应主动说明收付款金额,做到唱收唱付。

5) 走有送声是指营业员在用户办理业务结束后,应主动向用户说"再见"等道别语。

(3) 营业员在解答用户问题时,应避免使用邮政专业术语,便于用户理解。

(4) 营业员应适当掌握外语、手语,为不同需求的用户提供语言无障碍服务。

(5) 营业窗口应推广使用服务用语,严禁使用服务忌语。

(八) 电话礼仪

1. 接听电话

(1) 电话铃响时应尽快接听。以免因接电话慢,引起对方反感。

(2) 接听电话时应首先自我介绍:"您好! ××邮局。"做到咬字清楚,发音准确,态度亲切、热情、平和。

(3) 受理完毕,等对方挂机后,方可轻放话机。

(4) 接电话时遇到解释不清的问题,应及时请其他人进行解释。在转交话筒前,应将用户所提问题简明进行转达，说明情况后，再转交话筒，避免来电用户重复相关内容。

(5) 接到用户关于业务咨询、邮件查询、投诉建议等内容的电话时，应认真解答并做好记录。如果当时无法解决，需向用户说明原因，及时转给负责部门或相关人员尽快处理，并在规定时间答复用户。

2. 拨打电话

(1) 打电话前，应先理顺思路，确定好电话中所要表述的内容。

(2) 电话接通后，应先确认对方，再介绍自己。

(3) 简单寒暄之后，再说具体内容。

(4) 事情说完后，示意对方结束通话，再挂电话。

(九) 服务行为

(1) 值班局长(大堂经理)应站立接待用户。

(2) 营业员与用户面对面，突然打喷嚏或咳嗽时，应及时用手掩住口鼻，转身背对用户，之后向用户道歉。

(3) 营业员在工作过程中，遇有重要事情需暂时离开台席时，应在本柜台放置"暂停服务"提示牌。

(4) 营业员结束工作时，应办理完本台席用户的最后一笔业务，并将工作台面收拾干净，在柜台放置"暂停服务"提示牌后，方可离开台席。

(5) 遇有用户在营业厅与营业员发生争议时，值班局长(大堂经理)应请用户到办公室协商解决。

(十) 服务态度

(1) 对外服务工作中应做到六个一样：生人熟人一样热情，情绪好坏一样和蔼，业务忙闲一样耐心，金额大小一样欢迎，表扬批评一样诚恳，检查不检查一样认真。

(2) 在用户说话时，应做到不插话、不打断，以免用户重复说话。边听用户说话，边点头或应答，以表示在认真听对方讲话。

(3) 在给用户找钱时，应尽量付整钱，便于用户清点，没有整钱须付零钱时，应表示歉意。遇用户无零钱又找不开时，营业员应在内部协调换零，不得让用户自行解决。

(4) 爱护用户的邮件、证件、图章，做到轻拿轻放。

【案例 3-2】

方法不同，效果两样

一天，一位用户匆匆来到邮局领取包裹。原来该用户是一位茶商，刚刚托朋友从福建邮过来两箱新茶，准备早早上市卖个好价钱。

领取包裹后，用户发现其中一个纸箱捆扎带脱落了三条，箱角也有破损，于是他找到营业员要求复重，复重结果少了 328 克，用户当即提出质疑。而当班营业员随口说道："300 多克没有多少东西。"用户听后十分不满："300 多克没有多少东西，你可知道对于明前茶来说是多少钱吗？"营业员一时不知如何作答，又见窗口前办业务的人排起了长队，心里一急便脱口而出："我怎么知道为什么少了 300 多克？现在只有两个办法，要么您取走，要么您退回。"用户大怒："好几千里路寄过来，我再退回去，是你有病还是我有病。"

听到了争吵声，值班局长急忙跑了过来，微笑着问用户："先生您好，请问需要我为您做些什么？"听了用户的陈述，值班局长看了看地上的纸箱，并没马上表态而是与用户商量："我们打开纸箱看看内件好不好?"用户表示同意。值班局长拿来了剪刀,剪开了捆扎带。茶叶装在一个大号的锡纸袋内,封口完好无损。"您看,内件丝毫不差。"见用户不解,值班局长把刚刚剪下的那条捆扎带放到了电子秤上,"您看,一条袋子的重量是 72 克,路上脱落了三条带子就是 216 克,箱角破损占去几十克,您邮来的是新茶,四五天的时间内水分的自然蒸发占去几十克,300 多克不就出来了吗。"听了值班局长的解答,用户心悦诚服地拿着邮件走了,一场风波平息了下来。

由此可以看出,作为一名邮政营业人员,不仅应该具备较高的业务水平,也应熟知为用户提供满意服务的技巧。说话方式的不同,语气的不同,内容的不同,传递给用户的信息也不同,自然也将产生不同的效果。

【阅读资料 3-2】

邮政营业窗口"一点"服务法

服务是一门技巧,也是一门学问。邮政营业人员不妨尝试使用以下"一点"服务法,做好服务工作,实现邮政的服务创新。

耐心多一点——每天面对形形色色的客户,耐心也就成了需要我们长期坚持的服务品质。

态度好一点——前来办理业务的有儿童、妇女、老人等不同年龄阶段的人,不能厚此薄彼,要穿着得体,语言甜美,以端正的服务态度迎送每一位客户。

业务熟一点——加强业务学习,严格执行规章制度,提高服务水平,以娴熟的业务技能服务于客户。

效率高一点——在业务高峰时,能动作娴熟地办理业务,就会受到客户欢迎,因为高效率是全社会的共同选择。

热情真一点——做好从"微笑服务"到实实在在、深层次的优质服务,做到诚恳待客和诚信服务。

宣传勤一点——对于邮政不断推出的新业务和代办业务,要不失时机地向客户推介,这样做也可能会取得立竿见影的效果。

解释细一点——客户总是会带着各种各样的问题前来咨询,尽量用简练的语言讲清、说透,给其一个圆满的答复。

心胸宽一点——对于不同客户的建议、意见、抱怨,甚至是愤怒,最好是心平气和地接纳。凡遇此情况,需要放宽心胸,言语谦虚、幽默,再加点说话技巧;事后则是有则改之,无则加勉。

帮助多一点——对于有困难的客户,在力所能及且不违反规章制度的前提下帮一把,以提升邮政附加服务值。

档次提一点——经过长期不懈的全方位努力,不断提升邮政服务档次,在广大客户心目中为邮政树立起良好的口碑。

四、邮政营业服务纪律

(1) 严格执行有关业务规程和规定,按业务处理程序要求办理各项邮政业务,不得拒办业务。

(2) 严格执行业务受理的验视把关制度。

(3) 严格遵守营业时间的规定,服从指挥调度,不得人为中断营业工作。

(4) 严格执行统一规定的邮政资费标准,不得擅自提高或降低收费标准,不得强迫或变相强迫用户使用高附加值业务,不得利用各种名目搞搭配销售。

(5) 严格执行保密制度,自觉为用户保守通信、储蓄、汇兑等私人秘密。

(6) 严禁积压、私拆、隐匿、毁弃邮件,严禁摔、拖、抛各类邮件。

(7) 严禁酒后上班,严禁临柜时打手机,严禁上班时间聊天、打瞌睡、嬉闹、喧哗、擅自离岗串岗、看书看报或做其他与工作无关的事情,严禁在工作场所吸烟、喝酒、吃零食。

(8) 严格执行"首问负责制"。即受理用户业务咨询、查询、投诉等来电来访时,如是本人职责范围内的事情,应核实清楚后给用户一个明确的答复;如果不是本人职责范围内的事情,应将用户的相关诉求完整准确地转告相关责任人,并持续跟进直至给用户一个明确的答复。

(9) 接待用户时应自觉使用服务礼仪用语,耐心解答用户提出的问题,不得怠慢、斥责、刁难用户,任何情况下不得与用户发生争吵。

【阅读资料3-3】

邮政营业窗口服务用语和忌语

1. 当用户进入营业厅时

用语:"您好!请问您办理什么业务?"

忌语:"办什么?"、"什么事?"

2. 请用户到本台席办理业务时

用语:"请您(或后面排队的用户)到这边办理业务。"

忌语:"喂,到这边来!"

3. 如果用户需要办理非本台业务时

用语:"对不起,请您到××号柜台办理。"(同时用手势引导正确方向。)

忌语:"我这儿不能办!"、"该找谁找谁去!"

4. 当用户等候时间过长发牢骚时

用语:"请大家按顺序排好队等候,不要着急。"

"对不起,让您久等了。"、"您别着急,我尽量加快速度。"

忌语:"后面排队去!"、"急什么,都在等着呢!"、"没看见我正忙着呢!"、"着什么急,我也没闲着呀!"

5. 当优先为老、弱、病、残、孕用户办理业务,需要向其他排队等候用户进行解释时

用语:"这位用户身体不方便,我先给他办了,我替他谢谢您。"

忌语:"先给他办了怎么了?没看见这位用户不方便吗?"

6. 当用户因为特殊原因要求优先办理业务时

用语:"对不起,请您先征得其他用户的同意后,我才能为您办理。"

忌语:"后面排队去。"

7. 当用户询问的业务无法解释清楚时

用语:"对不起,我请示一下,请您稍等。"

忌语:"我不知道。"、"不太清楚。"、"自己看牌子。"

8. 当用户所办业务非本局业务范围时

用语:"对不起没有这项业务,请您到××(地方)办理。"

忌语:"办不了。"、"没听说过。"

9. 当由于停电或机器故障不能办理业务时

用语:"对不起,现在设备出现故障,正在检修,请您稍候。"

忌语:"机器坏了,到别处去办。"、"机器在维修,这会儿办不了。"

10. 当快下班时用户来办理业务时

用语:“您别着急,我等您!”

忌语:“真烦,刚结完账,又来了。”、“快下班了,明天再来!”、“怎么才来呀?”、“也不早点来?”

11. 向用户介绍封装用品及收费时

用语:“我们这里有各种型号的邮政封装箱。”、“请您付封装费。”

忌语:“我们这儿大盒小盒都有,您买个盒儿吧。”、“请您付盒儿钱。”

12. 当书写有困难的用户办业务要求书写单据时

用语:“您别着急,我马上帮您填写。”填好后交给用户并指示签名位置,“请您核对后在这里签名。”

忌语:“我们这儿不给写,你找人去写。”

13. 当用户填写单式或填写业务单式有误时

用语:“对不起,请您把××填写齐全,然后我先给您办理。”

“请您仔细阅读文字说明,特别是关于邮件无法投递时选择退回应注意的事项。”

“对不起,您××处写错了,需要重新填写,填好后我先给您办理。”(办理时,做好排队等候用户的解释工作。)

忌语:“怎么不填好? 写全了再过来!”

14. 当用户邮政编码有误时

用语:“对不起,您的邮政编码有误,请您正确书写。”

忌语:“邮政编码不对,自己查去!”

15. 当营业员要求验视邮件内件时

用语:“请协助我们工作,打开您的邮件(包),谢谢合作。”

忌语:“打开,检查!”、“拆开,都拿出来!”、“让你拿出来听见没有?”

16. 当用户邮寄物品封装不合格时

用语:“对不起,为了邮件安全,您的包裹需要重新封装(或做好衬垫),我们可以协助您。”

忌语:“拆了,重新包。”、“不能寄就是不能寄。”

17. 当用户使用非标准信封时

用语:“对不起,请您使用国家标准信封。”

忌语:“这信封不能用,换标准信封去!”

18. 当用户邮寄禁寄物品时

用语:“对不起,您的物品属于禁寄范围,不能邮寄,请您理解。”

忌语:“这东西寄不了!”或不加解释说:“这是上级规定。”

19. 当用户邮寄限寄物品时

用语:“对不起,您的物品属于限寄范围,只能邮寄××(件、盒、公斤)。”

忌语:“寄不了这么多!”或不加解释说:“这是上级规定。”

20. 当用户所寄的包裹超大、超重时

用语:“对不起,您的邮件超过规定的最大重量(尺寸),需要分开封装,如果您需要,我们可以协助您。”

忌语:“太大(重)了,寄不了,分好了再拿来。”

21. 当用户所寄包裹较大、较重,营业员不便搬动时用语:“麻烦您帮我把包放在秤上,谢谢!”

忌语:“把包裹放秤上。”

22. 当用户在交寄的包裹内夹寄信函时

用语:“对不起,按规定包裹内不能夹寄信函,请您将信另行邮寄,谢谢合作。”

忌语:“包裹里不能夹信,拿出去!”

23. 办理业务中要求用户核对时

用语:“请您核实后签上姓名。”(同时指示签名的位置)

忌语:“签个字”。

24. 当用户不愿意在包裹或速递封装箱上书写名址时

用语:“为了保证邮件妥收,请您在包装箱上详细写明收寄人名址,防止运输途中详情单脱落影响邮件寄达。”

忌语:“不写,没法寄。”、“东西丢了找谁去呀。”

25. 请用户交付邮费时

用语:“请您付邮费××元。”

忌语:“给我钱!”

26. 当接、递用户钱款唱收唱付时

用语:“您给我的是××元钱(即钱的数额)!”、“这是找给您的××元钱,请收好。”

忌语:“给我钱!”、“找你钱!”

27. 当用户没带零钱找不开钱时

用语:“对不起,请您稍等,我跟邻台换一下零钱。”

忌语:“没零钱,找不开!”、“自己换零钱去!”

28. 当用户交寄完给据邮件时

用语:“请把收据保存好,可以在×个月内持据办理查询。”

忌语:“拿好收据,如果收据丢了没法查询。”

29. 当用户无法提供有效证件还要求领取给据邮件时

用语:“对不起,挂号邮件需要凭有效证件领取,我们应对邮件负责,请您理解。”

忌语:“没有有效证件取不了(不能给你),出了问题谁负责!”

30. 当需要查验用户证件时

用语:“请您出示一下证件。”

忌语:“给我证件!”、“把证件拿来!”

31. 当还给用户证件时

用语:“谢谢,请您收好。”

忌语:“给你证件!”、“把证件给你!”

32. 当需要询问用户姓名时

用语:“请问您怎么称呼?”

忌语:“你叫什么?”

33. 当有包裹需要交纳逾期保管费时

用语:“对不起。您的包裹已经超过了保管期×天,需要交纳逾期保管费××元。”如果用户强调刚刚收到包裹单,“如果您对投递日期有异议,您可以到××投递部进行核对。”

忌语:“过期了,交××元保管费(或罚款)!”、“没及时收到通知单我不管(跟我没关系),你找投递员去!”

34. 当用户不愿意交纳逾期保管费时

用语:“包裹逾期保管费是经国家物价部门批准的统一收费项目,请您协助我们的工作。”

忌语:“不交保管费(或罚款)不能取。”、“谁让你不早取。”

35. 当将用户取的钱交给用户时

用语:“这是您取的××元钱,请您验钞。”(同时指示验钞灯位置;没有储蓄隔间的局所,营业员应尽可能压低本句用语音量,以只让该用户听清为宜。)

忌语:“点点啊,不点错了自负。”

36. 当用户询问报刊代号、发行期限时

用语:“请您稍等,我帮您查一下。”

忌语:“自己查目录。”、“自己看收据。”、“不知道。”

37. 当用户分几次办理业务时

用语:“请问您还办理其他业务吗?”、“您所有业务我可以一次帮您办理完毕。”

忌语:“你一次办完行不行? 也不嫌麻烦!”

38. 当用户交寄的邮件不明原因被退回,用户到邮局咨询时

用语:“您别着急,我帮您查一下。”(如确属邮局责任或无法查明原因,除向用户道歉外,还要免费为用户重新邮寄。)

忌语:“我不知道,这不是我的责任。”、“这事不归我管,我管不了。”

39. 当用户查询平信时

用语:“对不起,平常邮件因为没有登记手续无法办理查询,不过我们会帮您留意您的邮件。”

忌语:“平信(平刷)不能查!”、“对方寄没寄还不知道呢!”

40. 当用户查询外埠进口给据邮件时

用语:“对不起,我们营业支局没有邮件进口投递档案,请您到××投递部接洽此事。”、“请您稍等,我们查一下进口邮件登记和投递清单。”、“对不起,您的邮件我们没有收到,请您让寄件人持收据到收寄邮局办理查询。”

忌语:“没来呢,来了就给你投了。”、“查不了,在哪寄的上哪查去!”

41. 当用户查询没收到的报纸杂志时

用语:“这个问题我已经记录完毕,我尽快找投递部门(或具体投递员、投递资料、发行局、报刊社)问清楚后马上给您回复。”

忌语:“找投递员问去!”、“不归我管。”、“还没到我们这儿呢!”、“报刊社(或发行局)没给我们!”

42. 因营业员疏忽错订报刊,用户要求退订时

用语:“对不起,给您添麻烦了。我现在就按您的要求办理退订。”

忌语:“甭说了(或有什么大不了的),给你退了不就完了。”

43. 当用户购买邮品、信封、杂志等要求挑选、更换时

用语:“我会尽量帮您选择满意的。”

忌语:“全这样,有什么可挑的,你爱要不要。”

44. 当用户要看工号章时

用语:“我的工号是××,如果您对我的服务不满意,请您批评指正。”

忌语:"看吧! 谁怕你呀(爱哪告哪告去)!"

45. 当用户对我们的工作不理解或提出批评时

用语:"谢谢您的指点,下次我们一定注意。"

忌语:"有意见找领导去!"、"我们就这么规定的,愿意上哪告上哪告去!"

46. 当用户办完业务离开时

用语:"欢迎您再来!"、"再见!"

忌语:"办完还不走?"

第三节 邮政营业支局(所)管理规范

一、邮政营业支局(所)用品用具管理

邮政用品用具主要包括邮政日戳、邮件容器(邮袋、集装箱、信盒)、袋牌、袋绳、封志、邮政夹钳,通常称之为六项用品用具。邮政日戳、邮资机、邮政业务单据、邮政夹钳、邮袋和其他邮件专用容器是《邮政法》中规定的邮政专用品。下面主要介绍邮政营业中常用的几种邮政专用品的管理。

(一) 邮政日戳

邮政日戳是邮政企业处理各项业务时使用的刻有地名和日期的特制专用戳记。邮政日戳是邮政通信的专用工具,是邮局表示处理邮政业务的一种戳记,是凭以确认邮政局(所)与用户之间,以及各生产环节之间责任关系的印信。每一枚日戳都代表着一个邮件处理环节。邮政日戳是法律上的有效凭证,是受法律保护的,任何单位或个人不得仿造或冒用。

邮政日戳的使用应符合以下规定。

(1) 班前应更换日戳上表示日期的字钉,不得提前或推迟更换;凡处理业务有时间记载要求的,日戳上应加表示时间的字钉,并按规定的封发交运时刻更换。

(2) 邮政日戳更换字钉后,应在"日戳打印簿(邮1615)"上清晰加盖戳样,经检查无误后方可使用。

(3) 邮政日戳和字钉应根据磨损程度,适时更换,旧邮政日戳应同时上交主管部门。

(4) 邮政日戳用于盖销邮票和加盖在相关邮件封皮、各种邮政业务单据和凭证上,不允许加盖在空白纸张、与邮政业务无关的各种单册上。

(5) 邮政日戳应建立交接制度,妥善保管,防止丢失、盗用。

(二) 邮资机

邮资机是一种能在国际、国内各类函件上直接加盖日戳、邮资戳,并具有记账、结算功能的设备。邮资机可打印出不干胶邮资符志,直接粘贴在邮件上作为邮资凭证,邮资符志与邮票具有同等效力。邮资机使用应注意以下事项。

(1) 应保持邮资机清洁。

(2) 邮资机钥匙(密码)应建立交接制,并由专人保管。

(3) 邮资机应设立邮资机使用记录,一机一本。邮资机使用记录每月(按自然月)一装订,每台一册。邮资机使用记录封皮上应标明使用单位、邮资机型号、表头号和使用起止时间。

(4) 应做好班前检查,查看电源、邮资机封志是否完好,邮资机使用记录与表头数据是否一致。

(5) 业务部门应会同财务部门按规定对邮资机进行注资。

(6) 邮资机戳样应清晰、时间应准确,每日营业前应将邮资符志完整粘贴在“日戳打印簿(邮 1615)”上,加盖经手人、检查人名章。

(7) 每日营业终了,应在电子化支局系统中上传邮资机表头数据,全部数据上传后应在电子化支局系统中生成邮资机系统信息表,作为待查依据。每日应核对邮资机的表头数据与邮资机系统信息表、个人营业收入统计和邮资机使用记录是否相符。

(8) 邮资机使用记录按日起止,处理大宗邮件的邮资机还需按户、按邮件种类分别登记,有每日小计,并注明付费方式。

(9) 邮资机错制时应及时处理,写出文字说明,详细记录错制邮资符志数量、款额,并根据错制款额分级审批备案。

(10) 邮资机表头应使用专用夹钳夹封,发现表头有开启痕迹时,应及时查明原因并妥善处理。

(11) 邮资机的其他管理应符合中国邮政集团公司的相关规定。

(三) 邮政业务单据

邮政企业在使用邮政业务单据时,应符合以下要求:根据实际需要及时使用所需邮政业务单据;各种邮政业务单据应按规定的用途使用,不允许另作他用;有编号的票据应按业务规定保管,按号连续使用,交接班时应履行交接手续,作废的票据应粘贴在存根上或上缴稽核部门。

(四) 邮政夹钳

邮政夹钳(包括手携扎袋钳)是用于夹紧加封在邮袋上铅志的邮政专用工具,也是凭以确认局际之间权责关系的印信。夹钳头部安装有局名和邮件种类名称的印模。

邮政营业支局(所)在使用邮政夹钳时,应符合以下要求:妥善保管邮政夹钳并建立交接制度;定期检查封轧字迹是否清晰,发现问题及时报告并修复。

(五) 邮袋和其他邮件专用容器

邮政企业在使用邮袋和其他邮件专用容器时,应符合以下要求。

(1) 只允许在封发邮件时使用,不准挪作他用。

(2) 应按照邮件种类和寄递范围正确使用邮袋,做到“四有四无”。“四有四无”是指“管理有专责、使用有计划、处理有手续、存放有专处,无积压、无挪用、无散落、无损毁”。

(3) 应建立邮袋和其他邮件专用容器管理档案,应每日在电子化支局系统中录入邮件容器使用情况。

(4) 邮政部门交寄邮政票券、业务单式等公物,不得使用邮袋封装交寄。不允许将邮袋借给或连同邮件直接封寄到邮政部门以外的单位或个人。

【阅读资料 3-4】

应加强支局(所)的邮袋管理

在某局生产现场笔者看到有不少邮袋千疮百孔,满袋积尘,油污不堪。据了解,有的邮袋是自然磨损的,有的则是人为损坏的。如邮件在转运中,个别职工违反邮件操作规程,野蛮装卸,不仅造成邮袋不同程度的损坏,连内件也不能幸免。邮袋是邮件运输离不开的主要工具之一,千万件的包裹,千万件的书信,都是用它来传递,可以说,没有邮袋就像一个人没有了双脚一样寸步难行。因此,必须要抓好邮袋的日常管理工作,保证邮政通信的畅通。

二、邮政营业支局(所)现场管理

(一)现场管理的概念

邮政支局(所)的现场管理就是运用科学的管理思想、管理方法和管理手段,对作业现场的各种要素,如人员、设备、环境、信息等进行合理配置和优化组合,以此来提高支局(所)的生产作业效率和质量,保证预定目标的实现。

(二)"6S"现场管理法

"6S"现场管理法主要是通过规范现场、现物,营造一目了然的工作环境,培养员工良好的工作习惯,其最终目的是提升人的品质。主要内容包括以下几方面。

1. 整理

(1) 将营业支局(所)工作现场所有东西分为有必要的与不必要的。

(2) 把必要的东西与不必要的东西明确地、严格地区分开来。

(3) 不必要的东西要尽快处理掉。

通过整理,可以塑造清爽的工作场所,腾出空间,防止用品用具的误用,减少寻找物品的时间,提高工作效率。

2. 整顿

(1) 对整理之后留在工作现场的必要物品分门别类放置,排列整齐。

(2) 摆放完之后明确数量,并进行有效的标识。

通过整顿,使支局(所)工作场所一目了然,消除过多的积压物品,节约寻找物品的时间,创造整整齐齐的工作环境。整顿要本着"定点、定容、定量"的原则,定点即放在哪里合适,定容即用什么容器和什么颜色,定量即规定合适的数量。

3. 清扫

(1) 将支局(所)工作现场清扫干净。

(2) 保持支局(所)工作现场干净、亮丽的环境。

通过清扫,消除脏污,保持工作场所内干干净净、明明亮亮。要实施清扫,就要建立清扫责任区(室内外),规范清扫标准,制定清扫制度,将清扫制度化、规范化。

4. 清洁

将上面的3S实施的做法制度化、规范化,并贯彻执行及维持结果。其目的是维持上面3S的成果。营业支局(所)必须建立完善的考评方法和奖惩制度,并且严格加以执行,这样才能真正地做到整理、整顿、清扫,达到清洁的目的。

5. 素养

通过晨会等手段,提高全员文明礼貌水准。培养每位员工养成良好的习惯,并遵守规则做事。开展6S容易,但长时间的维持必须靠素养的提升。

素养的培养包括执行邮政业务规则,掌握邮政服务礼仪,遵守邮政服务规范,开展各种形式的教育、培训等活动。通过提升素养,可以提高服务水平,营造团队精神,打造高绩效的团队。

6. 安全

采取系统的措施保证人员、场地、物品等安全。安全系统地建立防伤病、防污、防火、防水、防盗、防损等保安措施,加强摄像监控和封闭作业管理,有消灭一切安全事故隐患的机制。

(三) 邮政支局(所)现场管理的任务

邮政支局(所)现场管理的主要任务是合理地组织现场的生产要素,使之有效地结合起来,形成一个有机的生产系统,并经常处于良好的运行状态。支局(所)长的基本任务是:通过现场的管理,认真落实“迅速、准确、安全、方便”的服务方针和“用户第一”的经营方针,为用户提供优质、快速、高效、满意的通信服务,促进企业健康发展,提高企业效益。

具体要求是:作业优化、质控严格、物流有序、设备良好、信息准确、环境整洁。

(1) 作业优化。合理组织作业,科学划分工序,优化人员配置,严格实行定岗定责,强化激励机制。

(2) 质控严格。强化质量意识,健全质量控制系统,建立质量责任制,加强质量统计分析和监督检查。

(3) 物流有序。各种设备、物品实行定置管理,物品摆放整齐,标志清楚,取拿方便,账物相符。

(4) 设备良好。遵守操作、维护、检修规程,各类设备及附件齐全、完好、整洁,设备运行正常,车辆状况良好,各种电路畅通。设备完好率达到规定标准要求。

(5) 信息准确。各种原始记录、台账和业务单据做到记录工整,数据准确,传递及时。

(6) 环境整洁。营业场所和企业内部现场做到窗明几净,墙清壁洁,现场安静,物品整齐,局容美化,道路畅通。

(四) 邮政支局(所)定置定位管理

现场定置管理是生产过程空间组织的重要组成部分,通过对生产过程、作业要素进行系统分析,按作业流程需要,科学、合理地确定生产作业中人、设备、邮件、工具在现场中的相对位置,充分利用生产空间,改善作业环境,进行文明生产,以保证井然有序的生产秩序,减少操作中寻找和等待时间,排除无效劳动和不安全因素,从而提高劳动生产率。

邮政支局(所)营业厅应按方便操作和使用的原则,根据实际情况实行定置管理,规范公众服务设施和用品用具的码放位置,落实管理责任。

【案例 3-3】

镇江邮政局对城乡支局(所)实行定置定位管理

为规范邮政支局(所)的现场管理和对外服务工作,镇江邮政局对全市城乡支局(所)实行定置定位管理,进一步明确了窗口服务规范及营业员岗位职责等内容。其主要做法有:

一是对生产用品用具进行定位管理,统一规定了夹钳、邮袋等邮政用品用具的摆放位置,要求营业员做到夹钳等包装工具定置摆放,邮袋使用一条取一条,严禁乱摆乱放;

二是对邮件、单册进行定位管理,统一制作了标识,对收寄的邮件、登记清单等明确摆放位置,做到所有清单进抽屉,随用随取,收寄的邮件统一摆放到固定的位置,严禁乱堆乱放;

三是对宣传标语、宣传牌等实行定位管理,由经营服务部统一制作宣传标语和宣传牌,统一张贴、摆放,严禁营业员乱贴乱放;

四是对营业员的个人物品实行定位管理,要求营业员将个人物品一律摆放到固定的存放间,严禁在营业操作区内摆放个人物品。

1. 定置定位管理的工作内容

根据作业现场总体布局的要求,设计各封闭营业现场定置图,划分工序、台席作业区域;设计设备、工具、台席、桌、椅、柜等的放置位置;设计营业时用品、用具的摆放位置和工作终了时的保管位置。

2. 定置定位管理的工作方法

(1) 调查分析现状,提出总体设计方案。组织人员对营业现场、营业操作流程及用品、用具、邮件等物品的存放现状进行调查、分析,找出影响安全、质量、效率、整洁等方面的因素,运用系统优化方法进行科学的分析,提出调整布局的总体设计方案。

(2) 在研究操作方法的基础上,消除无效劳动和多余动作,确定合理的工作方法,并在此基础上设计定置方案,将工具、材料定置到设备或工作台内。

(3) 设计和绘制定置图,并在定置图中标明定置物位置。

(4) 定置物确定后,不得随意增减变动,定置标准外的物品不得进入定置区域,改变定置须经批准。

【阅读资料 3-5】

××市邮政局营业支局(所)定置定位管理标准

××市邮政局多年来一直非常重视各生产环节的定置定位管理,对营业厅定置定位管理提出了明确要求。

1. 营业厅

(1) 在市局绘制各局(所)"定位图"的基础上,要求各营业厅内应按规定放置邮政信箱、书写台、用户座椅、落地宣传架、多媒体查询系统、邮政编码簿、灭火器、卫生桶等物品。物品摆放符合"定位图"要求。

(2) 内台按规定的家具摆放要求摆放,超出规定范围的家具不得留用。

2. 柜台

(1) 营业员工号牌要放置在柜台上,摆放位置以能让用户看到营业员工号为原则。

(2) 每个柜台要放置用户用笔。

(3) 办公桌面上可放置显示屏、台秤、打印机等设备,摆放位置符合"定位图"要求。

(4) 其他用品用具如红黑印台、蘸水盒、日戳垫、日戳、算盘或计算器、业务戳记、名章、笔及汇兑、EMS、挂号、挂刷等收据要按"定位图"要求摆放。

(5) 台面不允许出现其他物品。

3. 收寄的邮件

收寄的各类邮件放置在邮件存放筐内,大件和大宗要放置台席旁边地上,摆放整齐。

4. 业务单册和用品用具

营业台席的各种业务单册和工作用品依据定置定位图进行摆放。留存的业务单册和用品用具在规定位置摆放整齐,利于使用。

5. 待兑邮件

待兑邮件要按号码和体积分类摆放,包裹架不得有其他物品存放。

6. 卫生用具及个人物品

卫生用具(扫帚、墩布、簸箕、脸盆、抹布等)和个人物品以及与工作无关的物品均不得出现在用户直观处,并要保持干净、整洁。

7. 基本规定

(1) 营业厅、柜台面、邮政(储蓄)台席办公桌面定位图由市局统一绘制,其他方面由局(所)根据自身情况自行绘制。

(2) 营业厅内放置的物品要符合市局规定的范围,未经市局批准,不准超范围摆放。

三、邮政营业支局(所)业务管理

(一) 班前班后

每天上岗前,营业员应按要求穿标志服、戴工号章/卡。营业员应做好营业前的业务准备工作,将当班使用的邮政日戳、业务单据、业务戳记、邮票、备用金(包括零钱)、出售品、用品用具、封装用品、常用工具等准备齐全,按定置管理要求码放整齐。

班前开启营业厅内各类机具,检查各种生产系统能否正常运行,校正电子秤、钟表、日历,检查并调整电子显示屏信息。

班后关闭各类机具,做到"三净",负责人做好班后检查。"三净"指桌面净、地面净和格眼净。

(二) 排班

根据生产实际需要,邮政营业支局(所)应按照"双定"标准合理排班。

(三) 工作交接

1. 营业员日终交接

(1) 交接内容

营业员日终交接内容包括:空白凭证,邮政专用品及有关的其他交接事项。

(2) 交接手续

营业员日终交接手续包括:填写各类交接登记簿,与相关人员核点实物,签章确认并交接。

2. 营业员与邮件运输人员的交接

(1) 交接内容

营业员与邮件运输人员的交接内容包括:各类邮件总包,请领的空袋、信盒。

(2) 交接手续

营业员与邮件运输人员交接手续包括:按交接路单清点实物无误后,与接收人员签章交接。

(四) 信息化管理

各类邮件应通过邮政电子化支局系统进行收寄、封发、交接处理。

(五) 业务处理

1. 邮件验视

(1) 营业员应按照各类邮件处理规则规定的准寄范围和禁限寄规定进行验视。

(2) 禁寄限寄范围应包括各类邮件处理规则中规定的禁寄限寄物品和特殊时期规定的禁寄限寄物品。

(3) 营业员应按照邮件详情单所列物品与用户眼同验视。验视时应保证用户物品完好。

(4) 营业员应根据邮件的内件性质、大小、轻重、邮寄路程远近等情况选择适当的材料封装邮件,妥善包装。

(5) 验视并眼同封装合格后,验视人员应对邮件进行称重,并在邮件详情单和包装箱正面加盖验视戳记,并批注邮件重量和验视人员姓名。

2. 邮件复重

邮件验视完毕后,应对邮件再次称重,确认与详情单上标注重量相符。如不相符,应重新验视。

3. 邮件收寄

营业员在收寄邮件时,应检查邮件详情单和邮件上书写的收件人、寄件人名址等内容是否完整;按照邮件种类、重量、寄达地等计算资费,向用户收取资费并出具收据;收寄后的邮件应按定置定位管理的要求存放。

如遇用户自带邮票交寄邮件时,应予以收寄。用自带邮票交寄普通和快递包裹时,需按集团公司的相关规定做好登记。邮资邮简、邮资信封和邮资明信片上剪下的邮票图案,不得作为邮资凭证使用。

4. 邮件封发出口

营业员在封发出口邮件时,应执行出口邮件作业计划,按频次、种类封发出口各类邮件,不允许积压、延误、遗漏邮件;按各类邮件处理规则的要求封发邮件总包;应严格执行交接验收、勾挑核对、平衡合拢三项基本制度,按照路单逐袋勾挑核对邮件总包,按出口频次对各类邮件进行平衡合拢。

5. 营业缴款

每日营业终了,营业员打印邮政电子化支局营业日报,与当日收寄邮件收据存根核对无误后,将邮政电子化支局营业日报与营业款交财务部门,收据存根交稽核部门。邮资机使用记录和邮资机系统信息交财务人员审核并盖章。

6. 查询赔偿

(1) 邮件查询

邮政营业局所应受理给据邮件的查询。邮件查询可采用系统、书面、电话和传真等形式;能当时查明原因的,应立即答复;由于客观原因不能当时答复的,应及时上报当班管理人员或业务主管部门处理,并做好备案记录。

(2) 邮件赔偿

由业务档案部门负责受理赔偿事宜(各省可根据实际情况自定),发生以下情况的,应予以赔偿:给据邮件在寄递过程中,发生丢失、短少、损毁,致使邮件失去全部或部分价值的;自受理查询之日起,查询全程时限已满,仍无结果的,视为丢失。

7. 验单处理

各类邮件的验单处理应符合相关邮件处理规则的规定。

(六) 邮政用户专用信箱

用户租用邮政用户专用信箱,应向邮政支局提出申请,经审理批准后办理相关手续。用户接收平常邮件和报刊时,应自行开箱提取。用户接收给据邮件时,营业员应将“领取邮件通知单(邮 1402)”投入邮政用户专用信箱内,用户凭“领取邮件通知单(邮 1402)”和有效身份证件到邮政营业局所领取邮件。邮政企业应对租用邮政用户专用信箱的用户名址信息保密。

(七) 包裹库房管理

1. 包裹开拆

邮政营业支局(所)对进口普通包裹总包应双人眼同开拆,开拆后的包裹详情单应与投递部门做好交接处理。

2. 包裹存放

窗口投交的普通包裹、快递包裹、国际包裹应分别建账、上架码放。保价包裹应单独入柜、上锁保存。

3. 包裹的催领

“包裹详情单(邮 1106)”自投递之日起，七日内未来领取的，应填发“邮件催领单(邮 1403)”。包裹催领的手续应符合《国内邮件处理规则》第 240 条和第 241 条的规定。

4. 包裹的逾期退回

包裹经催领仍不领取的，从“包裹详情单(邮 1106)”投递之日起保管 1 个月，期满仍未领取的，按无法投递邮件处理，退回原收寄局。

5. 无着包裹处理

逾期退回原收寄局的包裹保管 1 个月后，用户仍未领取的，按无着邮件处理。

6. 包裹盘库

邮政支局应指定专人管理包裹库房；每日营业终了，包裹库房管理人员应核对包裹和包裹合拢表，做到平衡合拢；每月月底，包裹库房管理人员应对包裹进行勾挑核对，如有不符，应单独登抄，在盘库登记表上注明原因，盘库后的包裹应账实相符。

(八) 资费和票证

应按照国务院物价主管部门制定的资费标准和经当地物价部门批准的延伸服务费标准收取各项费用。出售品应明码标价。邮资机的使用应符合前面用品用具中所讲到的邮资机使用规定。邮资机符志应打印完整，当日使用有效。不得重叠粘贴、剪切拼补和涂改邮资机符志。

收取的各项资费应及时上缴，不得截留、挪用。应指定专人对各类资费的收取进行稽查，定期汇总上报检查结果，发现问题及时处理。各类票款、有价证券、重要空白凭证应做到请领有手续、结存有登记、账实相符。预发给营业员的营业预付款在班后应集中存放在营业预付款柜中。

(九) 邮政专用发票

邮政营业局所应设专人负责管理邮政专用发票。营业员在开具发票时，应做到开具金额与实收款相符。使用邮政专用发票时，应按发票号码连续使用，并加盖发票专用章、经手人名章。作废的收据应加盖“作废”戳记，并连同收据一并退回，不得自行销毁。

票款应按以下要求管理：各类票款、有价证券应眼同交接点数，并用验钞工具点验；营业员应每周至少盘点营业预付款一次，并将营业预付款记录交营业班组长备案、核查；班后，营业员应将票款、空白收据存放在营业预付款柜内；万元以上取送款应使用机动车取送。

(十) 大宗欠费管理

(1) 对非现金交寄的大宗用户，应签订用邮协议，未签订用邮协议的用户不允许发生欠费。用邮协议中应注明业务种类、结算周期、结算方式。用邮协议到期后，如不续签，用邮协议自动终止。

(2) “整付零寄邮件交寄单(邮 1131)”应有用户签章，并与用邮协议中的备案相符。非现金交寄的大宗用户在电子化支局系统中注册的名称应与用邮协议一致，在收寄和还款时应选择正确的名称。

(3) 非现金交寄的大宗用户应做到当月发生，次月缴款，欠费最长不得超过 3 个月。如遇特殊情况，用户需超过 3 个月结算的，应由主管部门审批备案，并与用户签订延期还款协议。

延期还款协议规定的还款期限最长不得超过 6 个月。

(4) 非现金交寄的大宗用户欠费超过 6 个月的,应由责任人先行垫付。在欠费期内若遇责任人变动,欠费责任人应将欠费事宜处理完毕后再行调动。超期欠费最终无法追回的,应由责任人予以赔付。

(5) 应按财务规定开具发票,发票上的单位名称应与用邮协议、业务单据以及用户支票上的单位名称一致,发票金额应与业务系统结算金额、用户支票上的金额一致。

(6) 每月月末日,收寄部门应在电子化支局系统里,统计每个用户欠费发生额、欠费余额和预收款余额情况,并与会计总账进行核对,核对一致后双方共同签字确认。

(7) 应按照集团公司的相关要求,规范大宗用户资费管理内容。

(十一) 营业档案

1. 档案内容

邮件业务档案包括涉及邮件查询和记载邮政营业局所内部处理手续、交接责任、邮费的各种业务单据和凭证。

2. 档案理订

邮件业务档案应按期、按类别归档。归档目录、送缴时间、处理手续、档案室接收、检查、理订与保管办法由各省邮政公司自定。

3. 档案寄送

应按规定时间向主管部门上交邮政业务档案。

【阅读资料 3-6】

支局(所)应规范"邮件业务档案"的管理

邮件业务档案是邮政通信工作的一项基本内容,在一定程度上反映了邮政通信的质量状况和管理水平。笔者发现部分支局(所)对邮件业务档案管理不规范,主要表现为以下几点。

一是没有专人负责邮件业务档案的日常管理工作,二是部分业务档案管理零乱,三是保管期满的档案没有及时清理。

支局(所)对邮件业务档案的不规范管理,将给邮件的查询等一系列工作带来很大困难,在一定程度上降低了邮政服务质量。

因此,笔者提醒,邮政支局(所)应指定专人负责邮件业务档案的日常收集、整理、缴送工作,明确责任、规范程序。邮件业务档案应按规定的周期、按类别、顺号理订归档,同时负责人员应做好档案有关凭证、清单、路单、通知单、簿表等的登记整理工作,记载相关业务内部处理期限、签章、交接责任等质量情况,认真进行自查,对不合理事项应及时查实纠正。在认定相关事项无误后,填写一式两联的归档目录、起止编号、批注归档时间,自留一联,一联随邮件业务档案缴送县(市)局集中管理,县(市)局对所属支局(所)邮件档案理订、缴送工作应有具体的要求和必要的检查考核。

四、邮政营业支局(所)基础管理

(一) 基础资料管理

营业班组的基础资料应采用信息化手段管理。

1. 台账

台账是记录邮政营业班组管理工作的综合性资料,各项内容要及时填写、准确无误。

台账内容包括：邮政营业班组人员情况表，邮政支局(所)对外功能、概况，邮政业务收入完成情况，邮政业务量完成情况，进出口邮件作业计划，主要用品用具和设备清单。

2. 邮政营业班组管理工作日记

邮政营业班组管理工作日记是记录班组每日生产、质检情况的原始资料，要求按日(月)检查，逐项填写，记录真实、清楚，对工作中发生的问题，生产情况等均应简要填入记事栏内，并要有主管人员签阅意见。

邮政营业班组管理工作日记包括：月工作计划、周计划，人员出勤情况、每日业务检查项目、差错登记、记事等，表扬、来信、来电、来访记录和处理结果，会议记录(包括会议时间、参加人员和会议内容。会议包括班组经营、服务、通信质量分析，业务学习、练功记录等)。

3. 邮政业务簿册

邮政业务簿册是记录邮政班组生产、落实规章制度、划分责任段落的必备原始资料。

邮政营业班组业务簿册主要包括：日戳打印簿，"邮资机使用登记簿(邮 1631)"，"进出口查单、验单登记簿(邮 1602、邮 1612、邮 1605)"，交接班登记簿。

4. 规章制度

规章制度是规范邮政营业作业和营业员工作的基本制度。

邮政营业班组应遵循的重点规章制度包括：《中华人民共和国邮政法》和地方性邮政法规，各类邮件(业务)处理规则，邮件禁寄物品目录，邮政营业服务规范，岗位责任制。

(二) 业务资料

1. 业务资料内容

邮政营业局所应配备的业务资料包括：《中华人民共和国邮政法》、国内邮件处理规则、国际及台港澳邮件处理规则、邮政业务规定汇编、国际特快专递邮件处理规则、国内普通包裹资费表、快递包裹资费表、国际港澳包裹资费表、邮政资费手册、危险物品目录、邮政业务制度汇编、用邮指南等。

2. 业务资料管理

业务资料应设专人保管，营业员因公借阅，应进行登记，限时归还。资料管理人员调动工作时，应将保管的业务资料进行移交。应保持业务资料的准确、完整、连续。

接到上级业务变动通知后，应在规定时间内修改相关内容，并组织营业员学习，营业班组长应对业务资料修改部分进行检查，发现遗漏或错误及时通知相关人员更正。业务变动涉及计算机系统的，应与主管部门联系，及时修改。

(三) 劳动管理

邮政营业支局(所)应按照《中华人民共和国劳动合同法》和相关法律法规的规定进行劳动管理。根据通信生产的实际情况，按照中国邮政集团公司定额定员的规定组织生产作业，合理安排营业员。

职工应遵守国家的各项法律、法规和企业的各项规章制度，爱护邮件和各种通信设备，保守通信机密。

(四) 邮政营业局所的用户维护

邮政营业支局(所)应随时了解邮政市场信息，定期进行市场调研和预测分析，掌握用户用邮需求；对用户进行业务宣传，提供业务咨询，并对用户使用业务进行指导；建立用户档案，并进行动态维护；采用走访、电话服务等形式，定期与用户沟通。

五、邮政营业支局(所)设备和系统使用管理

邮政营业支局(所)设备和系统使用管理应做到以下几点。

(1) 正确使用各类生产系统和邮政营业设备,并按规定做好日常维护,包括邮政电子化支局系统、电子秤、邮资机、打印机、扫码器、打包机等。

(2) 执行计算机系统权限管理规定,电子汇兑复核和营业岗位、营业主管和操作岗位不得相互兼任。

(3) 工作时间营业员中途暂离岗位,应及时作临时签退,待回岗后重新签到。

(4) 如遇设备故障应及时报修。

六、邮政营业支局(所)安全管理

1. 邮件安全

为保证邮件安全,营业班组应做到以下几个方面。

(1) 执行收寄邮件的验视制度,做到收寄无误,处理邮件过程中不丢失、不损毁、不泄密。

(2) 生产现场实行封闭式作业,不允许无关人员在现场逗留或翻阅邮件。

(3) 收寄的邮件应按时限频次出口,特殊情况应报业务主管部门备案。邮件在未出口之前,应有专人看管。

(4) 存有待投、再投邮件的场地应有安全管理制度,有防盗、防火、防水湿措施。

(5) 爱护邮件,不得私拆、隐匿、毁弃、盗窃邮件,不允许私自剥取邮件和邮件单据上的邮票;不允许摔、拖、抛等各类野蛮作业行为。

2. 劳动安全

为保证劳动安全管理,营业班组应做到:营业员经岗前培训,持证上岗;营业员应按操作规程使用设备,确保安全生产。

3. 信息安全

邮政企业应保护用户的信息安全和通信秘密,确保用户使用邮政服务的信息不被窃取、泄露。未经法律明确授权或者用户书面同意,邮政企业不得将用户用邮的信息提供给任何组织或者个人,但公安机关、国家安全机关、检察机关等部门依法行使职权时除外。

第四节 邮政营业支局(所)班组管理

邮政营业班组是邮政营业支局(所)直接参与生产经营活动的基本单位。支局(所)预期生产经营目标的实现、生产经营方针的执行、生产经营任务的完成都要依靠营业班组去完成。因此,必须加强营业班组的日常管理工作,做好班组的建设工作。

班组管理是指为完成班组生产任务而必须做好的各项管理活动,即充分发挥全班组人员的主观能动性和生产积极性,团结协作,合理地组织人力、物力,充分地利用各方面信息,使班组生产均衡有效地进行,产生"1+1≥2"的效应,最终做到按质、按量、如期、安全地完成上级下达的各项生产计划指标。

【案例 3-4】

××市邮政局××区大楼邮政营业厅开展创建学习型班组活动

××市邮政局××区西城邮政分局邮政大楼营业厅是该省最大的邮政服务窗口。班组有职工 22 人,平均年龄为 27 岁,是一个由年轻人组成的充满活力与热情的集体。近年来,我班组通过对学习和管理工作的开展,大大提高了本班组全体成员的凝聚力和职工的个人服务水平和业务技能,该班组先后获得了"全国文明示范窗口"、"全国青年文明号"、"全国邮政系统学习型班组"等荣誉称号,所有的这些荣誉都得益于开展创建学习型班组活动以及班组基础管理工作产生的经济效益和社会效益。

1. 树立优质服务观念,提高邮政服务手段

班组以制度的形式开展优质服务观念学习,以多种学习形式教育全体营业员要树立"宽容用户忍耐自己"、"宁肯自己多添麻烦,决不让用户一分为难"等服务观念,将以往的"要我服务"的观念转变为"我要服务"的新观念。通过不断探索与实践,推出了邮政窗口承诺服务,树立了"三声、四心、五主动"服务标准。"三声"即"来有迎声,去有送声,收付款有唱收唱付声";"四心"即"接待用户热心,解答问题耐心,办理业务细心,帮助用户诚心";"五主动"即"主动接待用户,主动介绍业务,主动提供方便,主动征求意见,主动排忧解难"。

2. 制订学习计划、班组制度与业务考核奖励办法

班组坚持每天早晨上班前的早讲评活动和进行讲评前的各台席用品定制及准备工作的检查,利用早讲评对前一天的工作进行总结,对工作中出现的质量、服务问题进行及时点评与强化规范,汇总前一天各台席的业务收入与月进度,并对当天的工作进行具体安排。班组还利用早讲评的时间积极学习市局、分局下发的文件,使职工能够及时学习各种业务知识,学习领悟市局、分局下达的各项文件精神。同时,班组还以发生的典型案例引导职工学习。讲评完后大家整齐进入台席站立微笑迎接第一位用户。通过学习型班组建设,可以大大提高班组全体成员的凝聚力,并能够通过全员的共同努力,实现了班组的各项经营目标。

建立了每月例会制度,学习劳模的先进事迹,学习各种催人奋进的书籍以培养职工的学习兴趣。利用每月例会制度(班组会和质量经营分析会)及时总结并解决当月工作中出现的各种质量问题,鼓励大家提出利于班组发展的意见与建议,真正做到"企业靠员工发展,员工靠企业生存"。建立了每月班委例会制度,对班组业务发展,存在的问题进行讨论、研究、制定对策并实施。

在业务技能方面,班组定期举行岗位练功和班组劳动竞赛,制定了"一轮、二赛、三考核"制度。"一轮"即定期轮换岗位,使营业员熟悉各个台席的业务,培养业务多面手;"二赛"即每月举行一次业务练功比赛,每半年举办一次业务知识竞赛;"三考核"即每季度根据每个营业员业务收入情况、业务能力、服务水平三个方面进行综合考核。而且,班组还不定期地举行学习经验交流讨论会,评选出每一季度的服务明星与质量明星,将其姓名张贴在班组的学习园地里,采取精神鼓励为主,并以物质奖励为辅的原则给予奖励,班组悬挂每个台席收入计划进度表和班务公开栏,对业务发展好的个人设立业务贡献奖。职工的业务素质都有了很大的提升。

3. 强化班组质量检查工作

班组每年对分局下达的质量指标都分解落实到个人,在平时的工作中,班组坚持例行检查与重点检查、平时检查与突出检查、专职检查与自查互查相结合的检查方法,规定班组值班长必须跟班检查,并将查出的问题记录在案并列入奖金考核内容。同时,制定了每日营业终了的安全两分钟检查制度,利用每晚下班前的两分钟对营业员自己所在的岗位进行自查,待营业员确定所有工作准确无误后方可下班。并且,每晚由值夜班人员在下班两分钟前再对所有岗位

进行安全检查,如发现问题就在第二天的早讲评中提出并进行解决。

4. 爱岗敬业,服务社会

班组还开展了以"爱岗敬业,服务社会"为主题的社会教育活动。在工作现场设立了"爱心捐款箱",职工纷纷自愿捐款为兴泾镇回民二小的40名贫困生送去了学习用品、用具,解决了这些孩子们的实际困难,充分体现了邮政人乐于奉献、乐于为创建和谐社会贡献力量的决心与信心。另外,班组在日常的工作生活中也很重视班组的文化活动建设,经常组织职工进行各项文体活动,既减轻了职工的工作压力,又陶冶了职工的情操,职工的文体特长得到了发挥。

【案例3-5】

班组管理方法

为全面推进班组建设工程,搞好班组管理工作,使班组管理工作标准化、规范化,达到向管理要效益的目的,山西省阳高县局制定出台了班组管理方法,主要内容如下。

1. 建立会议记录簿

每月至少召开一次职工会议,对当月的业务收入完成情况、通信质量检查情况、营销计划进展情况、效益工资分配情况以及业务开支使用情况等进行通报,并对下月工作进行安排。

2. 建立经营、质量活动分析记录簿

每月召开一次经营、质量活动分析会议。通过经营活动分析,对经营完成情况的好坏找出原因,制定出下月目标。通过质量活动分析,发现薄弱环节,制定措施,不断改善服务质量。同时形成一份书面经营、质量活动分析报告,报经营服务部。

3. 建立业务检查登记簿

(1) 每日对生产现场进行一次日常检查。

(2) 每周至少抽查一次各类业务单册、凭证、账务数据等。

(3) 每月对各类款项、票据、凭证等进行一次全面检查;走访投递段1～2段,对服务范围内的信箱试投卡片两次;检查核实各类日报表以及用户意见簿。

4. 建立政治、业务学习记录簿

每月至少组织集体政治、业务学习各一次。

5. 建立安全、卫生检查记录簿

(1) 每周至少对安全、卫生工作检查一次。

(2) 制定安全值班制度和值班表。对防火、防盗、防爆方面设备的使用情况和人员值班状况进行重点检查。

(3) 制定卫生工作制度。

6. 建立群众来信来访记录簿

(1) 对群众来信、来访、来电的事由、时间以及落实情况进行登记。

(2) 每季度发一次意见征询函。

7. 建立差错事故登记簿

对本单位发生的业务差错、事故进行认真登记,并扣罚当事人一定的效益工资。

8. 制定经营质量考核及效益工资分配办法

根据市、县局经营考核办法和质量考核办法,结合本单位实际,对经营质量进行细致的考核,对效益工资进行二次分配。

9. 填写考勤表

根据考勤制度及出勤情况认真填写考勤表。

10. 整理文件

对上级来文根据制度规定和年度安排分长期保管类和年度保管类进行整理。

11. 编制作业计划

(1) 细致地制定出各岗位工作细则,明确岗与岗之间的交接手续和业务处理的先后顺序等。尽可能地对各岗位的业务操作、服务行为等制定规范化制度,使每个职工能明确目标,各个环节能协调配合。

(2) 根据作业计划,绘制作业流程图和作业时间表各一张,并根据经营服务作业时限的变动,随时进行更新。

12. 绘制服务范围图

根据本单位服务区域绘制服务范围图,并标明各段的投递线路,图下边要注明服务面积、人口、乡镇、村、企事业单位、学校、部队等情况。

13. 建立民主管理活动会议记录簿

(1) 制定民主管理活动制度。

(2) 每月进行一次民主管理活动,通过民主管理活动提高职工的"参政"意识,同时对班组的管理办法、考核办法、责任制度、效益工资分配等进行表决。

14. 建立劳动竞赛登记簿

由工会小组定期组织职工开展劳动竞赛。

15. 建立好人好事登记簿

对工作中发生的一些好人好事,认真登记,及时进行表扬和奖励。

16. 建立职工家访登记簿

关心职工生活,提高班组凝聚力,是工会小组的一项重要工作。对新职工调入、老职工调离,要进行家访;对职工生病、家中出现困难或发生纠纷都要进行看望或调解。

【案例 3-6】

支局(所)发展应抓学习、重管理

××省××县某邮政所认真抓好政治理论和业务学习,注重抓支局(所)的基础管理工作,不断改善服务质量,努力发展业务,在各项工作中均取得佳绩。其主要做法如下。

一、营造学习氛围,提高员工素质

该所坚持以人为本,把提高员工整体素质摆在重要位置来抓,将学习形成制度,使员工树立了牢固的终身学习理念,营造了良好的学习氛围。通过开展有声有色的活动,使员工能认真、自觉地加强政治理论、法律法规、职业道德、金融法规、信息技术、专业知识等方面的学习,同时做到学习有记录、有心得体会。此外,还开展多岗位培训、岗位练功、业务比赛等活动,形成了工作学习化、学习工作化,以学习推动工作、以工作促进学习的局面,使员工的整体素质不断提高。

二、夯实基础,加强管理

从某种角度来讲,基础管理工作是企业的生命线,管理工作的好与坏,直接关系到企业的发展。一个班组也是如此。尤其是在目前的体制改革中,支局(所)的效益如何,直接关系到员工的切身利益。因此,该所始终把工作重点放在各项规章制度的基础管理上。狠抓落实,坚持做到执行的规范化、标准化和制度化;做到日、周、月、季都有详细的工作计划;每月召开两次经营发展和通信服务质量分析会,使工作有目标,发展有方向。同时还切实地落实好管理制度到位,监督检查到位,严格考核到位等工作。由于管理工作抓得紧、抓得细,员工内在修养不断得到提高,精神面貌也随之发生了根本性的变化——思想稳定,工作安心,服务热情高,用户满意率达95%以上。

三、找准市场,全面发展

该邮政所地处一个小镇,全乡镇人口不到3万。在没有一个厂矿企业的农业乡镇中,要发展好邮政业务是比较困难的。但该所面对困难没有退缩,而是团结一心,因地制宜,勇拓市场,确定了以抓好农村邮储、保险、农资分销业务为基础,推进邮政其他业务全面发展的经营策略。为了发展,全所员工基本上许诺了休息日、节假日,跳出绿色围墙,走出三尺柜台,挨家挨户上门宣传、发展业务。特别是营业人员,不仅在窗口宣传业务,还充分利用业余时间到镇上各摊位、店面揽收存款和保险,既方便了储户又与储户进行了感情沟通,使业务得到了更快发展。乡邮人员在做好投递工作的同时,努力发展好农资分销业务。对打工回乡人员宣传入账汇款、揽收保险业务等,均取得了成效。其他业务也得到了较好的发展,为邮政企业的发展做出了贡献。

【阅读资料3-7】

如何当好邮政支局(所、组)长

邮政支局(所、组)是邮政企业最小的"细胞",也是经营、服务和业务发展的最前沿。要搞好支局(所、组)的各项工作,关键还在于支局(所、组)长如何较好地发挥作用。现从以下六个方面谈谈如何当好支局(所、组)长。

1. 业务上刻苦钻研,素质提高,能力过硬。

支局(所、组)长要加强学习,掌握基本业务及其操作规程;对相关邮政业务和邮件处理规章制度,以及自己所从事岗位应知应会的业务知识和操作技能要重点学习,努力提高自身技术业务水平;拓宽知识面,学习基本的公司法、邮政法规、电脑操作及简单故障的处理方法,同时在不断推出的新业务上下功夫学习,尽快熟悉,适应工作需要,以实际行动来引导和带领其他职工学习业务知识,全面提升职工的综合素质。

2. 生活上热心帮助,凝聚力量人心齐。

支局(所、组)长对职工要亲如手足,以诚相待。经常关心职工的工作、学习和生活情况,当职工遇到困难时,主动给予精神慰藉,力所能及地给予帮助;在职工工作出现问题时,力争在基层就给予圆满解决。有条件的分支机构,也可给职工一个互帮互助的"平台"。长期坚持下去,就会形成一个团结的、有生机的、能战斗的集体。

3. 管理上严格要求,奖惩分明树新风。

支局(所、组)长要充分发挥民主,定期或不定期地召开民主管理会,激发职工的参与意识。通过大家讨论,决定支局(所、组)里的大小事务,同时尽量使管理制度细化、考核措施硬化、业务发展指标量化、奖惩内容具体化。做到对每个职工、每个岗位、每道工序都有明确的规章制度和考核办法,在实际操作过程中遵循人人平等的原则,按章进行考核兑现。做到对人对己公平,特别是在业务奖金、先进集体奖励的分配方面,更要摆正位置、端正态度,以合理和透明的方式恰当地处理。

4. 工作上以身作则,规范服务有榜样。

支局(所、组)长既有本职工作要做,又要负责整个支局(所、组)的工作,肩上的担子很重。只有勤于工作,乐于奉献,妥善处理好各方面的关系,才能使支局(所、组)的工作井然有序地进行。在本职工作中,身体力行地规范化服务。支局(所、组)长的本职工作做好了,在安排、落实和检查支局(所、组)的其他各项工作时,才有说服力,才能顺利地完成工作。

5. 营销上主动出击，拓展业务增收入。

营销是在市场经济新形势下，每一位职工必须掌握的一门学问。支局(所、组)长一方面要开动脑筋，分析当地邮政市场和业务结构，想办法寻求新的发展机遇；另一方面要激发支局(所、组)其他职工的工作积极性和主动性，为重点用邮大客户提供个性化服务，并有针对性地进行回访，听取他们的意见和建议。还要善于做好组织和开发各项业务的营销工作，带头走"绿色围墙"，去找市场、抓营销、促发展，达到增加业务收入的目的。

6. 压力上自我减轻，轻装工作更和谐。

就集体而言，支局(所、组)长可以创造条件，或者因陋就简地组织大家开展一些小型活动，如下象棋比赛、打扑克比赛、卡拉OK比赛，利用休息日外出登山、游园等，以丰富职工的业余文化生活，增进彼此之间的交流和友谊。工作中充分发挥职工的主观能动性和积极性，多出成绩，出好成绩。就个人而言，肩上的担子，一边是工作，一边是家庭，抽点时间多关心孩子，常回家看看自己年迈的父母。夫妻恩爱、家庭和睦，是做好工作的基础和保障，也是轻装工作的支撑和动力。工作做好了，企业发展了，个人收入高了，家庭也就有了幸福生活的"成本"。

通过做细做实以上各方面的工作，各邮政支局(所、组)可实现集体、个人、成员三者的和谐发展。

【复习思考题】

1. 邮政营业组织的基本要求是什么？

2. 邮政营业组织的基本内容是什么？

3. 邮政支局(所)的用品用具有哪些？在使用的时候有哪些规定？

4. "6S"的含义是什么？

5. 什么是邮政支局(所)的定置定位管理？定置定位管理的工作内容有哪些？

6. 邮政支局(所)的基础管理包括哪些内容？

7. 什么是台账？什么是业务簿册？它们主要包括哪些内容？

【课后实践】

1. 以小组为单位，选择附近的邮政支局(所)进行实地调查，调查内容主要包括支局(所)的现场布局，开办的业务种类，营业人员的服务规范遵守情况，服务礼仪的执行情况，顾客对邮政营业的看法等。写出一份调查报告。

2. 结合本章第四节内容，以小组为单位，讨论如何做好营业班组的管理工作。

第四章　邮区中心局生产组织与管理

【学习目标】

通过本章内容的学习，使学生熟悉邮区中心局的总体流程与生产机构，理解现场管理的方法和标准，掌握中心局的分拣封发、转运、运输作业流程和生产指挥调度中心的管理规范。

【引导问题】

邮件寄递过程中经历了哪些处理环节？这些处理环节的作业流程如何？这些环节又是怎样协调起来的呢？现场管理采用什么方法？带着这些问题，我们走进本章学习。

第一节　邮区中心局概述

一、邮区中心局的定义、性质

邮区中心局是邮区内邮件的处理中心和运输中心，是全网的基本封发单元。它的任务是对集中到邮区中心局的进口、出口和转口邮件经过处理再分发传递出去。可以说邮区中心局是邮件传递过程中的集散中心。

二、邮区中心局的功能

(1) 负责分拣封发邮区内各局集中到邮区中心局的进、出口邮件。

(2) 负责其他邮区中心局发来邮件的处理和经转。

(3) 负责检查邮区内各邮政局所出口邮件的规格和质量。

(4) 负责组织邮区中心局与邮区内各邮政局所的邮路，并承担邮区内的邮件运输任务。

(5) 负责本邮区中心局内生产作业的指挥调度工作。

(6) 负责本邮区中心局业务档案和容器的管理。

三、邮区中心局内部组织机构设置

邮区中心局生产机构的设置应以实现对生产作业最佳控制为目标，按照满足生产需求、简化作业程序的原则进行优化组合，根据各级邮区中心局的功能和规模进行规范设置。

(一) 邮区中心局生产管理机构设置原则

1. 精简高效原则

生产部门的数量直接影响生产成本，而且生产部门增加后，需要部门之间协调配合的任务增多，间接增加了交接成本，所以应尽可能精简机构。

2. 区别对待原则

由于不同级别的邮区中心局邮件的处理量和运输量有很大的差别，因此，为便于对生产作业组织的管理，不同级别的邮区中心局内部生产机构的设置应有所区别。根据邮区中心局的级别和邮件处理量的大小，邮区中心局分四种类型：一级邮区中心局，省会二级邮区中心局，非省会二级邮区中心局，三级邮区中心局。

3. 合理分工原则

邮区中心局的核心功能是各类邮件的分拣封发、总包邮件的处理和运输，不同的功能需要由相应的生产机构来进行专业化的生产组织管理。为提高生产作业的效率，必须按照功能设置相应的生产机构。

4. 资源共享原则

邮区中心局配置了大量的分拣设备和运输设备，这些设备能否得到有效的利用直接关系到邮区中心局的运行成本，因此要按照充分利用设备，实现资源共享的原则进行内部管理机构的设置。

5. 扁平化管理原则

管理层次与管理幅度是相辅相成的，扁平化管理的基本思想是减少管理层次，加大管理幅度，实现管理层次和管理幅度的最佳组合，提高管理水平和管理效率，降低管理成本。

（二）邮区中心局生产机构设置

1. 一级邮区中心局

一级邮区中心局是全网核心的骨干邮区中心局，具有网间中心的功能，除承担本邮区和指定的三级邮区中心局邮件处理任务外，还承担着大量的总包邮件转口任务。

一级邮区中心局原则上设 7 个生产部门。

（1）邮件处理中心：主要负责进出口邮件的处理，下设 4 个作业区。①信函状邮件处理车间，②包状邮件处理车间，③扁平状邮件处理车间，④总包邮件处理车间。

（2）转运分局：主要负责总包接收、总包处理、总包发运及火车、航空总包邮件的经转。根据场地多少和运输的需要可设若干转运站。

（3）汽车运输分局：负责干线、邮区内汽车运输与押运、局站盘驳。下设长途车队和区内车队。

（4）押运分局：承担火车邮件的派押。按照派押邮路数量的多少可设置一个或者多个押运科。

（5）设备维护分局：主要负责各类邮运车辆、分拣设备和信息处理设备的运行维护和保养。

（6）容器调拨分局：主要负责容器（集装箱、邮袋、信盒）的调拨与管理。

（7）生产指挥调度中心：负责规章制度管理，邮件封发计划、发运计划的编制，生产数据的综合统计分析，档案管理，车辆调度，生产运行的监督检查与控制。

北京、上海邮区中心局的国际、速递、报刊的业务量较大，具备了单独组织和处理的条件，可以分别设置速递、报刊、国际邮件的专门处理机构。

2. 省会二级邮区中心局

除北京和上海局外，原则上其他一级邮区中心局和省会二级邮区中心局均应承担国内、国际普通邮件，国内、国际特快专递邮件，报刊的分拣封发和运输任务。除承担本邮区和指定的三级邮区中心局邮件分拣封发任务外，还承担相应的总包邮件的转口任务。

省会一、二级邮区中心局原则上设以下二级生产单位。

(1) 邮件处理中心:主要负责信函状、包状、扁平状邮件,特快、国际邮件的分拣、封发,进出口刊物和进口报纸分发。内部分为信函状邮件作业区、扁平状邮件作业区、包状邮件作业区、国际邮件作业区、特快专递邮件作业区、报刊作业区和总包邮件作业区。

(2) 转运分局:主要负责总包接收、总包处理、总包发运,火车、航空总包邮件的经转和火车邮路的派押。如果干线派押邮路较多,根据需要可考虑单设押运分局。

(3) 汽车运输分局:主要负责干线、邮区内汽车运输与押运以及局站盘驳。

(4) 报刊分局:主要负责报刊分发内部生产作业管理,业务指导和邮件处理中心以外出口报纸分发。

(5) 容器调拨分局:主要负责容器(集装箱、邮袋、信盒)的调拨与管理。

(6) 生产指挥调度中心:负责规章制度管理,邮件封发计划、发运计划的编制,生产数据的综合统计分析,档案管理,车辆调度,生产运行的监督检查与控制,各类邮运车辆、分拣设备及信息处理设备的运行维护和保养。

3. 非省会二级邮区中心局

非省会二级邮区中心局作为独立的生产单位接受所在市邮政局领导,负责邮件的处理和运输,除承担本邮区和指定的三级邮区中心局邮件的分拣封发任务外,还承担部分总包邮件转口任务。

非省会二级邮区中心局下设四个生产科。

(1) 分拣科:主要负责信函状、包状、扁平状邮件,特快专递邮件、国际邮件的分拣封发以及进、出口报刊分发。

(2) 转运科:主要负责总包接发、局站盘驳、指定总包邮件的经转和火车押运。

(3) 汽车运输科:干线、邮区内汽车运输与押运。

(4) 设备维护科:各类设备的运行维护与保养。

非省会二级邮区中心局原则上不设独立的生产指挥调度中心,其生产管理由所在市邮政局的生产管理部门负责。

4. 三级邮区中心局

三级邮区中心局原则上不设专门的生产机构,只设分发班和转运班直属市邮政局。

(1) 邮件分发班:负责各类邮件分拣、封发及报刊的分发。

(2) 邮件转运班:负责各类邮件总包的接收、发运和运输。

三级邮区中心局不设生产指挥调度中心,其生产管理由所在市邮政局的生产管理部门负责。

四、邮区中心局生产作业流程

生产作业流程是通信生产的核心,要按照邮件处理"三状化"的要求,在满足邮件传递时限的前提下,以邮政综合网邮区中心局生产作业系统的应用为依据,对全网的作业流程进行统一规范。

(一) 生产作业流程设计的原则

1. 系统性原则

生产作业组织的优化与规范化工作是一项系统工程,它涉及很多环节与多个部门,需要各个相关部门和相关环节密切配合,加强协作。

2. 合理利用资源原则

在生产作业组织优化,特别是推行邮件处理的"三状化"过程中,要合理利用现有的处理设施和技术设备,充分利用邮区中心局的各种资源,发挥其最佳组合效益,尽量将处理成本控制在最低。

3. 实物流处理与信息流处理协调一致原则

实物处理自动化、信息处理网络化是邮区中心局生产作业组织流程优化的前提和条件，流程优化必须以此为出发点，从全局考虑，流程优化适度超前，可分期、分步实施。

4. 人机协同作业原则

在生产作业活动中引入信息技术，加强人机之间、各个工作环节之间的通信和交流，形成协同效用。流程的优化设计既要考虑到实物处理自动化、信息处理网络化的需要，同时还要兼顾人工干预的特殊需要。

5. 流程监控与流程优化同步原则

流程优化是动态过程，必须加强流程监控，才能在流程优化的基础之上进一步发现问题，实现不断优化。同时必须加强对流程监控的考核力度。

（二）邮区中心局总体生产作业流程

邮区中心局生产作业流程是指邮件以总包的形式进入邮区中心局开始，经过内部处理又以总包的形式发出的全过程。它包括四大环节，即总包接收、总包处理、邮件分拣封发和总包发运，如图 4-1 所示。

（1）总包接收

点数接收：转运部门或者邮件处理中心总进口作业区负责点数接收各类普通邮件，面交邮件按照相关规定执行。

验视规格：在规定的时间内验视规格(实行包交邮件可以不验视规格)。

扫描：与网上接收的总包信息进行确认，即实现机内自动勾核。

（2）总包处理

区分本转：本口邮件送邮件处理中心，处理中心点数接收；转口总包邮件送交各自相关的邮件贮存区待发。

分类送交：进入处理中心的本口总包，按信函状、包状、扁平状、国际、特快和报刊进行分类，分类后采取总包送交或散件送交。

平常邮件集中开拆：开拆后要对散件按三状及按机分或手工分拣进行分剔及整理，送往不同的分拣作业区。给据邮件总包送分拣作业区开拆。

汇封总包的处理：本口特快汇封袋由特快处理部门开拆处理。

（3）邮件分拣封发

给据邮件开拆及扫描勾核：对给据邮件总包开拆后，扫描邮件条码与网上接收的清单信息实现机内自动勾核，清单节目与实物不符时，系统自动发验。

邮件分拣：邮件按状(类)分拣。

邮件封发：按照封发计划的规定，对分拣后的邮件装入容器，拴挂袋牌或贴标签封成总包邮件。其中给据邮件要打印封发清单和条码袋牌。

传送封发信息：将相关封发信息上传本邮区中心局生产作业系统。

（4）总包发运

处理中心总包发运：提取或接收出口总包邮件，按路向和车次分堆、制单、勾核，发火车或航空邮路的分别通过市内盘驳车送交火车转运站和航空转运站，发干线汽车、邮区内汽车和市内趟班汽车邮路的直接交汽车运输。

火车或航空转运部门总包发运：点数接收市内盘驳车运来的总包邮件，并与站转已勾核的转口总包并堆、制单、发运。

将总包发运信息发送到中心局生产作业系统。

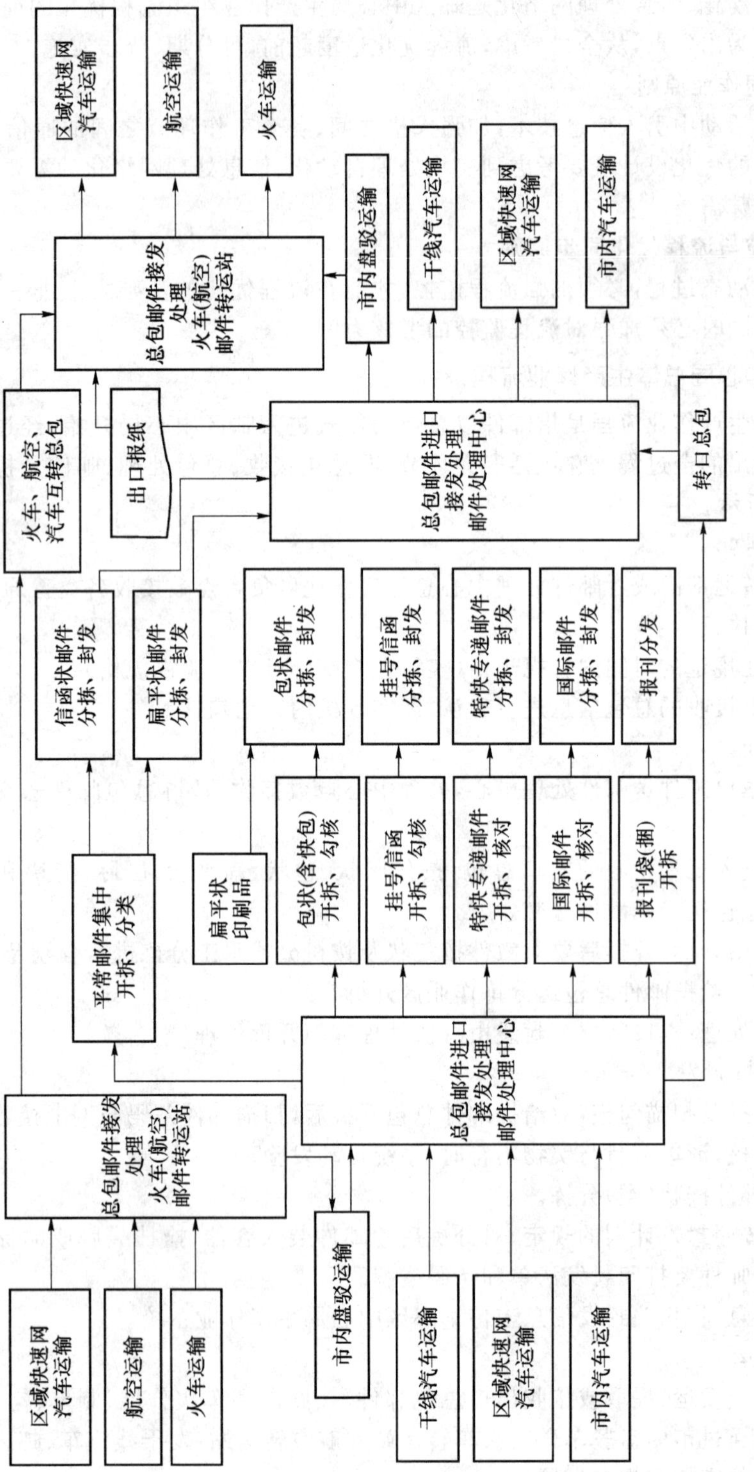

图 4-1　邮区中心局生产作业流程图

第二节　邮区中心局用品用具与业务单式

邮政专用品是指邮政日戳、邮资机、邮政业务单据、邮政夹钳、邮袋和其他邮件专用容器。邮政用品用具主要包括邮政日戳、邮件容器(邮袋、集装箱、信盒)、袋牌、袋绳、封志、邮政夹钳，通常称之为六项用品用具。

一、邮政用品用具使用规定

邮政用品用具主要包括邮政日戳、邮件容器(邮袋、集装箱、信盒)、袋牌、袋绳、封志、邮政夹钳，通常称之为六项用品用具，其中邮政日戳、邮袋和邮政夹钳是《邮政法》规定的邮政专用品。

(一) 邮政日戳

邮政日戳是邮政企业处理各项业务时使用的刻有地名和日期的特制专用戳记。邮政日戳是邮政通信的专用工具，是邮局表示处理邮政业务的一种戳记，是凭以确认邮政局所与用户之间，以及各生产环节之间责任关系的印信。每一枚日戳都代表着一个邮件处理环节。邮政日戳是法律上的有效凭证，是受法律保护的，任何单位或个人不得仿造或冒用。

(二) 邮政夹钳(包括手携扎袋钳)

邮政夹钳是用于夹紧加封在邮袋上铅志的邮政专用工具，也是凭以确认局际之间权责关系的印信。夹钳头部安装有局名和邮件种类名称的印模。夹钳所夹封的总包袋内邮件如发生损毁、缺少等不符情况，往往需要按照铅志上所显示的夹钳印模来判明责任。夹钳必须爱护使用，不准代作击物工具，使用后立即严密保管，防止盗用和丢失。

(三) 邮件容器(邮袋、信盒、集装箱等)

1. 邮件容器的定义

邮件容器是封装各类邮件和指定报刊使用的邮政专用品，是国家财产。邮件容器只许在邮政企业内部分拣、封发部门和邮政运输部门使用，不准挪作他用。邮件容器应按照邮件类别和寄递范围区别使用，不得互相混用。

2. 邮件容器的分类

邮件容器按照使用范围分为全国通用邮件容器和省内专用邮件容器。

全国通用邮件容器由集团公司统一投资制作，用于邮区中心局间互封各类国内邮件总包以及国际邮件总包。其中，国内普通邮袋用于封发包裹、挂刷、平信、挂信、报刊等国内普通邮件总包；国内特快邮袋用于封发国内特快邮件总包；国际航空、水陆路等国际邮袋用于封发各类国际邮件总包；小型信盒用于封发中心局间互封的国内平信；中型信盒用于封发省会中心局间互封的国内平刷；集装箱在部分一级干线邮路上使用。

省内专用邮件容器由各省、自治区、直辖市邮政公司投资制作，用于各省邮区中心局范围内互封国内邮件总包。

上述邮件容器除国际邮袋为一次性使用外，其他种类邮件容器均在全国或省内周转，重复使用。

3. 邮件容器的基本规定

(1) 正确使用邮件容器，杜绝混用

封发邮件应按邮件种类、寄递范围和体积正确选用邮件容器，不准互相混用。

1）全国通用邮件容器与省内专用邮件容器应用范围

邮区中心局间互封的国内普通邮件，使用国内普通邮袋或小型信盒、中型信盒、集装箱封发。中心局邮区内互封的国内邮件总包，使用省内专用邮件容器封发。

各省应该按照实际需求，足量制作投入省内专用邮件容器，杜绝挪用全国通用邮件容器。另外，各省制作的省内专用邮件容器应在使用过程中加强管理，杜绝流散到邮区外或省外；各省若接收到其他省因封发不规范流入的外省专用邮件容器时，也应相互配合，及时清退。

2）小型信盒及中型信盒应用范围

中心局间互封的平常信函邮件使用小型信盒封发，封发量不足半盒的，改用邮袋封发；省会中心局间互封的平刷邮件使用中型信盒封发，封发量不足半盒的，改用邮袋封发。对于小型信盒和中型信盒，应该严格按照其规定的使用范围进行使用，不能挪用作为邮政生产场地内邮件盛装周转容器，也不应挪用封发其他区域范围及种类的邮件。

3）国内特快邮袋应用范围

国内特快邮袋除用于封发国内特快邮件外(包含标准特快和经济快递)，还用于封发国内互封的国际特快邮件。

4）国际邮袋应用范围

封往国外的国际邮件，使用表面印有“中国邮政”和英文“POST PEOPLE’S REPUBLIC OF CHINA”字样的国际(水陆路、航空、特快)邮件容器封发。

国内互封的国际普通(航空、水陆路)邮件，使用国内普通邮袋封发，国内互封的国际特快邮件使用国内特快邮袋封发，不得使用国际邮袋封发。

不准使用外国邮政的邮件容器对国外封发国际邮件。

5）其他

封往中国台湾地区的邮件使用表面印有“邮件处理中心”字样的专用邮袋封发。禁止使用非中国邮政的邮件容器封发国内邮件总包。

(2) 强化使用管理，杜绝损毁、散失及挪用

禁止各类邮件容器流入社会，对于散失到社会上的邮件容器，要无条件收回，并查明原因。禁止将邮件容器借给或连同邮件直接封发或投递给邮政通信生产部门以外的单位或个人。邮袋、小型信盒、中型信盒、集装箱等邮件容器严禁挪作他用。邮件封发完毕现场如有零星散放的邮件容器，应及时收取，码放至邮件容器集中存放处。

4. 邮件容器的型号

通常使用的全国通用邮件容器类别、型号、规格如表4-1所示。

表4-1　邮件容器型号表

类别	使用范围	型号	规格/mm	制作原料	备注
普通邮袋	国内普通	1-3	(1)1 600×1 100	白棉帆布	
			(2)1 200×775		
			(3)800×500		
	国际水陆路	1-3	(1)1 600×1 100	白棉帆布	
			(2)1 200×775		
			(3)800×500		

续表

类别	使用范围	型号	规格/mm	制作原料	备注
航空邮袋	国内通用	1-3	(1)1 600×1 100	浅艳蓝涤纶布	
			(2)1 200×775		
			(3)800×500		
	国际使用	1-3	(1)1 600×1 100	浅艳蓝涤纶布	
			(2)1 200×775		
			(3)800×500		
特快邮袋	国内通用	1-3	(1)1 600×1 100	红、白相间彩条涤纶布	彩条宽度 5.5 cm，斜度为 45° 印 EMS 标识
			(2)1 200×775		
			(3)800×500		
	国际使用	1-3	(1)1 600×1 100	蓝、黄相间彩条涤纶布	印 EMS 标识
			(2)1 200×775		
			(3)800×500		
机要邮袋	国内通用	71-77	(71)1 900×1 200	白棉帆布红、白相间竖条	71、72 加双底、提手
			(72)1 600×1 100		
			(73)1 300×850		
			(74)1 100×700		
			(75)800×500		
			(76)550×350		
			(77)1 400×500		
信盒	联体式小型	L1	500×273×170	合成树脂	邮政标志色绿 1
信盒	联体式中型	L2	500×280×310	ABS、PE	邮政标志色绿 1
信盒	分体式中型	T2	盒体 500×280×300 加盖 500×280×310	ABS、PE	邮政标志色绿 1
集装箱	有轮笼式集装箱	YSJZL 500-XX	1 700×1 100×750	轻钢网格	铝及不锈钢可本色，其他为绿 1
集装箱	有轮封闭式集装箱	YSJZLK 500-XX	1 700×1 100×750	板材防雨	铝及不锈钢可本色，其他为绿 1

5. 邮件容器处理要求

(1) 邮件容器请领

各单位需要补充邮件容器时，应按隶属关系逐级请领，请领邮件容器必须通过系统填写上报请领单；上级单位根据实际情况对请领单及时进行审核、调拨处理。

各单位在请领过程中，应根据实际需求确定请领邮件容器的种类型号及数量，将请领业务依据通过请领单备注的方式告知上级单位。

(2) 邮件容器整理封发

调拨清退邮件容器，必须按照标准执行调拨清退单制作、封发计划维护下发、登记封发等信息处理。

为了确保邮件容器在周转运输过程中的跟踪和交接，发交一、二级干线邮路的邮件容器必须拴挂具备唯一流水号的条码袋牌。

厂家将新邮件容器交给指定中心局发运时,需同时提交调拨单复印件(或告知调拨单号),中心局中必须根据新邮件容器调拨单核对种类型号及数量,按照标准封装,并在网运信息系统内执行相关信息处理,打印并拴挂具备唯一流水号的条码袋牌。

(3) 邮件容器周转运输

各邮件容器管理部门和邮政运输部门要相互配合,按照时限要求和发运计划妥善安排邮件容器总包的发运,遇有无法及时疏运的情况,应及时上报上级单位协调解决。

邮件容器在周转运输过程中,调出单位应在邮件容器管理系统内及时监控,遇有封发、发运滞后情况应及时与调出单位(厂家)及发运单位联系沟通。

任何单位不准在邮件容器调拨清退运输途中截留邮件容器。

6. 邮件容器的洗补维修与报废

邮件容器的洗补维修和报废任务由各级邮件容器管理单位承担。

(1) 邮件容器的洗补、维修

油污、破损邮件容器必须经过洗补和维修后才可重新使用。

各省应该具备与集团公司下达的邮件容器洗补、维修计划量相匹配的洗补、维修能力,承担邮件容器洗补、维修任务。

油污、破损邮袋原则上就地洗涤、缝补;没有洗补能力的单位,对破损、油污邮袋要单独封装,封发给相关单位处理。

破损信盒、集装箱根据损坏程度自行维修,无法自行维修的退集团公司指定单位或维修厂家。

(2) 邮件容器的报废

报废邮件容器由各省集中办理,其他各单位无权对邮件容器进行报废处理。

报废数量应在邮件容器整理、洗补过程中按种类、型号在网运信息系统中及时登记。

报废的邮件容器,要妥善处理,不得将可辨识邮政标识的报废邮件容器流散到社会。

(四) 袋牌

袋牌是拴挂在各种不同邮件袋上表示邮件种类的标志牌的总称,供人们识别袋内所装邮件的种类、寄发局、接收局等,给据邮件还填有号码,贵重包裹袋牌和航空邮件袋牌上还要注明重量。袋牌上的局名和其他文字,一律自左至右横写,号码、重量、件数等栏应按格填写,书写清晰、文字规范。

1. 袋牌种类

袋牌分为条码袋牌和标志袋牌两类。条码袋牌分为横式和竖式两种,国际袋牌多为横式,其他袋牌均采用竖式。标志袋牌采用竖式,无条码区。

2. 袋牌规格

各类邮件袋牌规格如表4-2所示。

表4-2　连续袋牌种类明细表

序号	编号	名称	印刷颜色	备注
1	邮1213	平信袋牌	白边	黑框
2	邮1214	平刷袋牌	黄边	
3	邮1215	挂号信函袋牌	白边	红框

续表

序号	编号	名称	印刷颜色	备注
4	邮 1216	挂号印刷袋牌	黄边	
5	邮 1217	特挂保价袋牌	白边	黑框,“△”标记印绿色
6	邮 1218	平挂合封袋牌	白边	
7	邮 1219	包裹袋牌	绿边	
8	邮 1219 乙	大件包裹袋牌		
9	邮 1219 丙	快递包裹袋牌	红边	红框,“☆”标记印红色
10	邮 1220	贵重包裹袋牌	绿边	“△”标记印绿色
11	邮 1226	空袋袋牌	棕边	
12	邮 1226 乙	报皮布袋牌	黑边	
13	邮 4135 甲	报纸袋牌	粉边	
14	邮 4135 乙	转口报纸袋牌	粉边	
15	邮 4135 丙	转口杂志袋牌	蓝边	
16	邮 4151	杂志袋牌		
17	邮特 2009	特快专递袋牌	红白相间	
18	邮 5019	机要袋牌	白边	
19	邮 5020	机要绝密袋牌	白边	黑框,“☆”标记印黑色

3. 条码及袋牌用条码信息结构

条码是一种十分有效的识别工具,它提供准确及时的信息来支持成熟的管理系统。条码的使用能够逐渐地提高准确性和效率,节省开支并改进业务操作。

(1) 条码的组成

条码是由一组按一定编码规则排列的条、空符号,用以表示一定的字符、数字及符号组成的信息。条码系统是由条码符号设计、制作及扫描阅读组成的自动识别系统。条码是由不同宽度的浅色和深色的部分(通常是条形)组成的图形,这些部分代表数字、字母或标点符号。将由条与空代表的信息编码的方法被称作符号法。

(2) 128 码的特点和用途

128 码是一种更便捷的符号法,能够代表整个 ASCII 字母系列。它提供一种特殊的“双重密度”的全数字模式并有高信息安全性能的自动识别技术。

其主要特点是:

1) 输入速度快,能实现“即时数据输入”;

2) 可靠性高,误码率低于百万分之一;

3) 采集信息量大,一次可采集几十位字符的信息,并有一定的自动纠错能力;

4) 灵活实用,条码标识既可以作为一种识别手段单独使用,也可以和有关识别设备组成一个系统实现自动化识别,还可以和其他控制设备连接起来实现自动化管理;

5) 条码标签易于制作,对设备和材料没有特殊要求,识别设备操作容易,不需要特殊培训,且设备也相对便宜。

目前袋牌用条码主要配合扫描设备实现总包邮件和散件邮件信息的直接扫描录入。配合网上下载信息实现扫描勾核、扫描汇封、扫描配发、散件扫描封发等业务操作。

(3) 国内袋牌用条码信息结构

国内袋牌用条码信息共30位数据,顺序自左至右,信息结构如图4-2所示,给据邮件条码签规格式样如图4-3所示。

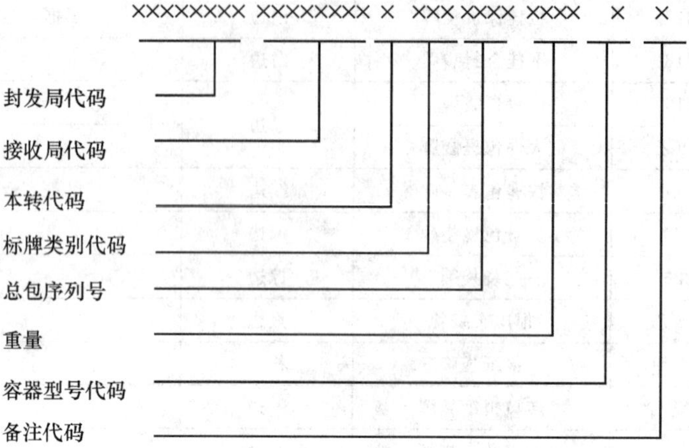

图4-2　国内袋牌用条码信息结构图

国内邮件袋牌(不包括报刊)的条码长度为:(11×15+55)×0.25=55 mm

国内邮件袋牌(报刊)的条码长度为:(11×19+55)×0.25=66 mm

长度单位: mm

图4-3　国内给据邮件条码签规格式样

4. 国内邮件袋牌样式

国内邮件条码类袋牌右侧空白部分为条码区,标志类袋牌如红杯、红杯水、航空等无条码区。袋牌样式如图4-4所示,规格尺寸如图4-5所示。

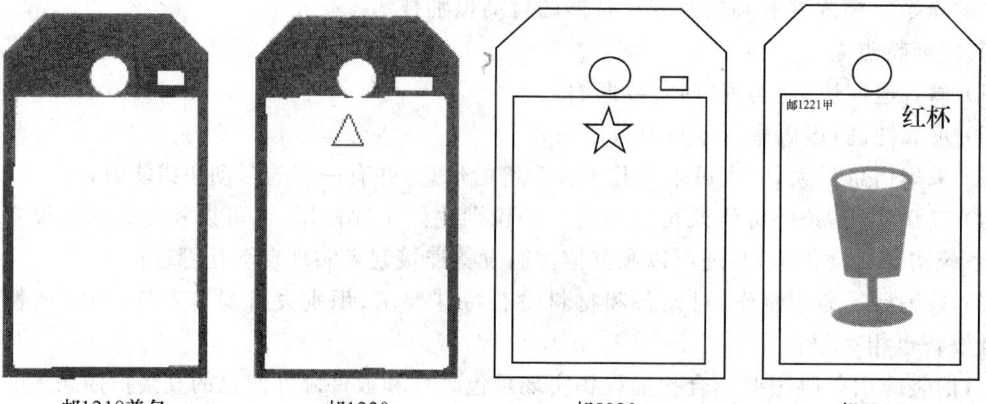

邮1219普包　1219乙大包袋牌　　邮1220 贵重包裹袋牌　　邮5020 机要绝密袋牌　　邮1221 红杯袋牌

图 4-4　国内邮件袋牌样式

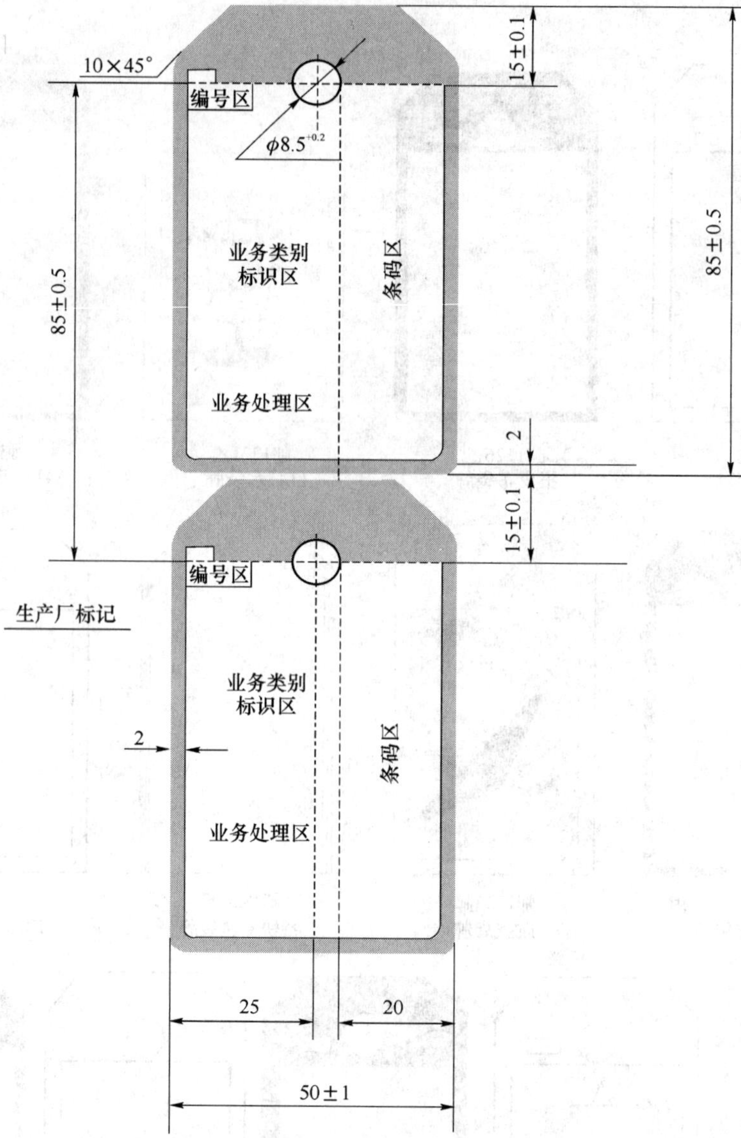

图 4-5　国内邮件条码袋牌规格尺寸

5. 国际邮件袋牌

(1) 国际邮件无条码袋牌。如表 4-3 所示。

表 4-3　国际邮件无条码袋牌种类表

序号	国内编号	国际编号	名称	袋牌正面颜色	文字颜色	备注
1	邮 2215	CN 34	国际水陆路平常信函明信片袋牌	白色	黑色	
2	邮 2215 甲	CN 34	国际水陆路平常大宗函件袋牌	紫色	黑色	
3	邮 2216	CN 34	国际水陆路平常其他函件袋牌	淡紫色	黑色	
4	邮 2217	CN 34	国际水陆路挂号函件袋牌	朱红色	黑色	
5	邮 2222	CN 34	国际水陆路空袋袋牌	绿色	黑色	

续表

序号	国内编号	国际编号	名称	袋牌正面颜色	文字颜色	备注
6	邮 2218 甲	CN 35	国际航空平常信函明信片袋牌	白色	黑色	
7	邮 2218 乙	CN 35	国际航空平常其他函件袋牌	浅蓝色	黑色	
8	邮 2218 丙	CN 35	国际航空空袋袋牌	绿色	黑色	
9	邮 2218 丁	CN 35	国际航空平常大宗函件袋牌	淡紫色	黑色	
10	邮 2219	CN 35	国际航空挂号函件袋牌	朱红色	黑色	
11	邮特 1013	CN 35	国际特快专递邮件袋牌	白色	黑色	蓝、橘黄标记头
12	邮 2219 甲	CN 36	国际空运水陆路挂号函件袋牌	朱红色	黑色	
13	邮 2219 乙	CN 36	国际空运水陆路平常信函明信片袋牌	白色	黑色	
14	邮 2219 丙	CN 36	国际空运水陆路平常其他函件袋牌	浅蓝色	黑色	
15	邮 2219 戊	CN 36	国际空运水陆路平常大宗函件袋牌	淡紫色	黑色	
16	邮 2219 丁	CN 42	直接换机续运袋牌	橘黄色	黑色	不使用有条码袋牌
17	邮 2220	CP 83	国际水陆路包裹袋牌	赭黄色	黑色	
18	邮 2221	CP 84	国际航空包裹袋牌	赭黄色	黑色	
19	邮 2221 甲	CP 85	国际空运水陆路包裹袋牌	赭黄色	黑色	
20	邮 2224		关单袋牌	粉红色	黑色	不使用有条码袋牌

(2) 国际邮件条码袋牌

条码袋牌由条码袋牌底板和不干胶条码标签组成。其中直接换机续运袋牌和关单袋牌不使用有条码的袋牌。如表 4-4 所示。

表 4-4　国际条码袋牌底板种类表

序号	适用范围	底板正面颜色	备注
1	国际水陆路平常信函明信片袋牌 国际航空平常信函明信片袋牌 国际空运水陆路平常信函明信片袋牌	白色	
2	国际水陆路平常其他函件袋牌 国际航空平常其他函件袋牌 国际空运水陆路平常其他函件袋牌	浅蓝色	
3	国际水陆路平常大宗函件袋牌 国际航空平常大宗函件袋牌 国际空运水陆路平常大宗函件袋牌	淡紫色	
4	国际水陆路挂号函件袋牌 国际航空挂号函件袋牌 国际空运水陆路挂号函件袋牌	朱红色	

续表

序号	适用范围	底板正面颜色	备注
5	国际水陆路空袋袋牌 国际航空空袋袋牌	绿色	
6	国际水陆路包裹袋牌 国际航空包裹袋牌 国际空运水陆路包裹袋牌	赭黄色	
7	国际特快专递邮件袋牌	白色	蓝、橘黄标记头

(3) 国际邮件条码袋牌及标签种类

国际袋牌外形尺寸和条码标签外形尺寸如表4-5所示。

表4-5 国际袋牌外形尺寸和条码标签外形尺寸表

序号	国内编号	国际编号	名称	袋牌尺寸/mm	条码标签尺寸/mm
1	邮2215	CN 34	国际水陆路平常信函明信片袋牌	148×74	101.6×60.9
2	邮2215甲	CN 34	国际水陆路平常大宗函件袋牌	148×74	101.6×60.9
3	邮2216	CN 34	国际水陆路平常其他函件袋牌	148×74	101.6×60.9
4	邮2217	CN 34	国际水陆路挂号函件袋牌	148×74	101.6×60.9
5	邮2222	CN 34	国际水陆路空袋袋牌	148×74	101.6×60.9
6	邮2218甲	CN 35	国际航空平常信函明信片袋牌	148×74	101.6×60.9
7	邮2218乙	CN 35	国际航空平常其他函件袋牌	148×74	101.6×60.9
8	邮2218丙	CN 35	国际航空空袋袋牌	148×74	101.6×60.9
9	邮2218丁	CN 35	国际航空平常大宗函件袋牌	148×74	101.6×60.9
10	邮2219	CN 35	国际航空挂号函件袋牌	148×74	101.6×60.9
11	邮特1013	CN 35	国际特快专递邮件袋牌	148×74	101.6×60.9
12	邮2219甲	CN 36	国际空运水陆路挂号函件袋牌	148×74	101.6×60.9
13	邮2219乙	CN 36	国际空运水陆路平常信函明信片袋牌	148×74	101.6×60.9
14	邮2219丙	CN 36	国际空运水陆路平常其他函件袋牌	148×74	101.6×60.9
15	邮2219戊	CN 36	国际空运水陆路平常大宗函件袋牌	148×74	101.6×60.9
16	邮2219丁	CN 42	直接换机续运袋牌	148×90	无
17	邮2220	CP 83	国际水陆路包裹袋牌	148×74	101.6×60.9
18	邮2221	CP 84	国际航空包裹袋牌	148×74	101.6×60.9
19	邮2221甲	CP 85	国际空运水陆路包裹袋牌	148×74	101.6×60.9
20	邮2224		关单袋牌	148×90	无

(4) 国际邮件袋牌式样

1) 邮 2215　CN 34

袋牌底色为白色,文字颜色为黑色。如图 4-6 所示。

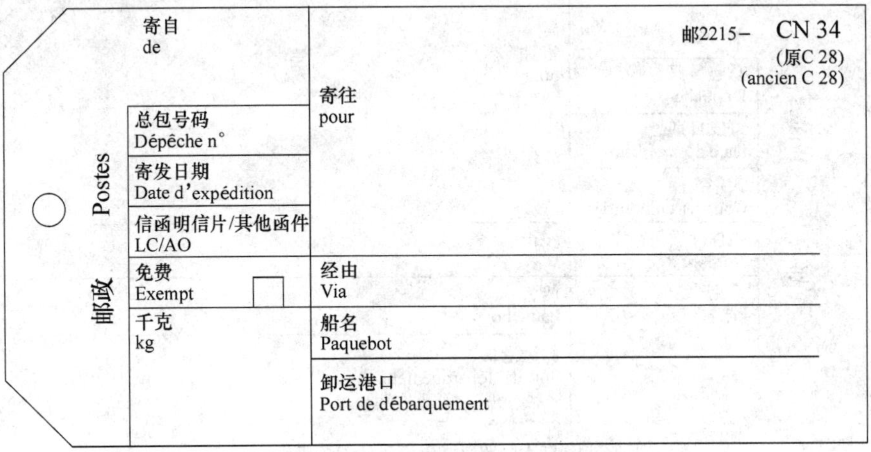

国际水陆路平常信函明信片无条码袋牌

国际水陆路平常信函明信片条码袋牌底板

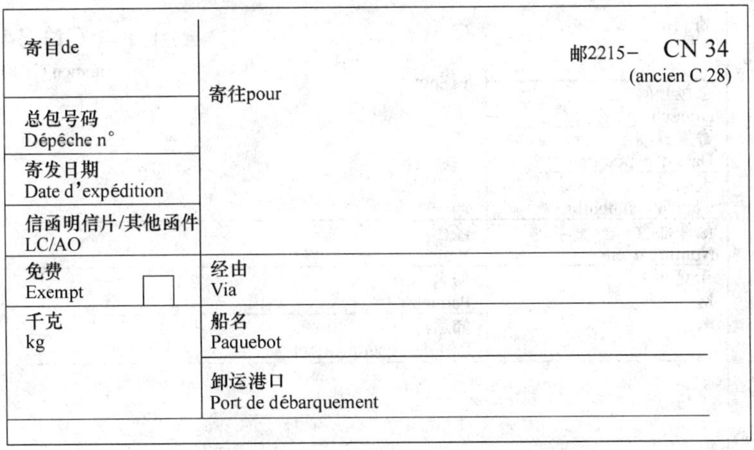

国际水陆路平常信函明信片不干胶条码标签

图 4-6　国际水陆路平常信函明信片袋牌式样

2）邮 2215　CN 34

袋牌底色为淡紫色，文字颜色为黑色，不干胶条码标签为白纸黑字。如图 4-7 所示。

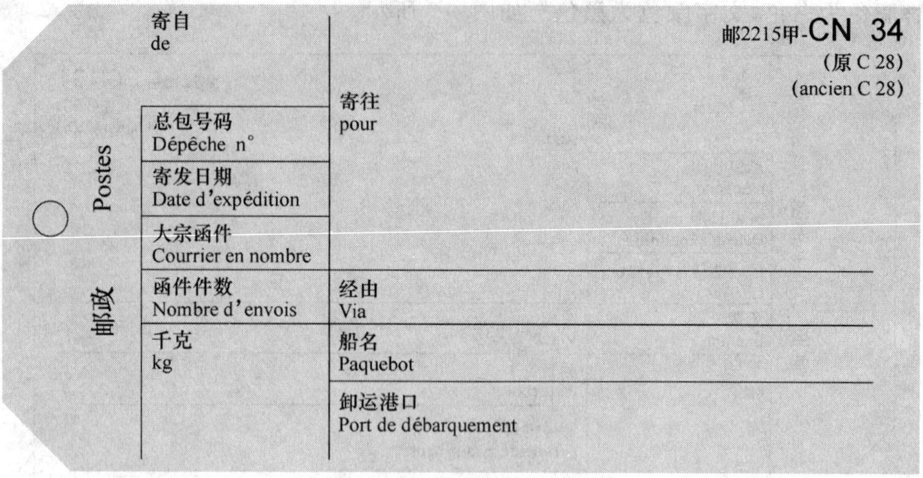

国际水陆路平常大宗函件无条码袋牌

国际水陆路平常大宗函件条码袋牌底板

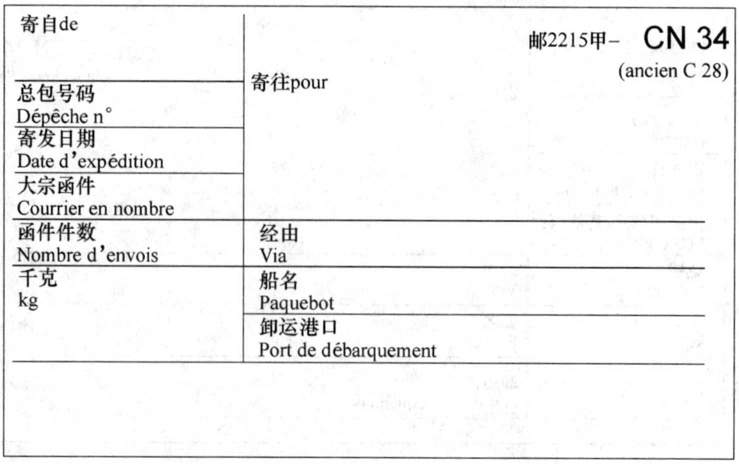

国际水陆路平常大宗函件不干胶条码标签

图 4-7　国际水陆路平常大宗函件袋牌式样

3）邮 2216　CN 34

袋牌底色为浅蓝色，文字颜色为黑色，不干胶条码标签为白纸黑字。如图 4-8 所示。

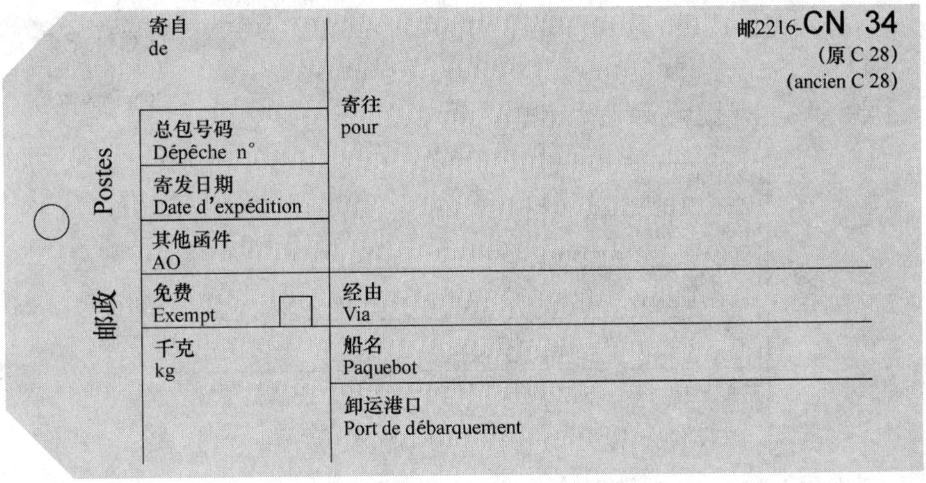
邮政 Postes
寄自 de
邮2216-CN 34
(原 C 28)
(ancien C 28)
寄往 pour
总包号码 Dépêche n°
寄发日期 Date d'expédition
其他函件 AO
免费 Exempt
经由 Via
千克 kg
船名 Paquebot
卸运港口 Port de débarquement

国际水陆路平常其他函件无条码袋牌

国际水陆路平常其他函件条码袋牌底板

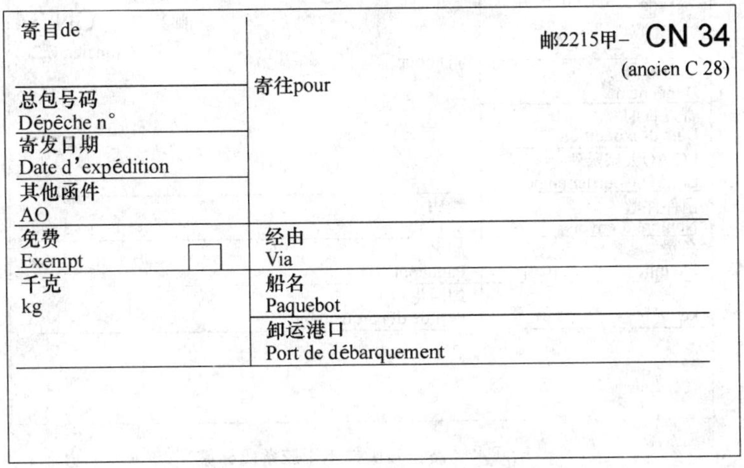
寄自de
邮2215甲- CN 34
(ancien C 28)
寄往pour
总包号码 Dépêche n°
寄发日期 Date d'expédition
其他函件 AO
免费 Exempt
经由 Via
千克 kg
船名 Paquebot
卸运港口 Port de débarquement

国际水陆路平常其他函件不干胶条码标签

图 4-8　国际水陆路平常其他函件袋牌式样

4) 邮 2217　CN 34

袋牌底色为朱红色,文字颜色为黑色,不干胶条码标签为白纸黑字。如图 4-9 所示。

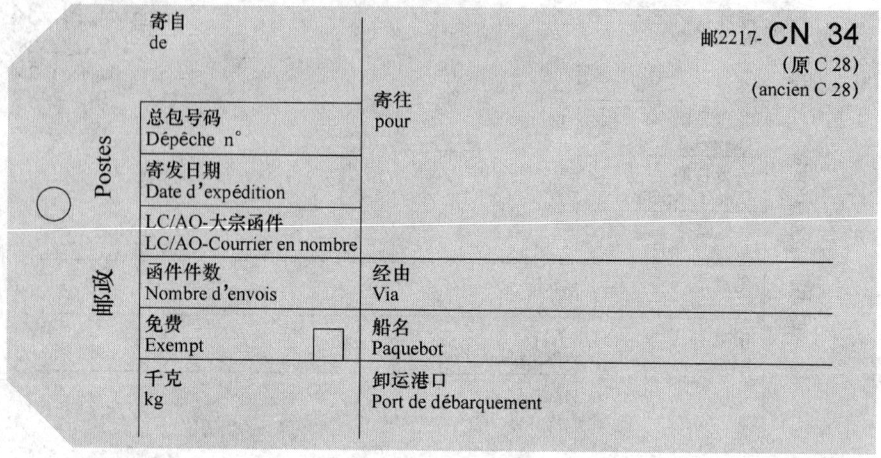

国际水陆路挂号函件无条码袋牌

国际水陆路挂号函件条码袋牌底板

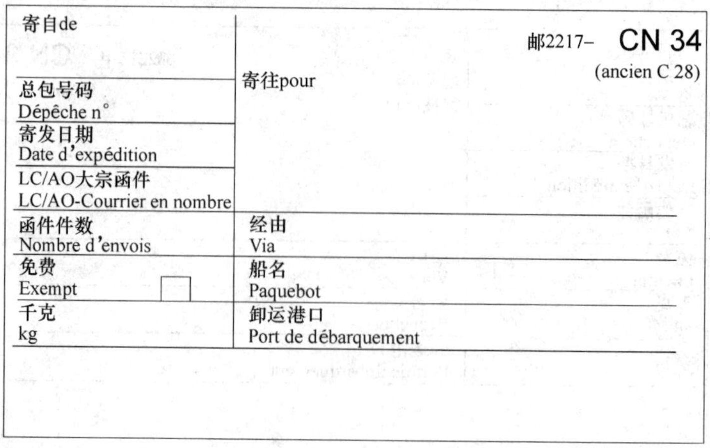

国际水陆路挂号函件不干胶条码标签

图 4-9　国际水陆路挂号函件袋牌式样

5）邮 2222　CN 34

袋牌底色为绿色，文字颜色为黑色，不干胶条码标签为白纸黑字。如图 4-10 所示。

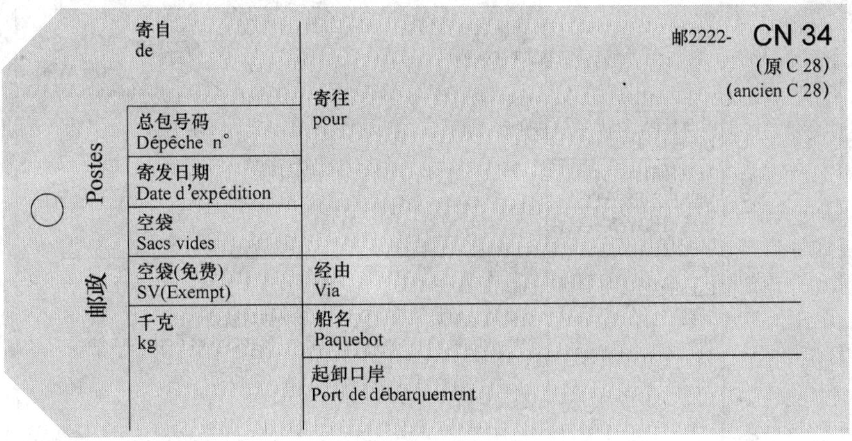
寄自
de
总包号码
Dépêche n°
寄发日期
Date d'expédition
空袋
Sacs vides
空袋(免费)
SV(Exempt)
千克
kg
Postes
邮政
寄往
pour
邮2222- CN 34
(原 C 28)
(ancien C 28)
经由
Via
船名
Paquebot
起卸口岸
Port de débarquement

国际水陆路空袋无条码袋牌

Postes
邮政

国际水陆路空袋条码袋牌底板

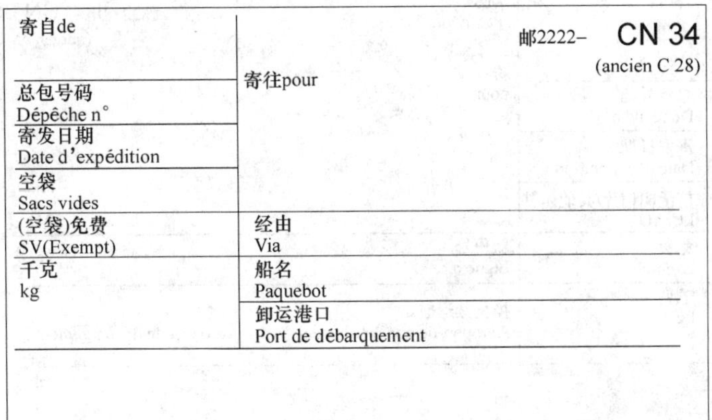
寄自de
总包号码
Dépêche n°
寄发日期
Date d'expédition
空袋
Sacs vides
(空袋)免费
SV(Exempt)
千克
kg
寄往pour
邮2222- CN 34
(ancien C 28)
经由
Via
船名
Paquebot
卸运港口
Port de débarquement

国际水陆路空袋不干胶条码标签

图 4-10　国际水陆路空袋袋牌式样

6）邮 2218 甲　CN 35

袋牌底色为白色,文字颜色为黑色,不干胶条码标签为白纸黑字。如图 4-11 所示。

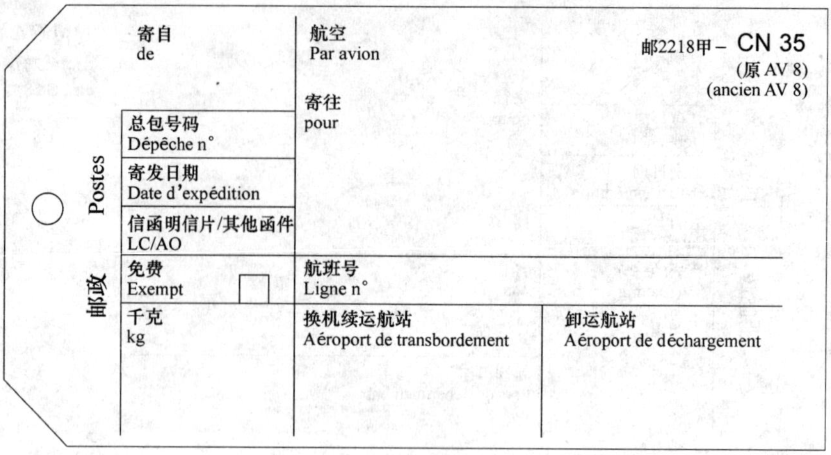

国际航空平常信函明信片无条码袋牌

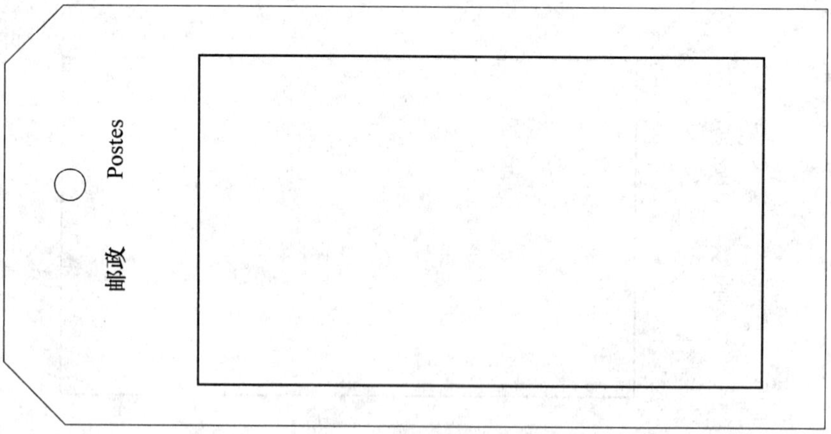

国际航空平常信函明信片条码袋牌底板

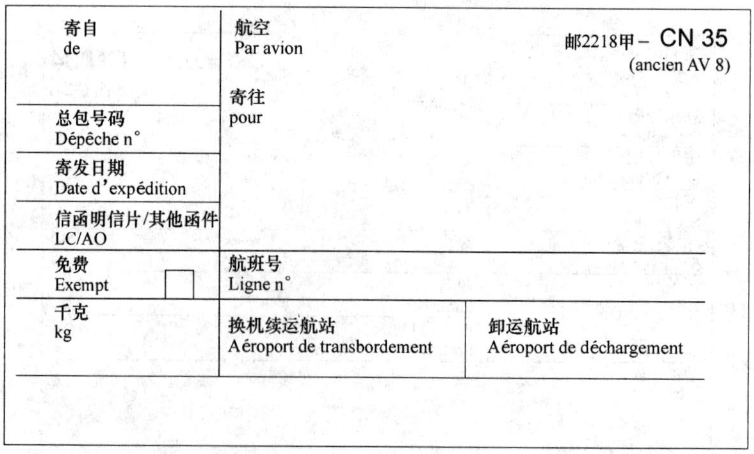

国际航空平常信函明信片不干胶条码标签

图 4-11　国际航空平常信函明信片袋牌式样

7）邮 2218 乙　CN 35

袋牌底色为浅蓝色，文字颜色为黑色，不干胶条码标签为白纸黑字。如图 4-12 所示。

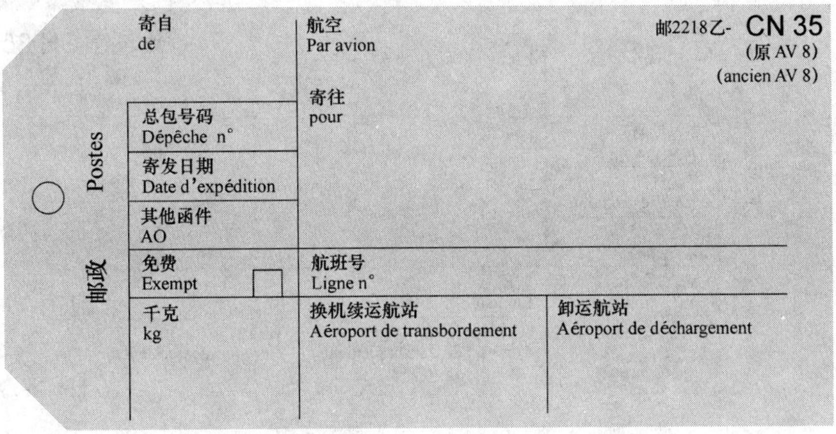

国际航空平常其他函件无条码袋牌

国际航空平常其他函件条码袋牌底板

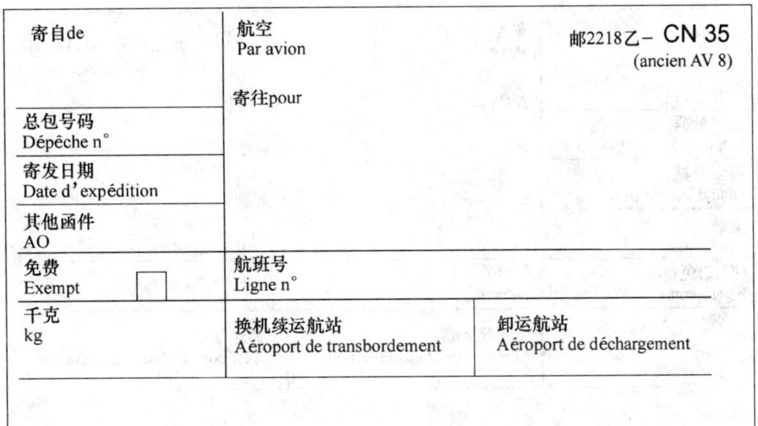

国际航空平常其他函件不干胶条码标签

图 4-12　国际航空平常其他函件袋牌式样

8) 邮 2218 丙　CN 35

袋牌底色为绿色,文字颜色为黑色,不干胶条码标签为白纸黑字。如图 4-13 所示。

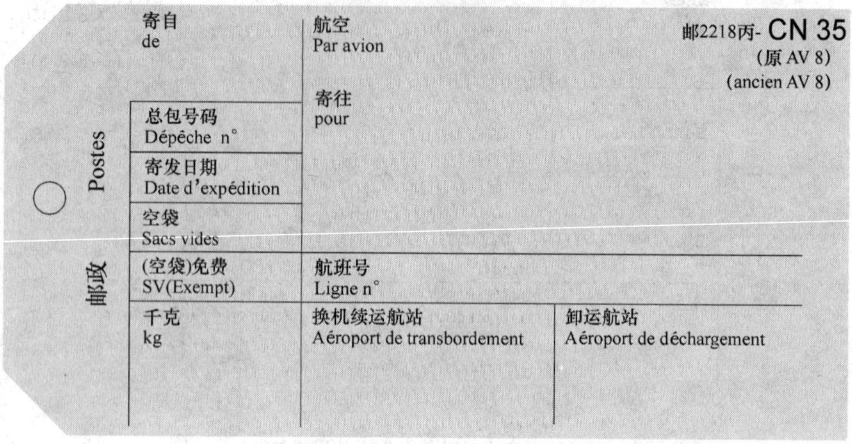

国际航空空袋无条码袋牌

国际航空空袋条码袋牌底板

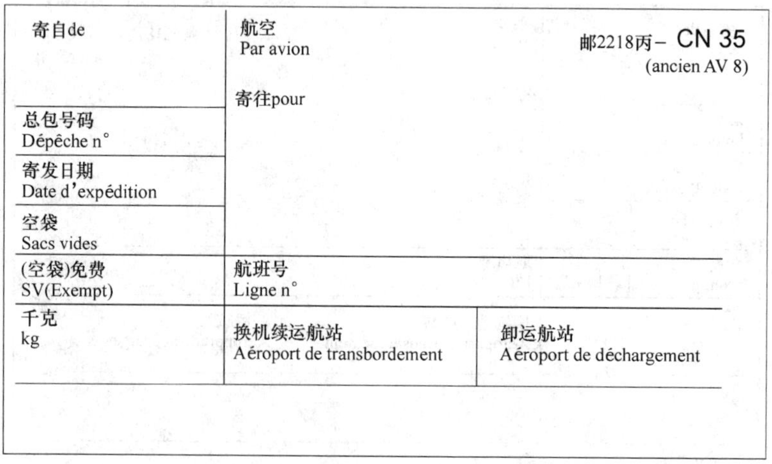

国际航空空袋不干胶条码标签

图 4-13　国际航空空袋袋牌式样

9）邮 2218 丁　CN 35

袋牌底色为淡紫色，文字颜色为黑色，不干胶条码标签为白纸黑字。如图 4-14 所示。

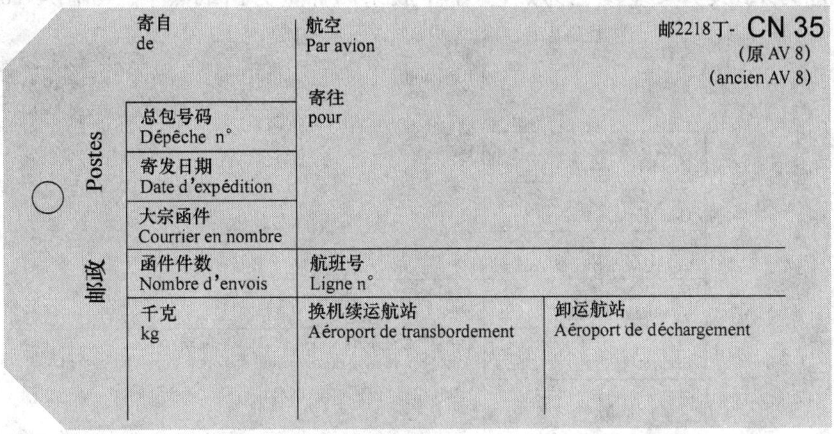

国际航空平常大宗函件无条码袋牌

国际航空平常大宗函件条码袋牌底板

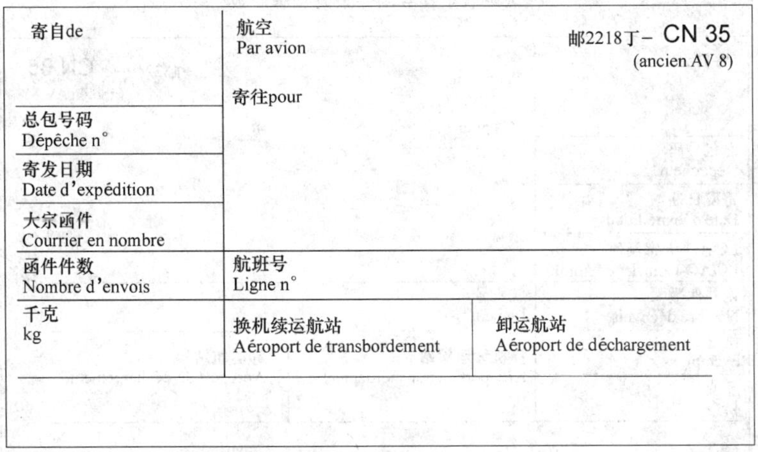

国际航空平常大宗函件不干胶条码标签

图 4-14　国际航空平常大宗函件袋牌式样

10）邮 2219　CN 35

袋牌底色为朱红色，文字颜色为黑色，不干胶条码标签为白纸黑字。如图 4-15 所示。

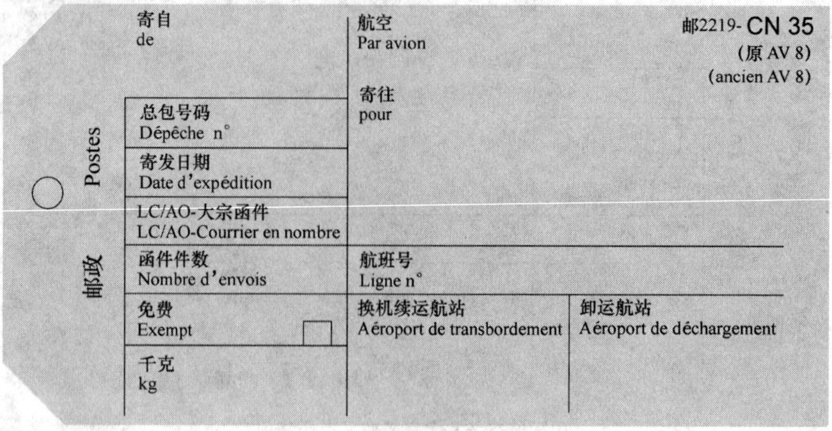

国际航空挂号函件无条码袋牌

国际航空挂号函件条码袋牌底板

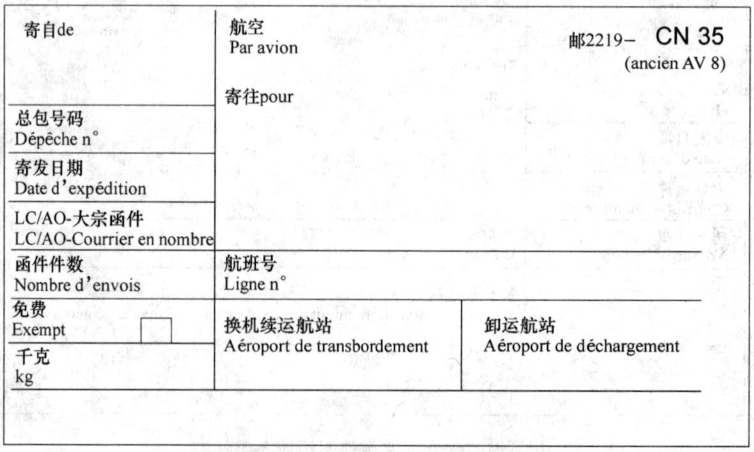

国际航空挂号函件不干胶条码标签

图 4-15　国际航空挂号函件袋牌式样

11）邮 1013　CN 35

袋牌底色为白色，文字颜色为黑色，蓝、橘黄标记头，不干胶条码标签为白纸黑字。如图 4-16 所示。

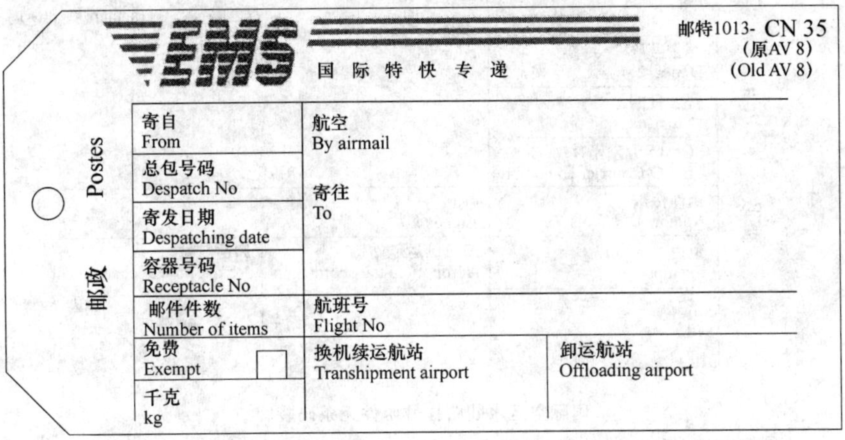
EMS 国际特快专递
邮特1013- CN 35
(原AV 8)
(Old AV 8)
Postes 邮政
寄自 From
总包号码 Despatch No
寄发日期 Despatching date
容器号码 Receptacle No
邮件件数 Number of items
免费 Exempt
千克 kg
航空 By airmail
寄往 To
航班号 Flight No
换机续运航站 Transhipment airport
卸运航站 Offloading airport

国际特快专递邮件无条码袋牌

EMS 国际特快专递
邮特1013- CN 35
(原AV 8)
Postes 邮政

国际特快专递邮件条码袋牌底板

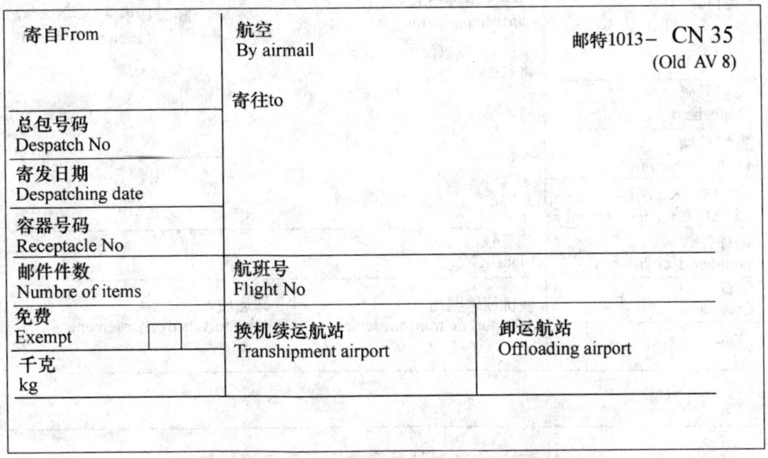
寄自From
航空 By airmail
邮特1013– CN 35
(Old AV 8)
寄往to
总包号码 Despatch No
寄发日期 Despatching date
容器号码 Receptacle No
邮件件数 Numbre of items
航班号 Flight No
免费 Exempt
千克 kg
换机续运航站 Transhipment airport
卸运航站 Offloading airport

国际特快专递邮件不干胶条码标签

图 4-16　国际特快专递邮件袋牌式样

12）邮 2219 甲　CN 36

袋牌底色为朱红色，文字颜色为黑色，不干胶条码标签为白纸黑字。如图 4-17 所示。

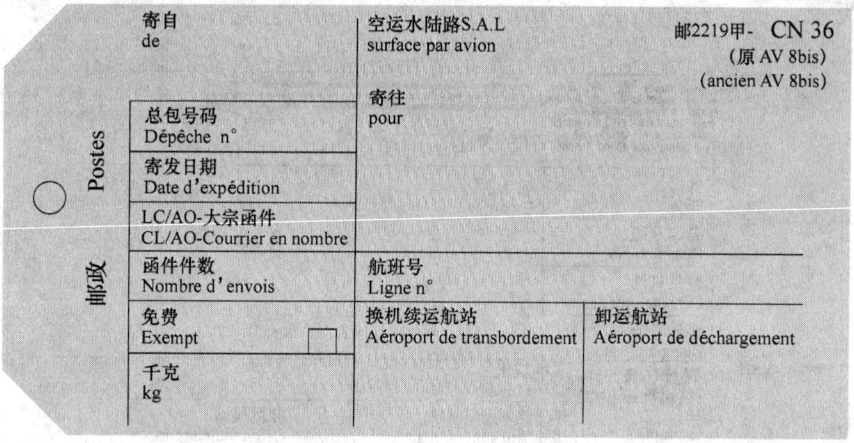

国际空运水陆路挂号函件无条码袋牌

国际空运水陆路挂号函件条码袋牌底板

国际空运水陆路挂号函件不干胶条码标签

图 4-17　国际空运水陆路挂号函件袋牌式样

13）邮 2219 乙　CN 36

袋牌底色为白色，文字颜色为黑色，不干胶条码标签为白纸黑字。如图 4-18 所示。

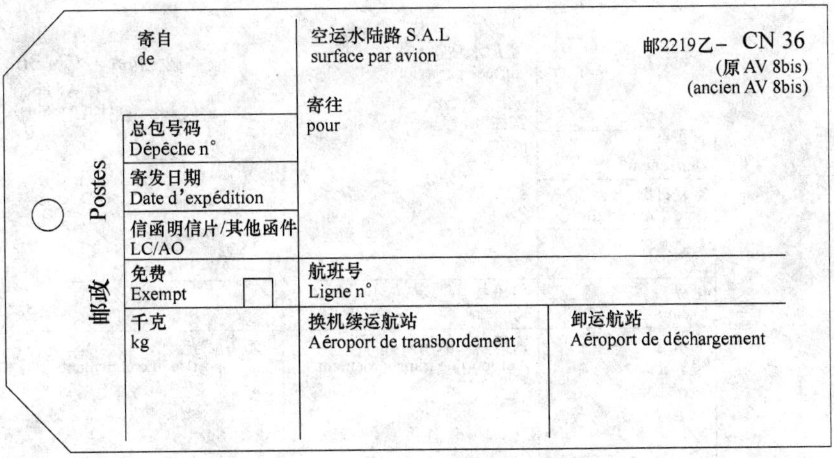

国际空运水陆路平常信函明信片无条码袋牌

国际空运水陆路平常信函明信片条码袋牌底板

国际空运水陆路平常信函明信片不干胶条码标签

图 4-18　国际空运水陆路平常信函明信片袋牌式样

14）邮 2219 丙　CN 36

袋牌底色为浅蓝色，文字颜色为黑色，不干胶条码标签为白纸黑字。如图 4-19 所示。

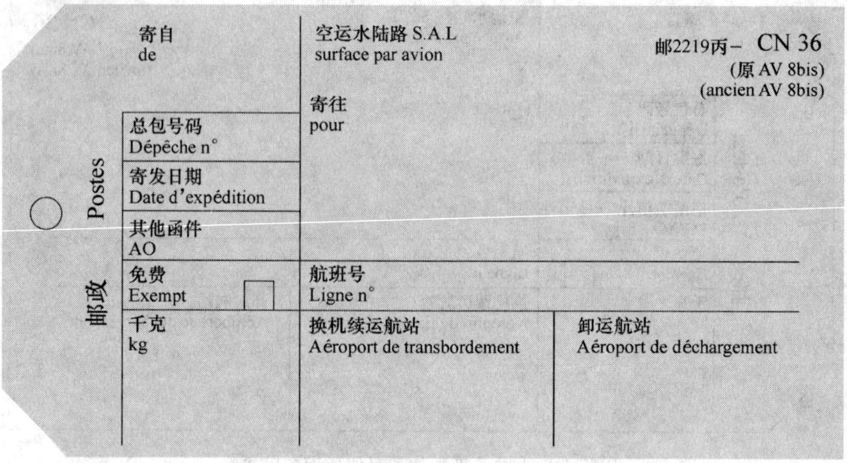

国际空运水陆路平常其他函件无条码袋牌

国际空运水陆路平常其他函件条码袋牌底板

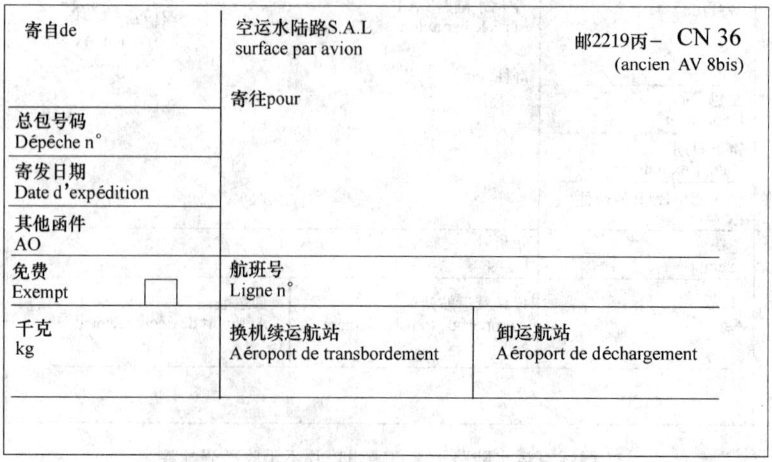

国际空运水陆路平常其他函件不干胶条码标签

图 4-19　国际空运水陆路平常其他函件袋牌式样

15）邮 2219 戊 CN 36

袋牌底色为淡紫色，文字颜色为黑色，不干胶条码标签为白纸黑字。如图 4-20 所示。

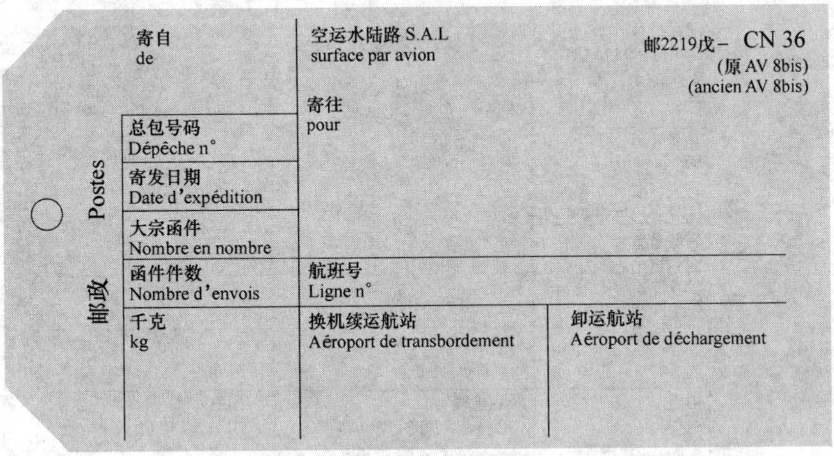

国际空运水陆路平常大宗函件无条码袋牌

国际空运水陆路平常大宗函件条码袋牌底板

国际空运水陆路平常大宗函件不干胶条码标签

图 4-20 国际空运水陆路平常大宗函件袋牌式样

16）邮 2220　CP 83

袋牌底色为赭黄色，文字颜色为黑色，不干胶条码标签为白纸黑字。如图 4-21 所示。

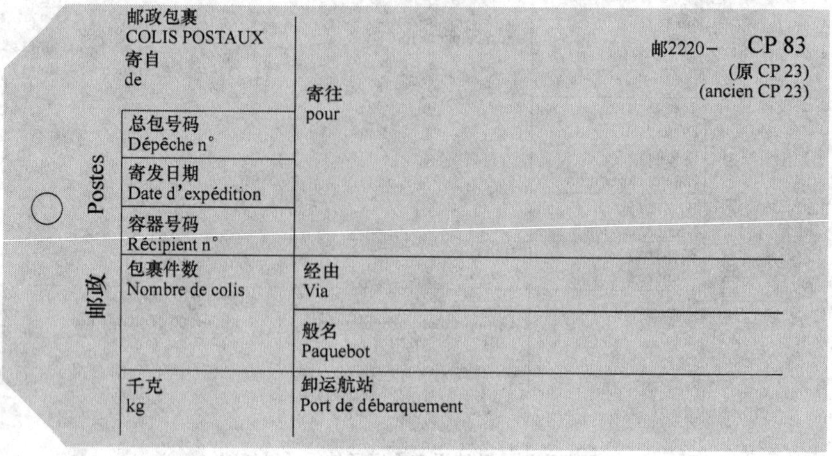

国际水陆路包裹无条码袋牌

国际水陆路包裹条码袋牌底板

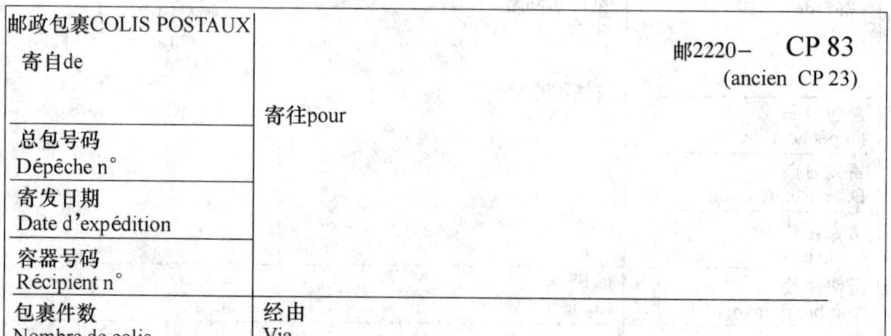

国际水陆路包裹不干胶条码标签

图 4-21　国际水陆路包裹袋牌式样

17）邮 2221　CP 84

袋牌底色为赭黄色，文字颜色为黑色，不干胶条码标签为白纸黑字。如图 4-22 所示。

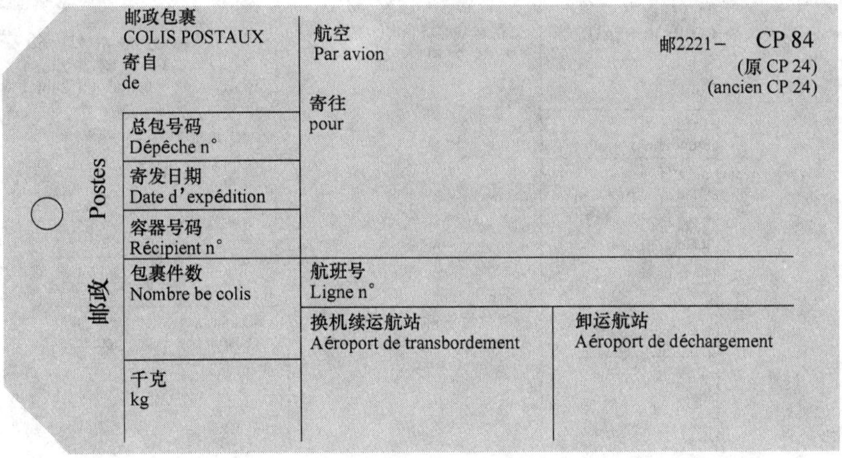

国际航空包裹无条码袋牌

国际航空包裹条码袋牌底板

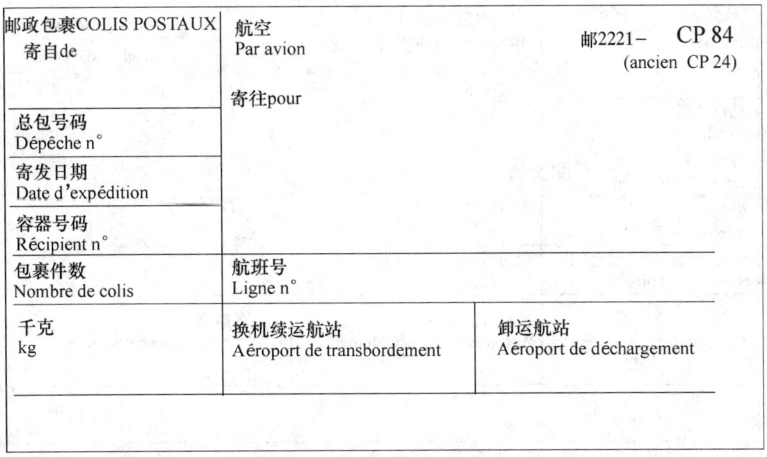

国际航空包裹不干胶条码标签

图 4-22　国际航空包裹袋牌式样

18) 邮 2221 甲　CP 85

袋牌底色为赭黄色,文字颜色为黑色,不干胶条码标签为白纸黑字。如图 4-23 所示。

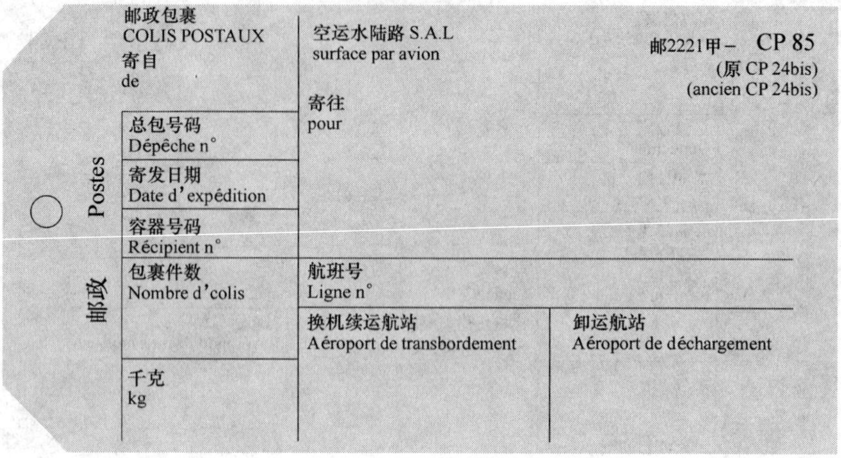

国际空运水陆路包裹无条码袋牌

国际空运水陆路包裹条码袋牌底板

国际空运水陆路包裹不干胶条码标签

图 4-23　国际空运水陆路包裹袋牌式样

19）邮 2219 丁 CN 42

袋牌底色为橘黄色，文字颜色为黑色。如图 4-24 所示。

图 4-24 直接换机续运袋牌

20）邮 2224

袋牌底色为粉红色，文字颜色为黑色。如图 4-25 所示。

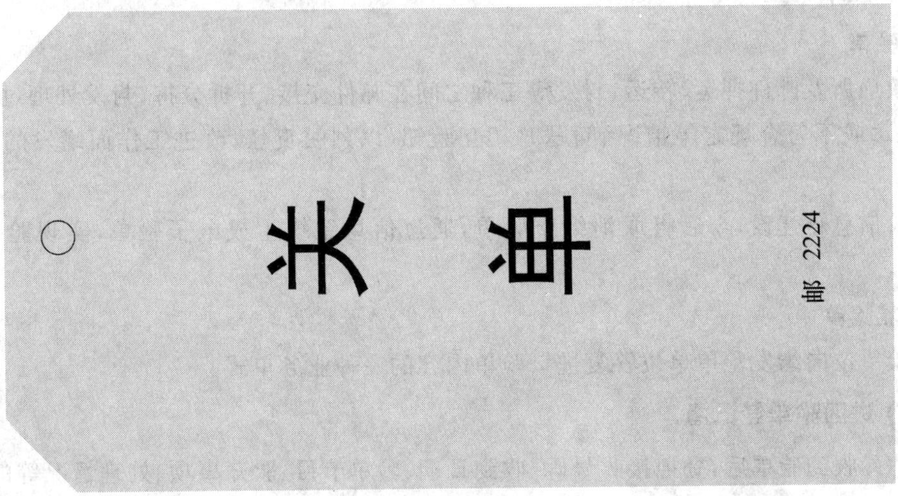

图 4-25 关单袋牌

(五) 封志

铅志是加封邮件袋的铅质封志，除铅质封志外还有塑料、铁皮、铝制封志。封志是封固总包邮件的关键用品。封志的作用是表示封发局对袋内封入的邮件负有责任。接收局或邮件押运班接收总包邮件时凭封志及袋绳、袋牌、袋身完好作为交接验收的依据。袋绳必须是没有结头的，封扎邮袋时按蹄扣捆扎法扎紧；不松动，不能抽出袋绳。

(六) 袋绳

袋绳是用于封扎邮袋口的线绳或麻绳，并穿上袋牌，再穿上封志，然后将绳子在铅志内交叉打结,用夹钳按规定把铅志夹紧后,在距封志 1 cm 处将多余绳头剪去。

二、邮政业务单式使用规定

邮件在整个运递过程(发运、交接、处理、登录、勾挑核对、平衡合拢、交运、查验等各个工序)中,均必须按照制单规格要求填写有关单式,作为各项业务工作的依据。各种单式必须按照规定的种类使用,不得乱用。

邮件转运员要掌握和使用的业务单式比较多,但通常使用的业务单式主要有封发邮件清单、收发邮件路单、验单、验单登记簿等。现将有关主要单式的用途及填写方法分述如下。

(一) 路单

路单是登注邮件总包的邮件号码、原寄局(封发局)、接收局名、邮件数量和类别、专袋名称等内容的一种业务单式。

目前,中心局之间邮件实行网上信息交接,以网上路单为主。

中心局内部邮件交接使用内部交接单。

(二) 封发清单

封发清单是登列邮件号码、封发局名、接收局名、邮件类别及其他规定项目并随邮件封入邮件袋、套内的一种业务单式。

(三) 验单

1. 验单

邮政局所及邮件押运、转运、封发等工种之间在邮件交接、开拆分拣、封发处理过程中发现差错、违章或不符合规定等情况、问题时相互验知,以判明责任,改进工作而缮发的一种业务单式。

随着信息化建设,今后将取消纸质验单,通过信息系统生成电子验单,实现验单的网上传输。

2. 复验单

受验单位向缮发验单单位答复进口验单内容的一种业务单式。

(四) 进口验单登记簿

验达局收到验单后,登记接收号码、收到日期、验单节目、验知事项、处理情况等的簿册。

(五) 查单

邮局受理寄件人申请查询后或邮政内部封发、邮运等环节发生差错,为查询邮件下落而填写的业务单式。

(六) 日戳打印簿

用于日戳印模的业务单册。每次转换日戳的年、月、日后,在未启用前应先在日戳打印簿上加盖一清晰戳样,作为检查转换日期是否正确的依据,同时加盖相关工种的工作人员名章,并送交主管人员或检查人员检查无误后才可以使用。表 4-6 所示为国内邮件分拣封发作业环节常用单式的规格。表 4-7 所示为国际邮件常用单式的规格。

表 4-6　封发部分有关单式

编号	单式名称	尺寸/mm 横×直	颜色	备注
邮 1201 丙	封发邮件清单(20 格)	110×215	白纸黑字	
邮 1201 丁	封发邮件清单(40 格)	125×215	白纸黑字	供封发本口邮件使用
邮 1202 丙	封发邮件总清单(20 格)	125×215	白纸黑字	
邮 1203 丙	封发包裹清单(20 格)	110×220	白纸黑字	
邮 1204 丙	封发保价邮件清单(20 格)	125×230	白纸黑字	
邮 1205	清单套	170×100	红纸黑字	封舌 15 mm
邮 1206	平常信件套签	100×70	白纸黑字	
邮 1207	挂号信件套签	100×70	白纸红字	
邮 1208	平挂合封套签	100×70	白纸红字	
邮 1212	保价套签	100×70	白纸红字	中间加红色粗线空心三角
邮 1222	代封纸	30×55	白纸绿字	
邮 1223	平信捆把签	110×80	白纸黑字	
邮 1224	挂号封套	220×120	浅黄牛皮纸红字	封舌 20 mm
邮特 2006	国内特快专递邮件封发清单(20 格)	135×220	白纸黑字,红白彩边宽 5 mm	
邮特 2006 甲	国内特快专递封发邮件清单(10 格)	110×115	白纸黑字,红白彩边宽 5 mm	
邮 1301 丙	收发邮件路单(20 格)	190×175	白纸黑字	
邮 1301 丁	收发邮件路单(40 格)	190×240	白纸黑字	
邮 1301 己	收发邮件路单双头(20 格)	190×250	白纸黑字	
邮 1302 丙	收发航空/汽车/轮船邮件路单(20 格)	190× 250	白纸黑字	
邮 1327	特快专递邮件分路单专套	230×150	黄牛皮纸蓝字	
邮特 2010	国内特快专递邮件收发路单(20 格)	135×220	白纸黑字,红白边框宽 5 mm	

表 4-7　常用国际邮件的单式目录

编号		单式名称
国内	国际	
邮 2201	CN 31	封发函件总包清单
邮 2201 甲	CN 32	封发大宗函件总包清单
邮 2202 甲	CN 33	封发挂号函件清单(40 格)
邮 2202 乙	CN 33	封发挂号函件清单(6 格)
邮 2203	CP 86	封发水陆路和空运水陆路包裹清单
邮 2204	CP 88	封发包裹特别清单
邮 2205	CP 87	封发航空包裹清单
邮 2206	CN 16	封发保价函件清单

续表

编号		单式名称
国内	国际	
邮 2207	CN 65	散寄航空函件重量清单
邮 2209	CN 44	试单
邮 2210	CN 53	总包函件件数和邮袋重量清单
邮 2212 甲	CN 26	水陆路平常信函明信片捆把签条
邮 2212 乙	CN 26	水陆路平常其他函件捆把签条
邮 2212 丙	CN 26	水陆路挂号函件捆把签条
邮 2213 甲	CN 25	航空平常信函明信片捆把签条
邮 2213 乙	CN 25	航空平常其他函件捆把签条
邮 2213 丙	CN 25	航空挂号函件捆把签条
邮 2213 丁	CN 25	散寄经转航空平常信函、明信片捆把签条
邮 2213 戊	CN 25	散寄经转航空其他函件捆把签条
邮 2213 己	CN 25	散寄经转航空挂号函件捆把签条
邮 2214		国际保价信函套签
邮 2215	CN 34	国际水陆路平常信函明信片袋牌
邮 2216	CN 34	国际水陆路平常其他函件袋牌
邮 2215 甲	CN 34	国际水陆路平常大宗函件袋牌
邮 2217	CN 34	国际水陆路挂号函件袋牌
邮 2218 甲	CN 35	国际航空平常信函明信片袋牌
邮 2218 乙	CN 35	国际航空平常其他函件袋牌
邮 2218 丙	CN 35	国际航空空袋袋牌
邮 2219	CN 35	国际航空挂号函件袋牌
邮 2218 丁	CN 35	国际航空平常大宗函件袋牌
邮 2219 甲	CN 36	国际空运水陆路挂号函件袋牌
邮 2219 乙	CN 36	国际空运水陆路平常信函明信片袋牌
邮 2219 丙	CN 36	国际空运水陆路平常其他函件袋牌
邮 2219 戊	CN 36	国际空运水陆路大宗函件袋牌
邮 2219 丁	CN 42	直接换机续运袋牌
邮 2220	CP 83	国际水陆路包裹袋牌
邮 2221	CP 84	国际航空包裹袋牌
邮 2221 甲	CP 85	国际空运水陆路包裹袋牌
邮 2222	CN 34	国际水陆路空袋袋牌
邮 2224		关单袋牌
邮 2225		封发函件总包清单封套
邮 2226 甲		封发包裹清单封套(大)
邮 2226 乙		封发包裹清单封套(小)
邮 2227		挂号函件封套

续表

编号		单式名称
国内	国际	
邮 2228		挂号函件封签
邮 2230	CP 77	资费清单
邮 2231	CN 45	寄发 CN 38、CN 41 和 CN 47 路单封套
邮 2232		封发国际保价函件清单
邮 2233		封发国际挂号函件清单
邮 2234		封发国际包裹清单
邮 2301 甲	CN 37	收发水陆路邮件总包路单
邮 2301 乙	CN 41	收发空运水陆路邮件总包路单
邮 2302	CN 38	收发航空邮件总包路单
邮 2304	CN 47	收发空邮袋总包路单
邮 1301 丁		收发国际邮件总包路单
邮 2401	CN 43	互换函件总包验单
邮 2402	CP 78	包裹验单
邮 2406		接收国际邮件总包时发现损坏及不正常情况记录单
邮 2408	CN 13	扣留邮件通知单
邮 2501 甲	CN 66	航空总包和空运水陆路总包重量清单
邮 2501 乙	CN 55	接收函件总包重量清单
邮 2502	CN 67	散寄航空函件重量汇总清单
邮 2503 甲	CP 93	水陆路包裹应收应付运费对照表
邮 2503 乙	CP 94	航空包裹应收应付运费对照表
邮 2504	CN 56	接收函件总包重量汇总清单
邮 2506	CN 51	航空邮件细账单
邮 2210 乙	CN 54	修改机制、协调机制函件汇总清单
邮 2210 丙	CN 54	修改机制、协调机制年度汇总清单
邮 2510	CN 58	大宗函件终端费账单汇总清单
邮 2515	CP 75	包裹细账单
邮 2516	CN 09	寄发国际商业回函清单
邮 2517	CN 10	寄发国际商业回函汇总清单
邮 2602	CN 08	查单
邮 2606	CN 17	撤回邮件、修改更正名址申请书
邮 2608	CN 15	国际邮件退回批条
邮 2609		代收税款邮件标签
邮 2611		邮政公事信封
邮 2613		国际邮件代封纸
邮 2602 甲	CN 21	转寄 CN 08 查单通知单
邮 2407	CN 18	关于未收到(或收到)邮件的声明

续表

编号		单式名称
国内	国际	
邮 2403	CN 24	保价函件/包裹记录单
邮 2201T		封发函件总包清单
邮 2202T		封发挂号函件清单
邮 2218T 甲		航空平常信函明信片袋牌
邮 2218T 乙		航空平常其他函件袋牌
邮 2218T 丙		航空空袋袋牌
邮 2302T		收发航空邮件总包路单
邮 2401T		互换函件总包验单
邮 2602T		查单
邮 2407T		关于未收到(或收到)邮件的声明书
邮 2610T		简函纸
邮 2219T		航空挂号函件袋牌

第三节　转运作业组织与管理

一、转运作业任务与功能

邮件转运的主要工作任务是按国内、国际邮件处理规则规定的时限、频次要求和各作业环节发运计划的规定,完成国内、国际各类总包邮件的接收、处理、发运、运输等工作。

根据邮区中心局转运部门在生产作业流程中所承担的任务,其基本功能包括以下几个方面:

(1) 负责总包邮件的接收、处理、配发和交运;

(2) 负责总包信息的接收、发送和制作路单及交接单;

(3) 负责进、出、转口总包规格的质量把关;

(4) 负责进、出、转口总包邮件的勾挑核对和验单处理;

(5) 负责局站间盘驳邮路的运输与组织管理。

二、转运环节涉及的专业术语

1. 邮运频次

邮运频次是邮路上运邮工具运行的次数,也就是邮车规定的发班次数。

2. 邮件发运频次

邮件发运频次是根据出口的运邮车次确定向外埠封发和发运函件及报纸的次数。可以理解为邮件、报刊的封发部门按运邮车次封发交运的次数。

3. 邮件接发频次

邮件接发频次是各级邮政局所同带运邮件的车、船、飞机等运输工具接发邮件的次数。

4. 运递时限

运递时限原指特快、信函、报纸两地间从收寄到投递的全程最大时间限度。因此，运递时限也称全程时限或全程运递时限。

5. 作业基本时限

作业基本时限是指各类邮件（原特指特快、信函、报纸）在本市（县）（市区、城区范围内）传递过程中各作业环节不应超过的最大时间限度。主要包括：进出口时限，本市互寄作业时限，进出口邮件处理时限，总包邮件站转时限。

三、邮件的计划发运

（一）计划发运的含义和作用

1. 邮件计划发运的含义

计划发运就是根据邮政运输的特点，对全国干线邮运网路中各局封发的各类总包邮件实施有组织有计划的发运。

2. 计划发运的作用

计划发运是为了有效解决邮件运输过程中存在的问题，而这些问题的产生是由邮政运输的特点所决定。

邮件计划发运的主要作用有以下两点。

一是要综合利用已有的运能资源，尽力缓解运力与运量之间的紧张矛盾，统筹规划，合理安排，确保各类邮件运输时限，同时还要有效地降低运输成本。

二是能够使全国邮运工作保持高度协调统一，有利于统筹规划邮路和运能，便于集中控制，有效杜绝乱封乱发的现象。

（二）邮件计划发运的原则和方法

1. 邮件计划发运的原则

（1）计划发运的总体原则

计划发运的总体原则是“全面规划，统筹安排，分级负责，统一调度”。

（2）计划发运的基本原则

为了贯彻总体原则，计划发运还要遵循两个基本原则，一是以条带块，以块保条，条块结合，层层包干；二是地方服从全国，局部服从整体，保证重点，兼顾一般。

（3）计划发运的组织原则

轻件：特快专递中的标准特快以及普通邮件中的轻件必须按规定的频次和时限发运，并选择到达寄达局全程时限最快的车航次发运。

重件：普通邮件中的重件应根据合理使用运邮容间，减少中转的原则组织运输。远途邮件以发远途车为主，近途邮件以发近途车为主，并尽量选择直达有效车次；如果不能当班清运时，应按照发运次序组织发运，同类邮件先到先发，同时收到的，先发经转的，后发本局封发的，但必须在规定的最大经转时限内发运完毕，确实发运不完的应做到有计划滚存。

2. 邮件计划发运的实施方法

邮件计划发运工作的实施需要三个步骤。

（1）首先是根据交通特点及地域间的关系，确定合理的运输工具和运输方式，通盘规划运能及运邮容间，确定各局接发车次及接发频次。这也是历次火车改点时首先要做的工作。

(2) 根据各类邮件频次和时限规定,编制发运计划,结合重点车次容间利用情况,编制重点车次运量计划。

(3) 依据发运计划对干线邮路实行计划控制,加强干线邮路运行管理,实行统一指挥调度。

这三步依次递进,环环相扣,缺一不可。

(三) 发运计划的概念、作用及分类

1. 发运计划的概念

发运计划是指为在邮件运输中实行计划管理,按照计划发运的原则所编制的发运各类邮件的作业计划。

2. 发运计划的作用

邮件发运计划是组织和实施邮件计划发运的重要手段,其重要作用就是通过确定各局发运各类邮件的方向、车次、处所和发运方法,及其发运量,用计划表文件形式固定下来,作为各局(车)发运邮件的重要依据,以确保邮件迅速、准确、安全、经济地运达到目的地。

3. 发运计划的分类

邮件发运计划根据需要有以下几种分类方法。

(1) 按作用范围,可分为干线邮件发运计划和省内邮件发运计划。

干线发运计划特指全国干线发运计划,由集团公司网运部编制并负责管理。

省内发运计划包括省内干线发运计划和各支线(区内邮路、市县邮路等)邮件发运计划,由各省(市、区)公司负责编制并管理,或由省公司组织省内各邮区中心局、省辖市局进行编制并负责管理。

(2) 按作用对象,可分为地面局邮件发运计划和车次邮件发运计划。

地面局邮件发运计划是以同铁路邮车停站交换邮件的地面局为主体的邮件发运计划,供各发运局使用,也称局计划,如表4-8所示。车次邮件发运计划是以邮车为主体的邮件发运计划,供各火车派押局和汽车邮路承担局使用,也称派押计划、押运计划,统称车计划,如表4-9所示。

表4-8 邮件局计划表

×局　　　　站　　　　　　　　　　　执行日期:　×年 ×月 ×日

发运车次	运行区间	到开时间	停车时间/分	轻件发运					重件限运范围
				发运范围	本车到达	经转局	衔接车次	开车时间	
K610	太原/北京南	2:03/2:21	18	1. 保定、北京					
				2. 沈阳、长春、哈尔滨、牡丹江	5:28	北京南	K265	12:48	
				3. 北京陆转航	5:28	北京南			
K214	西安/天津	2:13/2:21	8	1. 衡水、德州、沧州、天津					
				2. 济南—青岛	4:47	德州	K78/5	10:57	
				3. 济南以远—蚌埠—南京—上海、浙江全省	4:47	德州	K78/5	10:57	
				4. 南京以远—黄山	4:47	德州	K45	16:06	
				5. 唐山	7:46	天津	K188/9	12:40	

表 4-9　邮件车计划表

×次车　　　　　　　　　　　　　　　　　　　　执行日期：　×年　×月　×日

<table>
<tr><td rowspan="4">交换频次</td><td>站名</td><td>石家庄</td><td>衡水</td><td>天津</td><td>唐山</td><td>秦皇岛</td><td>锦州</td><td>沈阳</td><td>长春</td></tr>
<tr><td>到时</td><td></td><td>12:58</td><td>17:09</td><td>18:30</td><td>20:50</td><td></td><td>01:44</td><td>06:38</td></tr>
<tr><td>开时</td><td>11:16</td><td>13:13</td><td>17:19</td><td>18:33</td><td>20:54</td><td></td><td>01:52</td><td></td></tr>
<tr><td>交接邮件类别</td><td>各类</td><td>特快、轻件</td><td>各类</td><td>特快、轻件</td><td>特快、轻件</td><td>各类</td><td>各类</td><td>各类</td></tr>
</table>

<table>
<tr><td rowspan="3">途经转口局</td><td colspan="4">卸交邮件寄达处所</td></tr>
<tr><td colspan="3">轻件</td><td rowspan="2">重件</td></tr>
<tr><td>卸转车次</td><td>开出时间</td><td>发运区间</td></tr>
<tr><td rowspan="2">衡水</td><td>汽</td><td></td><td>武强、武邑、冀州、安平、深州、枣强、阜城、景县、饶阳、故城</td><td></td></tr>
<tr><td>1453</td><td>15:15</td><td>聊城、菏泽、阜阳</td><td></td></tr>
<tr><td>秦皇岛</td><td>汽</td><td></td><td>青龙、扶宁、卢龙、昌黎</td><td></td></tr>
</table>

(3) 按邮件种类,可分为特快专递邮件发运计划和普通邮件发运计划。

特快专递邮件发运计划专用发运快递邮件,按照发运方式又可以分为快递邮件航空发运计划和快递邮件陆运发运计划;按照细类又可以分为标准特快发运计划和经济快递发运计划。

普通邮件发运计划是针对发运各类普通邮件编制的发运计划,按邮件种类又可分为轻件发运计划、重件发运计划;按邮件细类又可细分为信函发运计划、报刊发运计划、包刷发运计划等。

(4) 按邮件流量流向,可分为运流计划和运量计划。

各类邮件按发运路向(路线)或发运处所编制的发运计划称为发运路向计划,习惯上称为发运计划,因为这类计划以规定邮件的流向为主要内容,所以又称为"运流计划"。

运量计划是控制和调节邮件运输量的计划,是在发运计划的基础上编制的。其主要作用就是针对某条线路上运量大于运能,或是沿途各局运输量不均衡时,为确保安全运邮,对总体运量或部分重点局、段的运量进行控制和调节。

(四) 各类邮件发运计划的编制依据

编制各类邮件发运计划的依据包括三个方面。一是集团公司颁布的各类邮件传递频次和时限的规定,二是上级调度主管部门下发的调度通知和相关资料(包括铁路运行图、航班时刻表以及直接通过网运信息系统下发的计划等),三是根据中心局生产作业流程以及作业组织的调整。

(五) 邮件发运计划的编制原则

1. 编制生产计划的总体原则

总体原则:上下环节衔接紧密,确保邮件传递时限,计划编排合理有效,生产作业组织合理,提高生产运行"双效"。

2. 编制邮件发运计划的基本原则

按照上述总体原则,编制邮件发运计划还应遵照下列四项基本原则。

全程全网原则,统筹利用运能、提高"双效"原则,邮件均衡发运原则,满足竞争性业务发展需要的原则。

(六) 邮件发运计划的编制流程

邮件发运计划必须按计划管理权限进行编制,以下为具体的分工。

集团公司网路运行部:负责编制全国一级干线邮路邮件发运计划,包括一级干线火车、汽车、航空邮件发运计划。

省公司网路运维部:负责编制本省内各类二级干线邮路邮件发运计划。

各邮区中心局指挥调度中心:负责编制本邮区内邮路发运计划及本中心局局内作业计划。

各市县局运维部:负责编制本局市县邮路发运计划及本局局内作业计划。

1. 全国一级干线邮件发运计划编制方法及下发流程

(1) 编制计划。全国一级干线邮件发运计划由集团公司使用计算机编制系统根据全国铁道联系图、全国运邮车次时刻表、全国干线邮路汇总表、全国邮运车次接发频次表、一级干线总包经转关系表等资料,以车次为单位自动编制完成。

(2) 核对计划。集团公司将计算机编制完成的发运计划分别按邮路和发运局进行归类整理,并通过网运信息系统下发。各省公司组织相关中心局下载,并逐条进行核对。各发运局对缺失、不符以及其他有问题的计划向省公司网运部提出修改建议;涉及邮路计划,由邮路组开省公司网运部会同邮路派押局(承担局)进行核对。上述核对结果,由省公司网运部写出书面修改意见呈报集团公司网运部进行修改、完善。

(3) 执行计划。集团公司网运部将最终确定的发运计划通过网运信息系统下发,各发运局在系统中进行勾选确认,执行计划;维护车间计划数据,同时,向生产单位下发书面调度通知,贯彻执行。

2. 省内二级干线邮件发运计划编制方法及下发流程

(1) 编制计划。由省公司网运部组织调度主管人员、省内邮路承担局(通常是省会中心局,以及其他承担省内干线邮路的中心局或省辖市局)计划管理人员,根据全国铁道联系图、省内运邮车次时刻表、省内干线邮路汇总表、省内邮运车次接发频次表、一级干线总包经转关系表等相关资料,结合全国干线计划衔转关系编制完成。

(2) 核对计划。省公司网运部将已编制完成的计划以征询稿形式下发各省辖市局,同时在网运信息系统中进行维护并下发。各局下载后进行核对,对缺失、不符及有问题的计划上报省公司网运部,提出修改意见。

(3) 执行计划。省公司网运部将最终确定的发运计划通过网运信息系统下发,同时下发书面调度通知。各局在系统中进行勾选确认,执行计划;维护车间计划数据,同时,向生产单位下发书面调度通知,贯彻执行。

3. 邮区邮路发运计划和中心局作业计划编制方法及控制流程

(1) 编制计划。由邮区中心局指挥调度中心组织计划管理人员,根据全国干线计划、省内干线计划、干线邮编分拣封发关系,按照干线邮路与区内邮路衔接关系及区内总包经转关系编制完成。

(2) 征询意见。中心局指挥调度中心召集各生产单位负责人和业务管理人员,通报计划编制情况,征询意见,并针对生产单位提出的合理问题,进行修改、完善。

(3) 下发并执行计划。在网运信息系统中维护邮区计划并下发,维护车间计划数据,同时,下发调度通知贯彻执行。

4. 市县邮路发运计划和市县局作业计划编制方法及控制流程

(1) 编制计划。由各地市邮政局运维部根据省内干线计划和邮区邮路计划,按照省内或邮区邮路与市县邮路衔接关系以及市县邮件分拣封发关系统一编制完成(县局计划由市局统一编制)。

(2) 征询意见。市局运维部召集所属各县局调度主管人员及本局各生产单位负责人通报计划编制情况,征询意见,并针对县局和生产单位提出的合理问题,进行修改、完善。

(3) 下发并执行计划。在网运信息系统中维护市县邮路计划并下发,维护车间计划数据,同时,下发调度通知贯彻执行。

表 4-10 所示为邮件发运次序表。

表 4-10　邮件发运次序表

计划属性	发运次序	邮件种类	比照左列发运种类
特快	1	标准特快	
轻件	2	畅销报刊	一类报刊
	3	信函(国内小包)	国际邮件(除国际印刷品、国际包裹)、机要邮件
	4	报纸	特快空袋
特快	5	经济快递	
快包	6	快包	
物流	7	一体化物流	
重件	8	期刊	国际印刷品
	9	普通包裹	国际包裹
	10	平刷	
	11	公物	空袋
物流	12	快货物流	
	13	其他物流	

四、转运作业流程与操作规范

(一) 火车转运作业组织

火车转运作业组织是指组织接卸、装发火车邮件并与盘驳汽车相互对接交换各类总包邮件实物和信息的过程。

1. 总包接收

(1) 接卸干线火车总包

组织车辆、人员提前到站台候车,与干线火车邮路办理邮件及路单交接,查点邮件数目、验视邮件规格,无误后拉运回库。

(2) 接卸盘驳汽车总包

盘驳汽车停靠指定位置,交接双方共同查验车封,无误后接收方组织卸车,查点卸车邮件数目。

(3) 接收本局封发部门的出口总包

火车转运与封发部门在同一处理场地的,转运人员按计划到分拣封发车间提取封妥待发邮件。

(4) 登录系统、下载信息

火车转运接发人员按照邮件交接总路单查询相关网上信息,下载至本地系统。

2. 总包处理

(1) 总包邮件分剔

转运部门按照本单位生产场地和发运计划设定邮件堆位,分剔邮件实物,验视邮件规格,挑出规格不符、无条码袋牌的总包邮件另行堆放,挑出需本站开拆的汇封总包单独处理。

(2) 邮件补码、缮发验单

分剔时挑出的无条码袋牌的总包邮件,是本中心局封发的出口总包退回封发部门补打条码袋牌;转口总包和本邮区范围内的营业支局封发的临时直封总包由转运部门补打条码袋牌。对转口总包向相关出口封发局缮发验单。

(3) 录入总包信息、缮发验单

对无网上路单信息的总包,通过条码识读器扫描总包条码录入信息,并向相关局发验。

(4) 信息入堆

对已下载的网上总包信息执行入堆操作。

(5) 扫描勾核、缮发验单

火车转运部门在规定时限内处理完接卸的所有邮件。对总包逐袋扫描勾核,扫描中条码无法识别的视为不合格邮件,缮发电子验单并补码;对勾核中产生不符信息的缮发电子验单。

对本中心局分拣封发部门或本中心局其他总包转运部门直接或通过盘驳汽车交来的出口或转口总包邮件按出口路向或堆位分剔、入堆,逐袋扫描勾核,如有差错验知本中心局上一生产环节。如本局封发部门或本局其他总包转运部门已经对本封总包或转口总包执行了出口扫描勾核,接收邮件的转运部门也可只进行点数核对,不再扫描勾核。

(6) 归堆待发或分类送交

勾核后的站内转口邮件实物及时并入出口待发堆位。

转运与分拣封发在同一场地的,转运部门将本口邮件按规定的频次计划及时送交分拣封发部门,信息同步处理后发送至相关分拣封发车间。

转运与分拣封发不在同一场地的,转运部门将交本局封发部门的本口邮件和转交本局其他转运部门的转口邮件并入盘驳汽车堆位。

(7) 汇封处理

对需汇封处理的总包邮件,按接收局进行汇封处理。

3. 总包发运

(1) 邮件预配发

根据车次容间和待装发邮件情况,在生产作业系统执行配发操作,生成预配发路单信息,打印交接细数单和邮件交接总路单。

(2) 领取邮件实物待发

转运接发人员凭交接细数单和邮件交接总路单领取邮件实物。核对交接细数单与配发邮件实物堆位是否一致、数目是否相符。按要求将邮件分堆、分仓装拖车,逐拖车标注邮件发运车次、路向及数量,按照“先远后近”的顺序摆放。

(3) 装发火车或盘驳车

将配发出库邮件拉运上站、站台候车,邮车到站后组织邮件装车,装车完毕与邮车办理交接。如发生邮件未装完情况,双方根据实际装车数批注路单。

将配发的邮件拉运至装卸台组织装车,装车完毕对车门施封,与盘驳汽车办理交接手续。

(4) 信息发送

邮件装发完毕,接发人员在规定时间内执行路单信息的网上发送。如邮件未装发完,则在规定时间内,用条码识读器扫描未装发邮件,利用取消配发功能,修改预配发路单信息,在确定网上路单与邮件装发情况一致后执行路单信息的网上发送。未装发的邮件重新按照发运计划组织发运。

4. 班次结束

进行班次交接，通过系统执行班次平衡合拢及班次结束。

(二) 汽车转运作业组织

汽车转运作业组织是指组织接卸和装发干线、邮区内汽车邮路的邮件并与盘驳汽车邮路相互交换各类邮件实物和信息的过程。

1. 总包接收

(1) 接卸干线汽车、邮区内汽车总包

指挥汽车按照作业计划停靠指定位置，对于直达邮路交接双方共同查验车封，无误后接收方组织卸车，查点卸车邮件数目；对于非直达邮路，沿途站由汽车驾押人员在车门卸交，接方盯数、验视邮件规格；终点站由汽车驾押人员在车门盯数，接方组织卸车，并在卸车中清点邮件数目，验视邮件规格。

(2) 接卸盘驳汽车总包

汽车停靠指定位置，交接双方共同查验车封，无误后接收方组织卸车，查点卸车邮件数目。

(3) 接收本局封发部门出口邮件

汽车转运与封发部门在同一处理场地的，转运人员按计划到分拣封发车间提取封妥待发邮件。

(4) 登录系统、下载信息

火车转运接发人员按照邮件交接总路单查询相关网上信息，下载至本地系统。

2. 总包处理

(1) 总包邮件分剔

汽车转运部门按照本单位生产场地和发运计划设定邮件堆位，分剔邮件实物，挑出规格不符及无条码袋牌的总包邮件另行堆放。

(2) 邮件补码、缮发验单

分剔时挑出的无条码袋牌的总包邮件，是本中心局封发的出口总包退回封发部门补打条码袋牌；转口总包和本邮区范围内的营业支局封发的临时直封总包由转运部门补打条码袋牌。对转口总包向相关出口封发局缮发验单。

(3) 扫描录入总包信息、缮发验单

对无网上路单信息的总包，通过条码识读器扫描总包条码录入信息，并向相关局发验。

(4) 信息入堆

对已下载的网上总包信息执行入堆操作。

(5) 扫描勾核、缮发验单

1) 转运部门在规定时限内处理完接卸的所有邮件。对总包逐袋扫描勾核，扫描中条码无法识别的视为不合格邮件，缮发电子验单并补码；对勾核中产生不符信息的缮发电子验单。

2) 对本中心局分拣封发部门或本中心局其他总包转运部门直接或通过盘驳汽车交来的出口或转口总包邮件按出口路向或堆位分剔、入堆，逐袋扫描勾核，如有差错验知本中心局上一生产环节。如本局封发部门或本局其他总包转运部门已经对本封总包或转口总包执行了出口扫描勾核，接收邮件的转运部门也可只进行点数核对，不再扫描勾核。

(6) 归堆待发或分类送交

1) 勾核后的站内转口邮件实物及时并入出口待发堆位。

2）转运与分拣封发在同一场地的，转运部门将本口邮件按规定的频次计划及时送交分拣封发部门，信息同步处理后发送至相关分拣封发车间。

3）转运与分拣封发不在同一场地的，转运部门将交本局封发部门的本口邮件和转交本局其他转运部门的转口邮件并入盘驳汽车堆位。

3. 总包发运

（1）邮件预配发

根据车次容间和待装发邮件情况，在生产作业系统执行配发操作，生成预配发路单信息，打印交接细数单和邮件交接总路单。

（2）领取邮件实物待发

转运接发人员凭交接细数单和邮件交接总路单领取邮件实物。核对交接细数单与配发邮件实物堆位是否一致、数目是否相符。按要求将邮件分堆、分仓装拖车，逐拖车标注邮件发运车次、路向及数量，按照"先远后近"的顺序摆放。

（3）装发汽车或者盘驳车

组织邮件装车，装车完毕与邮车驾押人员办理交接，直达邮路对车门施封。

（4）信息发送

邮件装发完毕，接发人员在规定时间内执行路单信息的网上发送。如邮件未装发完，则在规定时间内，用条码识读器扫描未装发邮件，利用取消配发功能，修改预配发路单信息，在确定网上路单与邮件装发情况一致后执行路单信息的网上发送。未装发的邮件重新按照发运计划组织发运。

4. 班次结束

进行班次交接，通过系统执行班次平衡合拢及班次结束。

（三）航空转运作业组织

航空转运作业组织是指组织接收和发运航空邮件，同时组织航转陆、陆转航邮件互换，并与盘驳趟车、区域快速邮路等相互对接交换邮件的过程。

1. 总包接收

（1）接收区域快速邮路交来的发航总包

指挥汽车按照作业计划停靠指定位置，对于直达邮路交接双方共同查验车封，无误后接收方组织卸车，查点卸车邮件数目；对于非直达邮路，沿途站由汽车驾押人员在车门卸交，接方盯数、验视邮件规格；终点站由汽车驾押人员在车门盯数，接方组织卸车，并在卸车中清点邮件数目，验视邮件规格。

（2）接收盘驳汽车邮件总包

查验盘驳车车封，无误后接收方组织卸车，查点卸车邮件数目。

（3）接收航方交来的航空总包

与航方办理邮件及路单交接，查验总包邮件的规格和数量，遇不符情况，用电传方式通知航空邮件发运局，填写"事故签证"，验告航空邮件发运局，并与航方交接人员办理邮件交接手续。

（4）登录系统、下载信息

转运接发人员按照邮件交接总路单查询相关网上信息，下载至本地系统。

2. 总包处理

（1）总包邮件分剔

转运部门按照本单位生产场地和发运计划设定邮件堆位，分剔邮件实物，验视邮件规格，挑出规格不符、无条码袋牌的总包邮件另行堆放，挑出需本站开拆的汇封总包单独处理。

(2) 邮件补码、缮发验单

分剔时挑出的无条码袋牌的总包邮件，是本中心局封发的出口总包退回封发部门补打条码袋牌；转口总包和本邮区范围内的营业支局封发的临时直封总包由转运部门补打条码袋牌。对转口总包向相关出口封发局缮发验单。

(3) 扫描录入总包信息、缮发验单

对无网上路单信息的总包，通过条码识读器扫描总包条码录入信息，并向相关局发验。

(4) 信息入堆

对已下载的网上总包信息执行入堆操作。

(5) 扫描勾核

1) 转运部门在规定时限内处理完接卸的所有邮件。对总包逐袋扫描勾核，扫描中条码无法识别的视为不合格邮件，缮发电子验单并补码；对勾核中产生不符信息的缮发电子验单。

2) 对本中心局分拣封发部门或本中心局其他总包转运部门直接或通过盘驳汽车交来的出口或转口总包邮件按出口路向或堆位分剔、入堆，逐袋扫描勾核，如有差错验知本中心局上一生产环节。如本局封发部门或本局其他总包转运部门已经对本封总包或转口总包执行了出口扫描勾核，接收邮件的转运部门也可只进行点数核对，不再扫描勾核。

(6) 归堆待发或分类送交

勾核后的站内转口邮件实物及时并入出口待发堆位。

航空转运与特快分拣封发部门在同一场地的，转运部门将本口邮件按规定的频次计划及时送交特快分拣封发部门，信息同步处理后发送至特快分拣封发车间。

航空转运与特快分拣封发不在同一场地的，转运部门将交本局特快封发部门的本口邮件和转交本局其他转运部门的航转陆邮件并入盘驳汽车堆位。

(7) 汇封处理

对需汇封处理的总包邮件，按接收局进行汇封处理。

3. 总包发运

(1) 邮件预配发

根据邮车容间、航班吨位和待装发邮件情况，在生产作业系统执行配发操作，生成预配发路单信息，打印交接细数单和邮件交接总路单。

(2) 领取邮件实物待发

转运接发人员凭交接细数单和邮件交接总路单领取邮件实物。核对交接细数单与配发邮件实物堆位是否一致、数目是否相符。按要求将邮件分堆、分仓装拖车，逐拖车标注邮件发运车次、路向及数量，按照“先远后近”的顺序摆放。

(3) 邮件发出

对交航方发运的邮件与民航接收人员现场办理邮件验视、交接手续，交民航或邮航发运；交区内快速邮路和盘驳汽车的邮件，装车完毕与邮车驾押人员办理交接，直达邮路对车门施封。

(4) 信息发送

交民航或邮航邮件后与航方保持联系，确认配发邮件已经全部按照计划航班发出后，在航班到达之前发送信息；若航方未按计划航班将所配发的邮件全部发出，航空转运部门根据邮件实际发运情况及时修改配发信息并在航班到达之前发送网上路单信息。

交区域快速汽车或盘驳汽车邮件信息的发送参照汽车转运作业流程的相关规定处理。

4. 班次结束

进行班次交接,通过系统执行班次平衡合拢及班次结束。

(四)临时直封总包作业组织

临时直封总包由中心局转运部门处理。

1. 出口处理

转运部门接收所辖营业窗口收寄的临时直封总包时,查看是否拴挂大件名址牌。无大件名址牌,经判断确为临时直封总包的,退回收寄局补挂大件名址牌,并向相关收寄环节发验。

查看是否拴挂128条码袋牌,无128条码的由转运部门补打条码并向相关收寄环节发验。

对于没有网上信息的总包,转运部门通过扫描总包条码袋牌录入总包信息。

转运部门对本邮区中心局所属营业窗口收寄的临时直封总包比照转口总包处理。

2. 进口处理

转运部门对无大件名址牌的临时直封总包按照错封错发向出口邮区中心局发验。将此类总包交本局包状邮件分拣封发部门进行总包实物和信息的开拆,对拆出的内件进行散件分拣封发。

转运部门对干线邮路交来的总包邮件进行分剔时,将拴挂大件名址牌的本邮区进口临时直封总包挑出,统一交进口临时直封总包处理人员,处理人员根据总包大件名址牌上的详细地址,直接将临时直封总包分剔归入该总包寄达地址所在投递局所属堆位,按照本邮区中心局区内邮路或市趟邮路的发运计划发运。总包信息在系统内进行入堆、勾核和配发处理。

第四节 分拣封发作业组织与管理

一、分拣封发作业任务与功能

邮件分拣封发是邮件传递过程中的重要作业环节,主要在邮区中心局邮件处理中心完成。在分拣封发过程中,各生产作业环节必须严格执行统一规定的邮件传递频次和时限,严格执行统一确定的邮件直封和经转关系,严格执行统一制定的邮件处理规格标准;认真执行内部交接制度。

邮件的分拣封发是按照邮件的寄达地点,根据直封经转关系,按照分拣格口的设置,把邮件逐件分入相关格口,封成袋套,交发邮运的一项作业。

二、分拣封发环节涉及的专业术语

1. 直封

直封是发寄局按寄达地点把邮件直接分发给寄达局的一种分拣方式。它不再由中途局重复处理,可以加快邮件的传递速度,节约人力物力。

2. 经转

经转是发寄局对寄达局的邮件不直封,而是发给相关转口局,经重分后转发到寄达局的一种分拣方式。

3. 合封

合封为减少外走袋和简化交接手续，将寄往同一寄达局量少的不同种类的邮件合封成一个总袋，如在市县局与其分支机构之间，平挂邮件可以合封成一袋(套)。

4. 混封

混封对于寄往不同寄达地点本应分别封发的同类邮件封成一个总袋。如本转平挂信函可以混封。

三、分拣封发关系

1. 出口省际普通邮件分拣封发关系

(1) 一、二级邮区中心局之间建立直封。

(2) 一、二级邮区中心局对三级邮区中心局省际出口普通邮件封至寄达局指定的一、二级邮区中心局经转。

(3) 一、二级邮区中心局对邻省级邮区中心局有直达邮路且确有必要时，可按交接频次规定的邮件种类建立直封。

(4) 三级邮区中心局的省际出口邮件封至发寄局指定的一、二级邮区中心局经转。

(5) 各级邮区中心局所属分支机构出口省际普通邮件业务量较大的，直封发寄局指定的一、二级邮区中心局经转；业务量小且不影响传递时限的，也可以交所属县局汇总处理后统一封交发寄局指定的一、二级邮区中心局经转。

2. 进口省际普通邮件分拣封发关系

(1) 一、二级邮区中心局对直接经转范围内的各投递局建立直封关系。

(2) 承担指定三级邮区中心局邮件经转任务的一、二级邮区中心局，对三级中心局直接经转范围内的各投递局建立直封关系。

(3) 一、二级邮区中心局对承担经转的三级中心局的各投递局建立直封关系目前有困难的，结合自身实际，可按下列两种方式，依次选择其中之一。

1) 对县及县以上各投递局建立直封关系。县以下各投递局日均进口邮件达到如下数量：平信 10 件，挂号信 3 件，扁平状邮件 5 件，包装邮件 3 件建立直封。

2) 直封三级中心局，三级中心局一律直封投递局，采用此种方式须报集团公司批准。

3. 省内互寄普通邮件分拣封发关系

(1) 出口普通邮件可视实际情况采取以下方式之一。

1) 省内各邮区中心局之间建立直封。各分支机构出口省内普通邮件直封所在中心局处理。

2) 省内各市(地)局之间建立直封。各分支机构出口省内普通邮件直封所属市局处理。

(2) 进口普通邮件可视实际情况采取以下方式之一。

1) 一、二级邮区中心局对省内进口普通邮件分拣封发关系与省际进口封发关系相同。

2) 三级中心局或市(地)局对省内进口普通邮件的分拣封发关系由各省公司自定。

四、普通邮件分拣封发关系管理

(一) 普通邮件分拣封发关系管理模式

1. 分拣封发管理方式的变化

(1) 通过系统控制生产，包括封发局、格口、格口邮编范围、邮件种类。

(2) 通过系统监控分拣封发作业质量,包括网上清单及时准确率、平常邮件总包流水号、邮件封发时限、分拣环节规范作业、分拣封发质量等方面。

(3) 根据系统流量流向数据和时限数据动态调整分拣封发关系。

2. 分拣封发关系管理模式

普通邮件分拣封发关系管理采取集团公司和省公司两级管理模式,集团公司负责省际分拣封发关系的管理和维护工作,各省公司负责省内分拣封发关系的管理和维护工作。

(二) 普通邮件省际分拣封发关系的管理和维护

普通邮件省际分拣封发关系维护包括基础数据维护、特殊情况维护、分拣封发关系生成和分拣封发关系数据下发等四个过程。其中基础数据维护包括:邮件种类、格口种类、混封规则、中心局、县市邮编、中心局经转县市关系、出口封发局、进口封发局、进口封发局经转中心局关系、进口封发局本转设置等。

(三) 普通邮件省际分拣封发关系的管理和维护

普通邮件省内分拣封发关系维护包括基础数据维护、分拣封发关系维护和生成、分拣封发关系数据下发等三个过程。其中基础数据包括投递局信息、投递局与县市关系、投递局与邮编关系、段道信息、段道邮编等。

省内分拣封发关系可设置中心局、县市局、投递局、段道四类格口,格口设置范围包括:对本省全部行政区划内的所有机构;本省中心局对其经转的外省县市机构及其所辖机构,如北京对廊坊的机构;本省的县市对经转它的外省中心局;本省一、二级中心局对其经转的外省三级局及其所辖机构,如北京对承德、张家口;被外省一、二级中心局经转的三级局及所辖县市对经转它的外省一、二级中心局。

省内分拣封发关系生成需要遵循的原则为:低级别格口优先的原则和省际分拣封发关系优先的原则。

(四) 普通邮件分拣封发关系维护注意事项

(1) 要维护各类邮件分拣封发关系数据。

(2) 要核对并准确维护投递局机构代码。

(3) 要核对并准确维护邮政编码。

(4) 下发前要核对分拣封发关系数据。

五、报刊分发关系管理

(一) 报刊分发关系现状

目前省际报刊分发关系也采用集团公司和省公司两级管理模式。

现行的省际报刊分发关系为:将报刊分为两类,两类报刊执行不同的省际报刊分发关系,一类报刊对全国238个省际报刊直封局直封,二类报刊对全国80个省际报刊直封局直封 。

省内报刊分发关系根据各省的实际生产情况由各省自行确定,直封格口类型包括中心局、订销局、投递局和段道四种类型。

(二) 报刊分发关系维护流程和方式

针对不同的主体,报刊分发关系包括发刊局分发关系、中心局分发关系和订销局分发关系,发刊局分发作业习惯称为出口分发,中心局和订销局分发作业习惯称为进口分发。

省内报刊分发关系的调整每月可调整一次，调整后的分发格口和数据于当月最后一天下发。省际报刊分发关系的调整原则上每年调整一次，通常，每年 11 月中旬进行调整和下发。

（三）报刊分发关系维护注意事项

报刊分发关系是系统进行分发数据计算的依据，报刊分发关系的维护是否完整、准确，对于报刊分发作业具有十分重要的影响。

（1）分发关系必须要完整。发刊局对其省内所有带有名址的投递局（或段道）均有分发关系可以分下去，中心局对其所辖带有名址的投递局（或段道）均有分发关系可以分下去，避免出现分发关系断层的情况。

（2）要多系统联动进行调整。对于新增投递机构、段道等分发关系的情况下，相关名址数据的调整一定要在分发关系生效后进行。

六、分拣封发计划的编制

计划封发就是对每一个直封处所的邮件，选择合适的运邮路线和有效车次，有目的、有计划地封发邮件，保证邮件以最快的速度传递。实行计划封发，不仅要从本局封发工作着眼，而且要从邮件传递全程效能着想，使本局邮件发出最多、经转适当，邮运途中历时最短，又能衔接寄达局的投递班次。

计划封发是通过编制和执行封发计划来实现的。编制封发计划就是研究确定对每一直封局的封发次数和发运车次。

（一）编制封发计划的依据和原则

编制封发计划的依据有两个方面：一是集团公司确定的各类邮件的封发频次；二是各局的发运计划，具体的依据和原则是：

（1）各类邮件发运频次和时限的规定；

（2）发运计划所规定的发运范围；

（3）尽可能选择直达车次，无直达车次的，选择经转次数少的车次；

（4）邮件到达时间尽可能赶上寄达局投递出班时间；

（5）到寄达局效果相同的多趟车次中，要尽可能选择发车时间晚的。

（二）编制封发计划表

1. 了解本局可以选择的发运路由

根据邮区中心局作业系统全国干线邮路联系示意图，研究由本局起点和路经本地的车（航）次在沿途和终点站与各运邮工具的衔接情况，形成以本地为中心，联结全国各直封处所的本地发运路由。

2. 为每个直封处所（邮区中心局）选择适宜的封发车次

根据邮运工具的运行区间、时间与衔接关系，以及有关时限与频次的规定，对每个直封局都要选择从本局封发到该局投递或转发全程历时最短的路线和车次。

3. 编制封发计划表

对每一直封局都选定封发车次后，作业系统自动生成封发计划表，明确规定发往各个局的邮件封交的车次、航次，并按此进行封发作业。封发计划表的格式如表 4-11 所示。

表 4-11　信函封发计划

区间	车次	开车时间	交运时间	封发局名
兰州 北京	T76	13:18	11:30	北京本、北京转、呼和浩特、大同、银川
北京 太原	K609	14:29		太原、侯马

(三) 制定分拣封发作业时间表

分拣封发作业时间表的制定,就是对邮件处理生产过程在时间上的组织,用作业时间表的形式把各道工序的作业起讫时间详细固定下来,以便按时进行作业和对作业的进度进行监督。

制定作业时间表的方法,就是将每批邮件到达时刻和赶发车班开行时刻作为两关,从两头逐步向中间推行,然后根据各批邮件业务量的大小、生产定额、规定作业时限和技术措施等诸因素,计算出各道工序所需时长,并确定出各道工序的开始时刻和结束时刻。作业时间表的格式如表 4-12 所示。

表 4-12　出转口平常函件作业时间表

时间阶段	到达车次		作业时间								赶发车次		
	车班	到达时间	开拆		初拣		细拣		封发		车次	交运时间	开行时刻
			起	止	起	止	起	止	起	止			
Ⅰ													
Ⅱ													
Ⅲ													
Ⅳ													

七、分拣封发作业流程与操作规范

分拣封发作业组织指邮件处理中心分拣封发部门接收转运部门交来的邮件实物和信息,经分拣、封发处理后将封发总包邮件和信息交转运部门发运的作业流程。

(一) 平常邮件分拣封发作业组织

平常邮件集中开拆。点数接收转运部门交来的总包邮件,同步下载总包信息并执行信息开拆。按照“三状化”分类整理,送交相关分拣封发部门处理。

平常信函(含信函状平刷)分拣封发作业组织如下。

1. 接收平常信函

接收集中开拆环节交来的散件平常信函,分别送往机器或人工分拣作业区。

2. 整理信函

利用理信机顺头顺面整理信函,剔出信函交人工分拣处理。

3. 分拣

(1) 机器分拣并统计机分件数

对理信机处理过的平常信函上机分拣,拒识信函交人工分拣处理。机分作业完毕后,记录机器分拣邮件总数。

(2) 人工分拣并统计工作量

人工分拣分粗分和细分。在细分前对待分邮件称重，并按分拣台席统计重量。将分拣完毕的信函装入信盒或者捆把。

(3) 分拣质量检查

检查人员抽检机器和人工分拣入格的散件邮件分拣质量。

(4) 收格入盒

将分拣入格的信函装入信盒或捆把。

4. 封发

(1) 拴挂袋牌

打印条码袋牌，并拴挂于信盒或邮袋上；在未实行袋牌标注重量的规定时，可预制袋牌并拴挂。

(2) 扫描录入总包信息

对采用预制条码袋牌封发的总包邮件通过条码识读器扫描总包条码，采集总包信息并上传生产作业系统。

(3) 封装规格检查

检查封妥后的总包邮件封装规格，检查条码质量。

5. 邮件交发、信息上传

封装好的总包邮件按车次或封发格口分堆位向转运交发，封发信息按照封发计划分频次、批次通过生产作业系统传到总包转运环节。

6. 班次结束

(1) 统计邮件处理量

机器分拣量按照预先设置的机分工号，在系统内填写本班机分件数。

人工分拣量按照台席、工号汇总，统计粗分、细分重量，在系统内填写。

(2) 执行班次结束

班次所有作业结束后，在生产作业系统中先做散件处理的“班次结束”，然后再做总包处理的“班次结束”，并签退系统。

(二) 挂号信函分拣封发作业组织

1. 接收实物、下载信息

点数接收转运部门交来的挂号信函总包邮件，同步下载转运部门发来的总包信息。

2. 总包开拆

在散件信息全部进入系统的情况下，开拆人员扫描总包袋牌，下载该总包邮件内的散件信息，开拆总包邮件。

3. 散件勾核

清点袋内散件邮件数量，若总数与网上清单总数一致，则不再逐件扫描勾核；若总数与网上清单总数不符，则对拆出的散件逐件扫描勾核，根据差错情况向封发局缮发验单；非电子化支局交来的无网上信息、无条码散件邮件按照纸质清单逐件勾核，补打散件条码，并将信息扫描录入系统。

散件信息全部进入系统指的是实现散件信息互联互通和电子化支局与中心局系统联网。

4. 分拣

挂号信函采用人工分拣方式,邮件粗分到台席,细分到格口。

5. 封发

(1) 扫描邮件条码

齐格后将已分拣入格的邮件,通过条码识读器扫描录入系统。

(2) 生成清单和条码袋牌

生成封发清单,同时生成条码袋牌。

(3) 分拣质量检查

检查人员在总包封发前,对分拣入格的散件邮件进行抽检,检查散件分拣质量。

(4) 封袋

对分拣、扫描登单后的挂号信函,按接收局捆扎成把封入邮袋,按接收局拴挂条码袋牌,保证清单、实物、袋牌相一致。各班次当班封发处理完本班次开拆的所有邮件,对需要留存下一班次处理的邮件,封发到系统内设置的留存格口中,移交下班处理。

(5) 封装规格检查

6. 邮件交发、信息上传

封装好的总包邮件按车次或封发格口分堆位向转运交发,封发信息按照封发计划分频次、批次通过生产作业系统传到总包转运环节。

7. 班次结束

本班次开拆的邮件全部处理完毕后,在系统中执行班次平衡合拢。系统自动将本班次开拆出来的散件信息与封发出去的散件信息比对,列出差错信息。分拣部门根据差错信息查找原因,是外局责任的向相关封发局发验,同时系统自动统计个人工作量。班次所有作业结束后,在生产作业系统中先做散件处理的"班次结束",然后再做总包处理的"班次结束",并签退系统。

(三) 扁平状邮件分拣封发作业组织

1. 接收扁平件并整理

接收集中开拆环节交来的扁平件散件并整理,符合上机分拣标准的顺头顺面整齐理放于存储容器内送往机分作业区,剔出不符合上机分拣标准的,装于存储容器内送往人工作业区。

2. 分拣

(1) 人工分拣

人工分拣分粗分和细分,将分拣完毕的扁平件装入中信盒或邮袋。

(2) 机器分拣

机器自动分拣已理妥的扁平件,拒识扁平件交人工分拣。

有人工键入台席的扁平件分拣机,通过手工键入台席实现机器的自动分拣入格。

(3) 分拣质量检查

检查人员抽检机器和人工分拣入格的散件邮件分拣质量。

(4) 对格下袋或装盒

将分拣入格的扁平件装入邮袋或信盒。

3. 封发

(1) 拴挂袋牌

打印条码袋牌,并拴挂于信盒或邮袋上;在未实行袋牌标注重量的规定时,可预制袋牌并拴挂。

(2) 扫描录入总包信息

对采用预制条码袋牌封发的总包邮件通过条码识读器扫描总包条码，采集总包信息并上传生产作业系统。

(3) 封装规格检查

检查封妥后的总包邮件封装规格，检查条码质量。

4. 邮件交发、信息上传

封装好的总包邮件按车次或封发格口分堆位向转运交发，封发信息按照封发计划分频次、批次通过生产作业系统传到总包转运环节。

5. 班次结束

(1) 统计邮件处理量

机器分拣量按照预先设置的机分工号，在系统内填写本班机分件数。

人工分拣量按照台席、工号汇总，统计粗分、细分重量，在系统内填写。

(2) 执行班次结束

班次所有作业结束后，在生产作业系统中先做散件处理的"班次结束"，然后再做总包处理的"班次结束"，并签退系统。

(四) 包状邮件分拣封发作业组织

包状邮件包括普通包裹、快递包裹、包状平刷和挂刷。包状平刷采取人工分拣时，按扁平件处理流程处理；采用机器分拣时，按包裹处理流程处理，但封发时不需抄登，并单独封袋。

1. 接收实物、下载信息

点数接收转运部门交来的挂号信函总包邮件，同步下载转运部门发来的总包信息。

2. 总包开拆

开拆人员扫描总包袋牌条码，下载该总包内的散件信息。

3. 散件勾核

使用条码识读器逐件进行散件扫描勾核，如有不符，向封发局缮发验单。无散件条码的补码，扫描录入散件信息。

4. 分拣

(1) 机器分拣

具有条码扫描功能的包裹分拣机通过扫描散件 128 条码进行自动分拣，其他分拣机采用人工键入格口号进行分拣。

(2) 人工分拣

对不能上机分拣的包状邮件实行人工分拣。

(3) 分拣质量检查

检查人员抽检机器和人工分拣入格的散件邮件分拣质量。

5. 封发

(1) 机器封发

与中心局生产作业系统通过接口实现互联的包裹分拣机自动生成总包邮件封发信息，打印条码袋牌，根据清单对邮件是否错分进行核对检查。

(2) 人工封发

人工分拣的包状邮件，以及包裹分拣机未与中心局生产作业系统接口互联的中心局，需要人工利用条码识读器对已分拣入格的散件进行扫描录入或通过条码识读器键入条码信息(条码不能识别时),并检查邮件是否错分,齐格后上传至系统中,产生封发清单及总包信息。核对后下袋,生成条码袋牌,上传信息。

(3) 封袋(箱)

按格口封入邮袋或集装箱,拴挂条码袋牌,保证清单、实物、袋牌相一致。所有的分拣作业应当班处理完毕,不允许散件交班。

(4) 封装规格检查

检查封妥后的总包邮件封装规格,检查条码质量。

6. 邮件交发、信息上传

封装好的总包邮件按车次或封发格口分堆位向转运交发,封发信息按照封发计划分频次、批次通过生产作业系统传到总包转运环节。

7. 班次结束

本班次开拆的邮件全部处理完毕后,在系统中执行班次平衡合拢。系统自动将本班次开拆出来的散件信息与封发出去的散件信息比对,列出差错信息。分拣部门根据差错信息查找原因,是外局责任的向相关封发局发验,同时系统自动统计个人工作量。

班次所有作业结束后,在生产作业系统中先做散件处理的"班次结束",然后再做总包处理的"班次结束",并签退系统。

(五) 进口报刊分发作业组织

1. 接收

点数接收转运部门交来的进口报刊总包,下载总包信息。

2. 开拆

开拆总包,清点报刊份数。

3. 分发

(1) 预制总包标签或条码袋牌

下载要数系统的分发信息,预制总包标签或条码袋牌,将标签粘贴在报皮或封皮上。

(2) 报刊分发

提取要分发的报刊,按照分发显示系统或报皮上的分发标签显示的报刊种类和数量分发。

(3) 分发质量检查

检查人员在报刊总包封发前,对分发报刊的种类、数量、分发清单等进行抽检,检查报刊内件分发质量。

(4) 封袋

核对标签的份数与报刊分发数,核对报刊标签与分发种类、数量及条码袋牌或标签,封入邮袋,拴挂条码袋牌并封扎邮袋或报捆。

(5) 报刊分堆、扫描勾核

按照分发计划分堆,使用条码识读器直接扫描全部已封总包条码,将采集的报刊总包数据上传生产作业系统。

4. 交发

封装好的总包邮件按车次或封发格口分堆位向转运交发,封发信息按照封发计划分频次、批次通过生产作业系统传到总包转运环节。

5. 班次结束

统计工作量并执行班次结束。

(六) 出口报刊分发作业组织

1. 接收

按照交接清单点数接收从报刊社或分发场地交来的报刊。

2. 分发

(1) 预制分发标签和条码袋牌

根据出口报纸、期刊的分发要数预制报刊分发标签和条码袋牌，标签粘贴在报皮或包装纸上。

条码袋牌也可封发时生成。

(2) 报刊分发

提取要分发的报刊，按照分发显示系统或报皮上的分发标签显示的报刊种类和数量分发，拴挂条码袋牌，捆扎或封袋。

(3) 扫描总包条码、上传信息

使用条码识读器直接扫描已封总包条码，将采集的数据上传生产作业系统。

3. 交发

封装好的总包邮件按车次或封发格口分堆位向转运交发，封发信息按照封发计划分频次、批次通过生产作业系统传到总包转运环节。

4. 班次结束

统计工作量并执行班次结束。

(七) 特快专递邮件分拣封发作业组织

1. 接收总包

接收转运部门或营业部门直接交来的特快专递总包，查点数量、验视规格，与交方办理邮件交接手续。

2. 总包开拆、录入散件信息

开拆特快专递总包，扫描散件条码，录入散件信息。

3. 邮件分拣

按照分拣格口进行粗分和细分。

4. 分拣质量检查

检查人员随机抽查分拣质量。

5. 封发

(1) 邮件封发

封发总包，系统生成总包邮件信息。

(2) 总包规格检查

检查总包封发是否符合规定要求。

(3) 打印清单、袋牌

按照封发格口扫描散件条码，速递系统生成封发清单，将待封总包称重，人工标注或自动在系统中从电子秤采集重量信息，打印总包条码袋牌。

6. 总包交发、信息上传

将封发好的总包邮件信息发送到中心局生产作业系统，利用系统对封出的速递总包逐袋扫描勾核,勾核不符总包及时处理,确保交转运部门的总包实物与网上信息一致后,将速递总包信息转发到中心局转运部门。也可由中心局转运部门对速递封发部门交来的总包逐袋扫描条码袋牌,直接向中心局生产作业子系统录入总包信息。邮件实物按照发运计划、车次或封发格口分堆位向转运交发。

7. 平衡合拢

速递系统将开拆总包、散件数和发出总包、散件数平衡合拢,并上传处理信息。

8. 班次结束

统计工作量并执行班次结束。

第五节 邮政运输作业组织与管理

一、邮政运输概述

(一) 邮政运输工作的重要性

邮政运输的过程是以接收邮件并按照一定的计划规定,将其装上运输工具开始,遵循一定的路线和时限要求运行,以运达目的地将邮件卸交为终了的过程。

精确畅通的邮政运输,对整个邮政通信的生产活动有着重要的影响。

(1) 邮政运输阶段时间长、环节多,如何选择最有效的运输工具和有效线路,组织各环节紧密衔接,对最大程度提高邮件全程传递时限具有重要的意义。

(2) 邮政运输容易受到外界客观因素的影响,情况变化多,对外界因素的疏忽和估计不足,可能造成邮件的积压延误。

(3) 邮政运输的邮件往往是整袋、整捆的总包邮件或达到一定标准的外走邮件,一旦发生差错事故,会造成较为严重的后果。

(4) 邮政运输过程中涉及运邮线路、运输工具、驾押转运人员、装卸设备等,涉及各环节的装卸、交换和处理,所以运输组织工作的好坏较大程度影响着生产的成本和企业的经济效益。

(二) 邮政运输的任务

邮政运输的基本任务是在合理有效的基本要求下,综合利用各种运输工具,在各邮政枢纽、邮政局所之间,按照规定的路线、频次、时限,有计划地运输各类邮件。

邮政运输有以下基本要求。

(1) 合理编制并严格执行各类邮运计划。

(2) 保证邮政运输的正常与稳定,邮件疏运准班准点,邮件处理准确无误,遇特殊情况,尽可能减轻和克服客观情况的影响。

(3) 确保在邮件运输过程中人员、邮件、车辆等的安全,确保通信质量。如带运机要邮件,还要做好保密工作。

(4) 不断提高各类运输工具和装卸设备的利用率,提高生产人员劳动生产率。

(5) 不断加强邮政运输工作的指挥调度,适应业务量的变化,提高邮运工作的预见能力和应变能力。

(6) 加强利用信息系统提供的数据科学判断、分析各项邮运生产指标数据的能力。

(三) 邮政运输的特点

邮政运输具有以下几个特点。

(1) 全程全网性(也称超区域性):邮政运输要依靠不同区域、不同类型及不同级别的邮政局所和邮路合作完成的,相互之间需要有密切的协作,因此,也就需要一个统一的规划。

(2) 时限性:邮件在传递过程中的各个环节都有严格的时限要求,邮件运输环节速度快慢、质量的高低直接影响了整个邮件传递的质量和速度。

(3) 被动性(也称依附性):由于客观条件的限制,除了部分自主开行的汽车邮路外,绝大部分运输需要依托外部运输工具,受到运行线路、运行时间和停靠站点等不同程度的制约。

(4) 连续不断性:邮政企业向用户提供通信服务是长年不断的,双休日和节假日也不停止,因此,各生产环节以及各种邮运工具更是昼夜不停地运转着,以保证邮件的传递。

(5) 复杂性:邮政运输内外部环境错综复杂。从内部来说,邮件的种类繁多,时限要求不一,邮件的流量流向没有规律、不可控;从外部来说,邮运依靠交通工具,因此又受到交通状况、季节、气候等外部因素的影响。

(四) 邮政运输组织工作的基本内容

做好邮政运输组织工作主要要做好以下几个方面的工作:一是根据通信生产的需要,合理规划邮路,选择适合的运输工具;二是在邮路上选择合适邮件交接的机构,负责交接邮件;三是如选择其他运输部门的运输工具,需同相关部门商定运邮合同;四是为了有计划地运输邮件,制订邮件发运计划;五是保证邮政运输的正常进行,建立和执行各项邮运调度制度;六是根据运输任务和各种技术和劳动定额,合理配备各种运输工具、设备和人员,并对邮运工作人员和设备进行日常管理。

1. 合理规划邮路

规划邮路时应符合“经转少,层次清,网络健全;速度快,效率高,畅通无阻和成本低廉”的要求,制定出邮路规划方案,根据各方案,按照规定的时限和频次要求的速度、运输工具利用率、运输成本等主要指标的比较,选择最切实可行的方案。

由于地形、交通条件不同,各交接点地理分布也不同,规划邮路要结合具体的条件采取不同的邮路结构形式,邮路的基本结构有直线形邮路、环形邮路、混合形邮路三种基本形式。对于运输工具的运行方式通常有直驶、迎驶和接驶三种。

2. 合理选择运输工具

目前,邮件的运输所使用的运输工具的优缺点如表 4-13 所示。

表 4-13　各类运输工具比较

运输工具	优点	缺点	目前使用情况
火车	长途速度快、运量大,费用低、准班准时	受到线路限制	一级干线及部分省内邮路
汽车	速度快、灵活、便于组织	运量受限、成本高	一级干线、二级干线及邮区内邮路
飞机	速度快	运量小、运价高、中途停落点少、易受天气影响	一级干线邮路及部分省内二级干线邮路
非机动(马班、步班、自行车)	使用范围大	运量小、速度慢、劳动强度大	县及县以下邮路
船舶	运量大、运费低	受海运、河道影响,速度慢,准班准点差、受季节天气影响	临时使用

(五) 邮件发运原则

为了正确的按照发运次序发运邮件,保证有计划、有秩序地把各类邮件发运出去,还应遵循以下原则。

1. 先到先发原则

在发运次序相同的邮件不能同一个车发运完毕时,要先到本局的邮件先发,后到的后发。

2. 先转后本原则

在同时到的邮件中不能同一个车发运完毕时,要先发经转的,后发本局封发的。

3. 先远后近原则

在装车时长途车装长途邮件,短途车装短途邮件;同一辆车在装车时也要先装远途邮件,后装近途邮件。尽量保持全程满载,减少不必要的中途装卸。

4. 先直达后经转原则

在装发邮件时,尽量先装发该邮路能直达的卸交点,如果有需要,在计划允许的前提下,可再适当配发计划允许发运的中途经转次数最少的邮件。

二、铁路邮政运输组织

(一) 铁路运输的主要方式

(1) 自备邮车:在固定的客运列车上编挂邮政专用车厢,车厢编号开头字母为UZ。

(2) 租用行李车(租用容间):在未能编挂自备邮车的客运列车上,租用铁路的行李车的固定容间。

(3) 加挂车:在邮件滚存较多时,利用正常的运邮车次无法清运时,与当地铁路局联系在其他车次的旅客列车上加挂自备邮车或铁路行李车。

(4) 行邮专列:租用行邮专列的车厢进行邮件运输的方式。

(5) 行包专列:租用铁路行包专列的车厢进行邮件运输的方式。

(二) 选择运邮车次

在铁路上运输的车次很多,其开行时间、行驶路线、通达地点、衔转车次都不尽相同,必须从中选择合适的车次。

(1) 尽可能选择覆盖范围大、线路长的车次。

(2) 考虑邮件时限。考虑需发运的邮件的种类,按照邮件全程时限要求,尽可能选择直达车次或经转次数最少的车次。

(3) 如需租用火车容间,根据邮件量确定所需容间。

(三) 火车邮路接发车次和频次

有时可能通达某个交接局的火车车次较多,这时就要合理地确定发运的车次,也就是该局接发的车次。在综合衡量邮件量的前提下,尽量选择较少的车次,避免运能浪费的同时,也避免交接局由于接发车次过多,造成人力和物力的浪费。

同时在确定火车邮路接发频次时也要注意,不是所有的火车站都适合接发邮件,要考虑当地局是否有接发能力、火车站台是否有作业条件等。随着火车不断提速,还要根据邮件量和邮件种类考虑火车站停时间等因素。

(四) 自备邮车的配备

利用自备邮车运邮,先要由邮车配属局选定车次,再按线按车次核算邮车需要量,然后设置和组织押运班押运邮件，并管理好自备邮车。

在一条火车邮路的一次列车上编挂自备邮车，需要多少辆才够周转，应通过核算来确定。核算有两种方法：一是时间分析法，二是指示图法。

1. 时间分析法

邮车需要的辆数由两部分时间所决定。

(1) 列车的周转时间 T：包括按照列车时刻表，列车去程和返程所需要的时间 T_1；列车按照时刻表在终点站停留的时间 T_2；列车在起点站检查和编组所需要的时间 T_3。列车周转时间越长，所需要的邮车数量越多。

(2) 列车的行驶间隔时间 T_0：是指两班同次列车开行之间的间隔时间，间隔时间越长，所需要的邮车数量就越少。

时间分析法的计算公式如下：

$$N=\frac{T}{T_0}=\frac{T_1+T_2+T_3}{T_0}$$

2. 指示图法

各线各车次编挂邮车的需要数，可以通过编绘指示图来核定。使用此方法时，每一次列车应按照列车运行时间表绘制一个运行周期的指示图。如图 4-26 所示。

从图 4-26 中可以看出，京福 45/46 次车周转一次为 5 个昼夜，第 6 天又可以出发走另一次行程。因此，在列车每天开行一次的条件下，服务这一条邮路，需要 5 辆邮车周转。

序号	周日 站名	星期一	星期二	星期三	星期四	星期五	星期六
1	北京	17: 12					5: 35 17: 12
2	天津	19: 10					3: 45
3	济南	21: 45				22: 56	
4	南京		9: 06			13: 38	
5	上海		13: 48			8: 44	
6	杭州		16: 50			5: 18	
7	上饶		23: 54		22: 23		
8	福州			12: 39	9: 44		

图 4-26　列车运行周期指示图

为了准备代替下班车计划检修或发生意外情况（列车晚点、抢运积压邮件等）必须加配备用邮车。备用邮车应按正常行驶车辆的 18% 计算。

按照上述方法算出从某站开行的编挂自备邮车的全部列车所需邮车的行驶辆数及备用车数后，即可求得相关配属局所需配备的邮车总需要量。

三、汽车邮政运输组织

（一）自办汽车邮路组织

1. 运邮车辆的选择

在汽车邮路组织过程中，调度人员要和车辆管理人员一起选择合适的车型运输邮件，主要应考虑以下几个方面。

(1) 邮路的性质。

(2) 邮路的组织方式。

(3) 道路气候条件。

2. 运行线路和方式的选择

综合邮件量、时限频次要求、交通道路情况以及考虑驾押人员食宿等各种因素,选择合适的运行路线,同时选择合理的运邮方式,如前面讲到的直线运行、环型或者是混合型;是采用直驶的方式还是接力运输、甩挂运输等。

(二) 委办汽车邮运组织

1. 委办汽车邮运的含义及方式

委办汽车邮运就是委托社会运输企业利用客车或货车运送邮件,目的就是有效利用社会资源,增强邮件运输的灵活性,更为迅速、经济地完成邮运任务。

邮政企业采取委办汽车邮运主要有以下三种方式。

(1) 邮路整包:即正班、加班均由非邮运输。

(2) 加班外包:即邮路正班由自备车运输,加班由非邮车辆运输。

(3) 临时租用:指当自备运能有缺口时临时租用非邮车辆运邮。

2. 委办汽车邮运合同

组织委办汽车邮运的基础是签订好邮运合同,委办汽车邮运合同中应重点明确的内容有:明确约定委托社会运力邮运的内容;质量安全风险控制;费用结算;合同变更及终止;违约责任的约定;对社会运输企业资质要求;双方的权利和义务;不可抗力情况下,发生时合同如何履行;权利和义务的转让;如何解决合同在履行中发生的争议;一些补充条款和特别约定。

实际运作过程中,还有一些情况需要根据本局的实际情况予以明确,重点是要在平等自愿的前提下,保障邮政企业的利益。

四、押运作业操作规范

(一) 押运作业流程

1. 火车押运作业流程

(1) 总包接收

当面办理邮件交接,车门核点总包邮件数目,办理各类总包邮件交接手续。

(2) 邮件分剔

押运人员对每站装发邮件按照邮件的卸交站分剔,审验邮件规格与交车路单,点数核对后并入指定堆位,如有不符,向相关发运局缮发验单;按邮件卸交局填制卸交总路单、卸车邮件堆位清单。

(3) 总包卸转

卸车前将沿途站卸车邮件堆位移至车门口,终到站卸车邮件按相关规定要求进行分堆,并核对卸车数目,再次审验邮件规格,填制卸交总路单和卸车邮件堆位清单并与各卸交站办理交接。

(4) 平衡合拢

押运班在邮车运行期间逐站次对上一站进行平衡,每趟次要填写邮件交换平衡总表。

2. 汽车运输作业流程

(1) 总包接收

长途直达汽车邮路驾驶员与装发局转运人员眼同施封车厢门,汽车邮路驾驶员不负责装车邮件的总包数目及规格质量;非直达邮路由押运员与装发人员在车门核点总包邮件的数目、验视规格，办理总包交接手续。

(2) 总包交卸

直达邮路上，驾押人员会同终到局卸车人员验视封志，无误后终到局组织卸车、办理签收手续；非直达邮路上，始发局和终到局的邮件由地面局负责装卸和车内堆码，驾押员负责盯数；沿途局装车由地面局将邮件装上车厢，车内堆码由驾押员负责，卸车邮件由驾押员卸至车下。装卸邮件较多时，可由地面局协助装卸。

(3) 平衡合拢

驾押人员在沿途交接运行中逐站对邮件的交接情况填写邮件交接平衡表，班次任务结束以后，对全程的邮件交接情况进行平衡合拢。

(二) 邮件运输作业规范

1. 火车押运

(1) 班前准备

火车押运员在值班处抄录邮运调度通知并听取值班人员批示，领取出乘押运免费乘车证和生活用品等，检查生产、办公用品和出乘各类证照是否齐全。

(2) 出乘规范

1) 路单交接

接收装发火车邮件总路单和卸交站总单，查看发运计划及路向节目，核对总路单页数、结数和邮件卸交站是否正确，根据邮件量的多少、邮件体积的大小，在原定仓位图的基础上合理安排或者调整仓位和邮件堆位，将仓位调整情况告知转运装车人员。

承担机要邮件押运的，押运员要按照《机要邮件处理规则》的相关规定做好机要邮件的交接验收手续和保管。

2) 邮件接收

按照“先机要后普邮”、“先卸后装”、“先远后近”的原则接收邮件。

转运部门根据交接邮件细数单组织装车，押运员负责车门点数接收。邮件装发完毕后，接收路单的押运人员与两仓盯数的押运人员核碰装车邮件数字，无误后办理签收手续。

交接完毕，押运员对所接收的邮件及时进行内部处理。押运人员不负责邮件节目勾核，但对装车邮件的数量、规格、路向进行点验，存在问题应在规定时间内发验，在装车时发现的不合规格总包邮件退回交方处理。

3) 押运途中处理

邮件按卸交站分堆点数，验视规格，按沿途各站交同一卸交站的路单上邮件总数合计结数制作卸交总路单。

4) 邮件卸车

① 卸车处理

按照邮件的轻、重、特快类别和卸交局本、转分别堆放，提前将沿途卸交站卸车邮件堆位翻至车门口。卸车时，停车在三分钟以上的，由地面局负责卸车唱数，押运员盯数；三分钟以内的由押运员负责卸车、唱数，转运员在地面盯数。车门办理邮件交接。

② 注意事项

与接发人员办理卸车邮件总路单及单交邮件的交接，看仓押运员应盯验卸车人员查数和卸车，看好其他堆位，防止错卸和误卸。卸车完毕与接发员办理签收手续。对回局轻件和赶车邮件由转运部门向相关派押局提出要求，双方协商办理。

5）特殊情况处理

火车押运班遇有总包邮件袋牌脱落而无法辨别接收局名的，应拆袋，根据内件实物或清单信息确定卸交局后重新封装。同时在总路单和相关卸交总单上批注相关情况，向相关发运局发验。

在第一交换站开车后，如发现总包数量与卸交站总路单结数不符情况，应在规定时限内向发运局缮发验单，验单需说明多出、短少数目及所属卸交局，将验单副份抄送相关卸交局，在相关卸交站总路单上批注多出、短少数目。

对因水湿、油污等总包邮件应单另堆放，需要及时处理的按照相关规定进行处理，并向相关局发验。无条件或不影响其他邮件的可不进行处理，按卸交站卸转，但应明确批注交接站的交接总路单。有危害或严重影响其他邮件安全的可选择临近的较大站点卸车，将情况明确批注在交接站的卸交站总路单上，并向收寄局发验、抄送装发局和卸交局。

如遇邮件不能装卸完毕情况，未装邮件向发运局发验。未卸邮件应将其卸前方站，同时在前方站的卸交站总路单上批注，向责任卸交局缮发验单。

(3) 平衡合拢

押运班长在邮车发车后，根据各站装卸总路单逐站进行平衡合拢，填写平衡合拢表。

(4) 回乘规范

检查、清洁生产现场，与车底看护人员办理交接手续。配合转运班组处理本乘次卸车邮件中不合规格邮件，完善回程中的生产手续，办理档案交班和平衡表及生产量汇报，听取出乘期间的邮运通知，归还押运乘车免票证和被服，存放生产办公用品。

2. 汽车押运

(1) 班前准备

驾押人员出乘前应按时到单位，在值班调度处抄录邮运调度通知，领取出班凭证、单式，听取值班人员班前指示。出班时检查证照和出乘期间准备物品是否齐全等，驾驶员还应做好出车前的车况、油料的检查，检查车厢、厢体是否损坏，车厢门是否完好，清洁车容车貌，按照作业计划或调度指示按时到邮件装发地点。

(2) 出乘规范

1）交接

在规定时间内到达指定地点办理邮件交接。先接收装车的邮件路单，核对路单页数是否齐全，结数是否准确。对沿途需要办理邮件装卸车的，检查各卸交站的交接总路单是否齐全。承担机要邮件押运的驾押人员按照《机要邮件处理规则》的相关规定做好机要邮件的交接验收和保管。

凡沿途办理交接的汽车邮路在邮件交接过程中，如发现邮件数字不符，应复查数字后批注路单，明确装卸车时限延误责任。

2）邮件装车

① 直达汽车邮路

直达邮路的邮件装车由转运部门负责，邮件装车完毕以后，驾押人员眼同转运部门对车门施封，办理签收手续。

② 非直达汽车邮路

起点站装车邮件由地面局按照站次“先远后近”顺序装车堆码，堆位隔离清楚，驾押人员负责盯数；沿途站的邮件由驾押人员负责车内堆码，地面局负责将邮件装至车上。装车邮件量较大时，由地面局协助驾押员装车分堆，驾押员负责车上邮件的处理。

邮件装车时应“先普邮、后机要”，卸车时应“先机要、后普邮”，凭证办理机要邮件的交接。

在装车时发现不合格邮件驾押人员应拒收，由交方处理。

押运员应将各站交同一卸交站路单在卸车前汇总结数，以便卸车签收。

3）押运员职责规范

在“驾押合一”的邮路上，驾驶员既负责邮件交接工作，又负责汽车驾驶工作。在实行“双驾”的邮路上，正班驾驶员负责机要邮件交接以及汽车驾驶工作，副班驾驶员负责普通邮件的交接工作，并和正班驾驶员按照规定时间交换驾驶车辆，防止疲劳驾驶。

机要邮件的交接、押运按照机要邮件处理相关规定执行。

驾驶员要遵守行车安全要求，确保车辆和邮件的安全。

邮运车辆中途发生故障或遇路阻时，驾驶员应先将车辆和邮件转移到安全地带严加看护，尽快与上级主管部门或临近地面局联系，及时采取措施疏运邮件。

押运途中如发生不可抗力的情况，驾驶员应尽快与就近的地面局联系，请求支援、盘驳邮件，确保邮件安全。

驾驶员不得无故拒装拒卸邮件。各站交接邮件后，驾驶员应留存路单，妥善保管，返程后归档。

在住勤地驾驶员应执行随局管理制度，发生意外情况时，立即报告主管部门并请当地局救援。

在押运途中，因故临时停车时，必须保持高度警惕性，树立安全意识。

4）沿途装卸

局站汽车到达沿途卸交地指定卸车位置交接邮件，交接时填写“车辆运行行车排单”，记录车辆的运行时刻，以便考核准班准点率。

沿途各站交接邮件应先卸后装。对办理邮件装卸车的应按照“先远后近”的顺序单独堆码，验视堆码邮件的卸交站、数目是否正确。沿途卸车邮件由押运员从车上交卸地面，车下工作由地面局负责；装车邮件由地面局负责装车，驾押员在车厢内进行分剔、分堆。终点站邮件由地面局负责卸车。对沿途局卸车邮件量较大的局由地面局组织协助驾押员卸车，驾押员负责邮件卸车的车上指挥。

直达汽车邮路卸车前押运员眼同转运员验视车厢封志，如封志完好则直接签收。如车门施封有被拆动和车厢厢体损坏情况，应批注总路单并在规定时间内处理邮件，发生问题由承运部门负责。

非直达汽车邮路，押接双方进行点数交接。邮件点数交接时，点数工作由押运员高声唱数，接发员负责监数，核对邮件总包数与路单相符后，在承运局留存路单上签收。如数字不符则按实收数批注路单并向承担局和发运局缮验。

在卸交邮件时发现不合格邮件，驾驶员应会同接方共同开验，确定内件情况后，双方共同批注路单签证，由收方处理，驾驶员无权划销邮件。

驾押人员发现有数目不符情节，时间允许应当场复查核准，若复查数目仍为不符的则将核数结果批注交接路单，办理签收手续。时间不允许，应将查数结果批注路单办理交接手续。由驾押员负责在后续卸车环节查明不符局。

装发邮件发现有规格不符情节时，应由装发局按规定重新开拆加封处理，否则押运员有权予以拒收。

驾驶员要注意车辆运行情况,沿途卸交站停车期间,要随时检查车况,保证车辆状态正常。

(3) 平衡合拢

押运员回班后,根据各站装卸总路单逐站进行平衡合拢,填写平衡表。

(4) 回乘规范

检查车厢有无遗落邮件、邮件容器等。

邮车回库后检查车况,需要维护修理报本单位车辆管理部门。

整理装订路单,顺头顺面装订整齐,不缺页少张,在路单皮上注明日期、邮路、往返押运量及车号、本人姓名。路单档案资料原则上须当班装订归档,最迟须于次日归档。

上交邮件平衡合拢表。要求做到平衡合拢,日期、姓名齐全,更改处加盖名章。

存放生产办公用品,交回证件。

五、火车押运途中接发邮件特殊情况的处理

(一) 常见特殊情况的处理

1. 邮件交接数目不符

通常这种情况是由于发运局工作疏忽造成的,押运员应在规定时限内向发运局缮发验单说明情况,并抄送相关卸交局,责任由发运局承担。

规定时限

起点局装发的特快邮件和轻件及中途装卸的全部邮件。以2小时和200袋为基数,装卸量分别不足200袋,各在火车开出后2小时内全部点验清楚,超过200袋每增加100袋(含其零数)放宽1小时,以此类推。

2. 邮件交接装卸不完

按规定对未装完的邮件押运班在规定时限内向发运局(装发局)缮发验单并抄送卸交局,在总路单上批注。

押运班对因故未卸完的邮件,应卸交前方第一个一二级中心局,并向原卸交局缮发验单,同时抄送前方卸交局,并批注总路单。

3. 邮件总包袋牌脱落

无总包袋牌的总包邮件,但其他规格完好的,押运环节应将邮件单独堆放,并单交前方第一个具有省际封发功能的一二级中心局处理;无袋牌,同时存在其他规格不符的,要按规定开拆处理,并缮发验单,验单内容应注明实收件数,将其中一份验单随邮件放入总包,重封总包。要将封好的总包单独堆放,并单交前方第一个具有省际封发功能的一二级中心局处理。

4. 邮件总包水湿油污

对轻微水湿油污的邮件,按规定可不作处理,正常卸交。

对严重水湿油污的邮件,为避免污损其他邮件,要单独堆放,并卸交前方较大局协助处理。同时向封发局缮发验单,并抄送装发局及卸交局。

5. 地面局超计划强行装车

随着邮件量逐年增加,这种情况时有发生,应双方协调解决,在对方不听劝阻时,为避免冲突不可硬性拒收,应把有关情况向相关局填发“违章超装、拒收邮件通知单”。同时抄报被通知单位所在的主管部门。

(二) 其他特殊情况的处理

1. 邮政车中途停驶或摘挂

邮件押运班应设法通知就近地面局,并汇报相关地面局,地面局须采取措施,组织人力疏运邮件,疏运时押运班随车押运。如条件限制,邮件不能全部疏运,则按发运次序疏运,剩余邮件由地面局保管并负责疏运。表 4-14 所示为发运次序表。

表 4-14　发运次序

邮件总称		发运次序	邮件类型	比照左列邮件类型发运的邮件
特快专递邮件		1	特快专递	次晨达,标准特快
普通邮件	轻件	2	信函	一类畅销报刊,国际信函、保价、小包,机要文件
		3	报纸	零售报刊
	重件	4	期刊	经济快递,国际印刷品,快递包裹
		5	包裹	国际包裹,物流
		6	印刷品	
		7	公物	空信盒,空袋,报皮布,特快空袋

如列车继续前行,押运班和相关局应及时与列车负责人联系,设法继续运邮,同时汇报主管局和预报前方局。

邮车摘挂由押运班留人看守,必要时,委托地面局派人看守。

2. 填乘与漏乘

邮件押运员未按规定时间出乘应立即派押运员替补,途中发生押运员漏乘的应预告前方局请求帮助押运员上车协助工作,以防止发生全线或部分局站漏交换邮件。

3. 邮政车火灾的预防及扑救

(1) 预防和管理

重视对员工防火安全意识教育,能熟练地掌握防火安全的"三懂三会",制定应急方案,并经常演练。

三懂

1) 懂得本岗位火灾危险性。

2) 懂得预防火灾的措施。

3) 懂得扑救火灾的方法。

三会

1) 会报警。

2) 会使用灭火器。

3) 会扑灭初起火灾。

规章制度

1) 邮政车严禁吸烟。

2) 禁止使用明火。

3) 正确使用电器设备并定期维护。

4) 严禁携带易燃易爆品上车。

5) 双人值乘,做好安检记录。

(2) 火灾的扑救

在火灾发生时要立即报警,使用列车紧急制动阀,使列车停下(注意要将车停在相对安全、开阔地带,避免停在桥梁上或隧道中)。

根据应急方案及时同列车长、乘警、检车员联系,取得帮助,协助检车员将邮政车与其他旅客列车断开,形成隔离带。

使用灭火器扑救,同时使用防火隔离毯对机要文件等贵重邮件进行隔离。

向上级领导汇报情况时要简明扼要,明确说出发生火灾的车次、时间、地点、火灾情况。在等待救援时要保护好现场。

地面局救援人员赶到后,要协同地面局将邮件继续发往前程。

【阅读资料4-1】

交叉作业法

一、推行背景、内涵及意义

1. 推行交叉作业法的背景

在现有生产组织模式下,诸多方面还比较落后,主要体现在以下几个方面。

(1) 进口邮件分拣管理职能不统一,造成多头管理。

(2) 进口邮件分拣时效性差,作业处理时限过慢。

(3) 分拣作业场地分散,资源配置不合理。

(4) 人员和设备投入大,成本较高。

因此有必要实施一种先进、高效的作业组织法,来进一步优化和调整现有生产作业组织方式。

2. 交叉作业法的内涵

"交叉作业法"就是将原有的进口邮件处理按邮件种类"同时"分拣封发作业调整为按邮件时限要求"分时"交叉分拣封发作业,由同一班次的邮件分拣人员,利用同一套的分拣设备,在同一个处理场地,按照不同邮件的时限频次要求,在不同的时间段内处理不同种类的邮件。

(1) 邮政企业核心竞争力主要体现在网运的支撑能力上,而网运的支撑能力主要体现在时限和质量上。

(2) "交叉作业法"有两个关键点,分别为"分时"和"交叉"。"分时"是按邮件时限处理要求分时段作业,"交叉"就是生产人员进行交叉混合作业。

3. 实施交叉作业法的目标

本着"流程合理,作业优化,效率优先,人员精简"的原则,通过推行进口邮件分拣"交叉作业"的生产组织模式,强化生产运行管理职能的集中管控能力,达到加快邮件传递时限,支持邮政经营发展,降低生产运行成本,提高网路运行效率和效益的目标。

二、如何推行交叉作业法

1. 作业计划的编制

作业计划编制的主要依据:一是国家局和集团公司颁布的各类邮件传递时限标准,以及进出口干线邮车的进出局作业计划;二是各类邮件的处理具体要求。

2. 生产班组和场地设置

生产班组的设置:一般情况下,将生产班组设置为报刊函件分拣班、邮件转运接发班。

场地设置:将报刊分发、平挂信分拣、平挂刷分拣、包裹分拣共用一个平面场地。

台席设置:在台席的设置上,要充分考虑到邮件的处理时限要求,做到合理设置,满足要求。

3. 生产作业组织设置

(1) 转运车间作业组织。基本上要按照一个生产班组进行设置。邮区内支线邮路和市内转趟汽车运输作业组织要全面推行“驾押合一”模式。

(2) 分拣封发作业组织。报刊分发与普邮的各类邮件分拣封发作业实行“分时交叉作业”。可根据进口报刊和各类邮件业务量的情况设置台席。

4. 生产作业流程调整

(1) 总包接卸处理流程。

(2) 进口报刊分发处理流程。

(3) 进口包裹分拣封发处理流程。

(4) 进口函件分拣封发处理流程。

(5) 总包发运处理流程。

三、实施交叉作业法效果

1. 职责做到明确清晰,增强了市场竞争力

将报刊和分拣、转运职能全部划归邮件分拣转运分局,解决了原来分别交叉管理,经常意见不一致的难题;实行集中管理,使邮件分拣作业管理实现了集约化;邮件分拣转运分局成为支撑邮政各类业务经营发展的核心。

2. 加快邮件传递时限,有效提高生产效率

实行“分时交叉作业”,生产流程更加标准,生产操作更加规范,要求时限性较强的中央级(省级)主要报纸和畅销报刊分拣作业时长明显缩短。邮件分拣(含分拣前置部分)每日两个班次作业,每班次内部分拣时限缩短约 1 小时,提高生产效率 25%以上。

3. 强化生产现场管理,极大降低生产成本

生产现场整合集中后,改变了原有生产场地过于分散、管理监控难度较大的状况。由过去的分散开放式管理全部实现了全过程和全天候的封闭作业和定置管理。

4. 实现双定调整目标,提高了工时利用率

实行“交叉作业”后,每班次的工时利用率显著提高,投递环节的邮件投递有效作业时长得以延伸,保证了当日进口的邮件全部当日投递完毕。

通过实施“交叉作业法”这一先进的作业组织法,使各级网运组织最终形成。流程规范、结构科学、层次清晰的邮政网路运行组织,为经营发展提供了有力的支撑保证。

【阅读资料 4-2】

出口验单的缮写

一、验单概述

1. 验单的定义

验单是反映邮件处理工作质量、判明责任和督促改进工作的重要依据。凡是在邮件处理过程中发现违章或需要查明责任的,都必须认真缮发验单。

2. 验单的作用

(1) 通过缮发验单,可以及时纠正工作中所发生的差错。

(2) 通过缮发验单,判明各局、各工种、各环节之间的责任段落。

(3) 验单是通信质量分析与通信质量检查的依据,是改进工作的重要资料。

二、验单的书写要求

1. 缮验的范围

在接收处理邮件过程中,发现有下列差错或不符事项的,应缮发验单。

(1) 袋牌字迹不能辨认。

(2) 封志印志不清,铅志有撬动锤砸痕迹,铅志顺夹。

(3) 绳扣有接头或松动,能捋下,非猪蹄扣捆扎。

(4) 袋身有2 cm以上的较大破洞裂口,内件有取出可能或内件破损,造成袋皮水湿、油污。

(5) 套皮两端未粘牢,能抽开或套签未盖骑缝日戳。

(6) 袋套件误发,邮件未按规定路由转发。

(7) 袋套未附清单。

(8) 内件短少或破损,复称重量短少。

(9) 清单缺(错、跳)号、重(漏)登、单实不符、划销更改未盖名章、错漏结数、接收局名误写。

(10) 寄递禁寄超限寄物品。

(11) 邮件上邮票有被私揭嫌疑。

(12) 邮资未付、少付。

(13) 总包误、漏交接。

2. 验单缮写的规格要求

(1) 文字使用规范

使用规范的文字,忌用怪体、错别字、不符合规定的简化字。书写工整不潦草,避免因字迹潦草造成曲解,使验单失去应有的作用。

(2) 语句通顺

开门见山、简明扼要、注意验单的专用词语和文体。

(3) 内容叙述明确

事由清楚,节目详尽、明确,便于对方查出所指邮件。忌叙事不全、含糊不清、问题讲述不清楚,漏掉主要情节致使验达局捉摸不透,给解决问题带来困难。

三、如何缮写出口验单

(1) 验单顺序编号,每年换编一次。每张验单留底存查。

(2) 验单号码以交接日期和车次为验单号码。

(3) 发验局和验达局准确无误。

(4) 发验邮件的接收节目来源:发运局、时间、车(班)次、路单号、清单号及清单页码、格数要注明。

(5) 邮件的种类、号码、封发局、寄达局等必须写明。

(6) 差错或不合事项的具体情况。

(7) 发验局如何处理。

(8) 对验达局有何要求。

(9) 责任段落划分。

(10) 应附的证物。

(11) 经办人、主管及发验时间。

(12) 加盖日戳。

【阅读资料 4-3】

时限——网运生产的核心

一、时限的相关概念

1. 时限

时限是指完成邮件处理、运输及投递等环节规定的最大时间限度。它分为全程时限和作业基本时限。

2. 全程时限

邮件的全程时限又称运递时限,是指两地之间的邮件从收寄到投递的全过程作业所需要的时间。邮政通信不是生产物质产品,而是通过信息和物品的传递提供通信服务,起到空间移位的作用。所以我们称之为"运递"。

全程时限以收寄邮件时的日戳日期为准,投递时限以出班前加盖的投递日戳为准,在规定的时间内为合格,超过规定的时间为逾限。

3. 国内邮件全程时限的构成

国内邮件全程时限分别由"支局收寄到出口中心局"时限、"出口中心局内部处理"时限、"中心局间干线运输"时限、"进口中心局内部处理"时限、"进口中心局到营投局"时限、"营投局完成投递"时限六时段构成。

4. 作业基本时限

作业基本时限是指各类邮件在本市、县(本邮区中心局)传递过程中各环节不应当超过的最大时限。它包括进出口邮件处理的时限和站转总包邮件时限等。

二、概念剖析

全程时限是一个标准,是邮件传递的"纲",作业基本时限是各局(环节)生产作业的相关业务规定。作业基本时限与全程时限的关系如下。

(1) 邮件的全程时限是由各环节作业的基本时限完成情况累加的结果。

(2) 各环节作业基本时限完成,不等于邮件全程时限的完成。

(3) 邮件全程时限的业务规定是确定作业基本时限的主要依据。

(4) 作业基本时限是生产各环节的业务规定;全程时限则是向社会公布,是邮政企业必须履行的法律责任的《普遍服务标准》。

三、全程时限的标准

1. 信件全程时限

信件全程时限应满足以下要求:

(1) 直辖市、省会城市间 3～6 天,不超过 6 天送达的比例不应低于 95%;

(2) 省际地级以上城市间 5～9 天,不超过 9 天送达的比例不应低于 95%;

(3) 省际其他地区之间 8～15 天,不超过 15 天送达的比例不应低于 95%。

2. 印刷品、包裹(包括用户领取邮件的通知单)全程时限

印刷品、包裹全程时限应满足以下要求:

(1) 直辖市、省会城市间 5～10 天,不超过 10 天送达的比例不应低于 95%;

(2) 省际地级以上城市间 8～15 天,不超过 15 天送达的比例不应低于 95%;

(3) 省际其他地区之间 10～20 天,不超过 20 天送达的比例不应低于 95%。

上述标准在时限计算时,不包括收寄当天。

四、作业基本时限的业务规定

1. 时限规定的设定

时限规定按A类局、B类局、C类局、D类局、E类局分别设定。分类局名表如表4-15所示。

表4-15 分类局名表

省(区、市)	A类局	B类局	C类局	D类局	E类局
北京	北京		除B类局以外的地市局	县市局	县以下支局(所)
天津		天津			
河北		石家庄			
山西		太原、大同、侯马			
内蒙古		呼和浩特、海拉尔			
辽宁	沈阳	锦州、大连			
吉林		长春、吉林、白城			
黑龙江		哈尔滨、齐齐哈尔、佳木斯、牡丹江			
上海	上海				
江苏	南京	徐州、常州、苏州			
浙江	杭州	宁波、金华、温州			
安徽		合肥、蚌埠、芜湖			
福建		福州、厦门、南平			
江西		南昌、鹰潭、赣州、宜春			
山东		济南、烟台、青岛、德州、济宁			
河南	郑州	洛阳、信阳			
湖北	武汉	宜昌、襄樊			
湖南		长沙、衡阳、怀化			
广东	广州	深圳、汕头、湛江、韶关			
广西		南宁、柳州、桂林			
海南		海口			
重庆		重庆			
四川	成都	内江、西昌、南充			
贵州		贵阳			
云南		昆明			
西藏		拉萨			
陕西	西安	宝鸡、安康			
甘肃		兰州、酒泉			
青海		西宁、格尔木			
宁夏		银川			
新疆		乌鲁木齐、库尔勒			

2. 时限的具体规定

信件、普通包裹、印刷品邮件传递频次时限规定如表4-16所示。

（转摘自中国邮政〔2010〕267号）

（1）信件

表4-16　信件、普通包裹、印刷品邮件传递频次时限规定

局别	出口	进口	转口
A类局	支局、所11点前收寄的局内全部作业（包括支局、所封发—市内运输—中心局分发—局站运输—转运作业完毕，赶发最有效车次）最大时限不超过11小时；20点（营业终了）以前收寄的局内全部作业最大时限不超过12小时	8点前到站的当日投递（包括接站—局站运输—中心局分发—市内运输—投递，下同）；同城互寄的商函达到与客户约定的时限要求	比照出口
B类局	支局、所11点前收寄的局内全部作业（包括支局、所封发—市内运输—中心局分发—局站运输—转运作业完毕，赶发最有效车次）最大时限不超过8小时；20点（营业终了）以前收寄的局内全部作业最大时限不超过10小时	同上	比照出口
C类局	支局、所11点、20点（营业终了）前收寄的分别赶发5小时以后的有效车次	10点前到站的当日投递，同城互寄的商函达到与客户约定的时限要求	比照出口
D类局	邮车开行前2小时收寄的全部封发交运	12点前到局的当日投递	
E类局	邮车开行前1小时收寄的全部封发交运	12点前到局的当日投递	

（2）普通包裹

局别	出口	进口	转口
A类局	当天收寄的，次日8点以前全部处理完毕（包括支局、所封发—市内运输—中心局分发—局站运输—转运作业完毕，下同），赶发计划车次	20点前到站的，次日投递（包括接站—局站运输—中心局分发—市内运输—投递，下同）	比照出口
B类局	当天收寄的，次日6点以前全部处理完毕，赶发计划车次	同上	比照出口
C类局	当天收寄的，次日2点以前全部处理完毕，赶发计划车次	同上	比照出口
D类局	邮车开行前2小时收寄的，全部封发交运	12点前到局的当日投递	
E类局	邮车开行前1小时收寄的，全部封发交运	12点前到局的当日投递	

（3）印刷品

局别	出口	进口	转口
A类局	当天收寄的，次日12点前全部处理完毕（包括支局、所封发—市内运输—中心局分发—局站运输—转运作业完毕，下同），赶发计划车次	12点前到站的，次日投递（包括接站—局站运输—中心局分发—市内运输—投递，下同）	比照出口
B类局	当天收寄的，次日12点前全部处理完毕，赶发计划车次	同上	比照出口

续表

局别	出口	进口	转口
C类局	当天收寄的,次日8点前全部处理完毕,赶发计划车次	同上	比照出口
D类局	邮车开行前2小时收寄的,全部封发交运	12点前到局的当日投递	
E类局	邮车开行前1小时收寄的,全部封发交运	12点前到局的当日投递	

注:(1) 本表的A类局、B类局、C类局、D类局、E类局见分类局名表(表4-15)。

(2) 本表所规定的时限均为最大时限,各局应在本规定时限内根据环环相扣、紧密衔接的原则,科学、合理地编制综合作业计划。直辖市、省会城市要由各省公司邮件时限管理领导小组牵头,在本规定时限内对本市的营业封发、市内转趟、分拣封发、邮件转运、局站运输、投递等具体环节时长合理分配。各地市要根据当地实际情况,尽量压缩时限。在具体编制和审批作业计划时,遇有普通包裹与速递邮件共用场地、特大城市交通拥挤、衔接有效运邮车次等特殊情况,可以附说明上报集团公司。集团公司在确保全程时限达标的前提下个案研究审批。

(3) 本表的到站,指火车运输到达车站,汽车运输到局。

(4) 本表中的"D类局"和"E类局"的时限标准为新增补充规定。

(5) 对于出口信函寄达局投递效果一样的可以上报审批出口一个频次。

(6) 本表中的时间卡点"×点前"或"前×小时"均包含×时点本数。

五、作业基本时限的作用

(1) 作业基本时限是各局(各环节)合理分配作业时长,制订综合作业计划的依据。

(2) 作业基本时限是各局(各环节)视检人员检查时限完成情况的标准。

(3) 作业基本时限是确保全程时限达标的基础。

六、全程时限达标的核心要素

(1) 根据集团公司颁布的基本作业时限规定,结合本地实际合理分配作业时长,编制作业计划。

(2) 利用网运信息系统、给据邮件查询系统,RFID邮件跟踪系统等信息化工具,全面监控本省(局)全程时限完成情况。

(3) 根据监控情况,对于时限未达标的寄达局,要合理配置资源,调整邮件发运计划。

七、开展全程时限达标活动的意义

邮件时限是邮政通信服务质量的核心指标,同时也是邮政企业生存和发展的重要基础。

新《邮政法》第二十条规定:"邮政企业寄递邮件,应当符合国务院邮政管理部门规定的寄递时限。"国家邮政局2009年发布了《邮政普遍服务标准》,具体规定了各类邮件的全程时限标准,并建立了以时限为重点的普遍服务质量监管体系。确保邮件传递时限不仅是邮政企业必须履行的法律责任,而且还是邮政企业生存和发展的基础。我们要充分认识确保邮件传递时限对邮政长远发展的战略意义,正确处理好邮件时限与成本的关系,普邮业务与速递物流业务的关系,商业化服务与普遍服务的关系,切实把邮件时限管理列入重要议事日程,作为一项重要的基础性工作常抓不懈,确保邮件全程时限稳定达标。

第六节　邮区中心局生产指挥调度

一、邮区中心局生产指挥调度概述

生产调度管理体系是邮区中心局生产运行工作的基本保障。该体系通过编制各类邮件发运计划和内部作业计划,发布各项调度指令来指挥全局通信生产,通过维护生产作业系统的基础数据和控制数据,来控制邮件的分发、发运和运输;通过实时的指挥调度,协调局际间及本局内部各环节间的生产作业关系,使全网生产和谐、通畅;通过随机和定期采集生产数据,对生产运行相关数据和指标进行统计、核算、分析,为生产运行决策提供依据。

生产调度体系包含了邮路计划管理、作业计划管理、网运统计核算、信息系统管理以及值班调度、现场调度等职能。涉及国际业务管理的中心局,可根据情况增设国际业务管理职能。

二、邮区中心局生产指挥调度工作制度与工作规范

1. 调度指令制度

(1) 调度指令的分类

根据传达信息的重要程度和权威性质,生产指挥调度中心下达的调度指令分为调度命令、调度通知和调度指示三种。

1) 调度命令:是在特殊情况或特别重要的情况下,由主管局长直接向各生产单位、生产环节下达的最高等级调度指令。

2) 调度通知:是指挥调度中心根据生产需要,对邮件时限、频次和邮车运行以及邮件发运、封发计划、各类作业计划和邮路信息等内容进行调整、变更以及对生产单位提出要求时,所发出的调度指令。

3) 调度指示:是指挥调度中心调度人员在协调、处理、指挥日常工作时,随即发出的需要相关单位或人员立即办理的事项以及一次性临时调整变更邮件发运计划、作业计划或安排其他临时工作的事项。

(2) 调度指令的下达

1) 调度命令要求以正式的书面文件形式下达。由生产指挥调度中心负责拟稿,报主管局长审核、签发。

2) 调度通知要求以书面文件形式下达。由计划管理人员负责拟稿,生产指挥调度中心主任签发。

3) 调度指示一般以口头或电话形式由值班调度人员直接下达,下达调度指令时,调度员与接受指令的生产单位值班人员均应认真详细做好记录。

(3) 调度指令的接受、执行

邮区中心局指挥调度管理要严格按照三级调度管理体系操作规范,遵照下级服从上级、局部服从全网的原则。

1) 调度命令具有最高权威性,各执行单位必须立即、无条件地接受、执行,其主管领导和相关负责人,是接受和组织落实调度命令的直接责任者,要随时监控本单位执行调度命令的具体情况,对于执行中存在的问题和困难及时报告生产指挥调度中心,以便采取相应措施。各执行单位负责人应将调度命令执行的情况及时向主管局长或生产指挥调度中心汇报。

2) 调度通知下发以后各执行单位必须及时接受,本着"先执行、后反映"的原则,认真组织落实。对于执行中存在的问题和困难要及时向生产指挥调度中心反映,提出正确、合理的处理意见和建议,但在意见、建议未得到采纳之前必须继续执行,不得以任何理由拒绝执行。

3) 调度指示具有良好的沟通性和灵活性,生产指挥调度中心下达的各项调度指示应做到简明扼要、通俗易懂、条理清晰,要求具体明确。执行单位如认为指令中存在问题或对其存有疑虑,应当即与发令人员协商最佳执行方案,协商未果必须继续执行,不得以任何理由拒绝执

行。事后可向生产指挥调度中心主任如实汇报当时的具体情况。

4) 各生产单位对调度指令中要求处理的问题,必须按照指令上规定的期限进行处理,各执行单位对调度指令要认真登记、保存。处理结果需报告的要及时以书面形式报告。

2. 调度日志制度

为认真贯彻落实上级调度指令,加强调度管理工作,完善基础资料,做到各项记录完备,生产过程有据可查,指挥调度中心值班调度和现场调度当班期间必须按要求填写调度日志,做到记录及时、准确,项目完整,内容翔实,具体要求如下。

(1) 认真填写值班期间发生的异常生产情况与处理结果。

(2) 认真填写当班期间本人做出的各类调度指令与落实情况。

(3) 对生产单位上报的各类生产情况、有关邮路运行情况以及发运计划、封发计划和作业计划的临时调整变更的内容及开始和终止执行时间等均要详细记录。

(4) 认真记录协调处理生产单位间、局际间的各种事务,以及上级调度部门、主管领导和本人临时安排的工作情况。

(5) 当班过程中接生产单位上报问题的内容、时间、报告人以及当班调度的处理与回复情况;向领导和上级调度部门电话汇报的事务等。

(6) 认真记录生产单位上报的各类产量日报,并按要求及时整理上报。

(7) 当班需要移交下班办理的事情,移交的物品、设施等要逐项填写,并办理交接手续。

(8) 调度人员应将调度日志逐日排序,定期进行装订,妥善保存,以备日后查询。涉及保密事项的,要锁入柜中。

(9) 将调度日志和值班记录按一定格式输入计算机,保存为电子文档。未来各中心局将根据集团公司的要求,将调度日志在中心局管理系统中统一填报(待开发)。

3. 调度值班制度

为保持邮区中心局生产指挥调度的统一性和连续性,提高处置问题的快速反应能力,生产指挥调度中心必须设置调度值班室,实行24小时值班。

调度值班室应配备可以拨打长途的固定电话、移动电话及无线对讲设备,并保持全天候正常运行,确保信息的畅通。

调度值班室还应分别配备能够登录国家邮政综合网和因特网的计算机各一台,以备随时通过网运信息系统、中心局生产作业系统和中心局监控系统查询车计划、局计划以及其他各类基础数据,进行干线汽车邮路的派车、加车、停运维护,及时将调度日志、值班记录电子文档传送给部门主管领导。

4. 现场调度制度

为了督促各生产单位切实执行邮件发运计划和各项规章制度,及时掌握各生产现场具体情况,实行动态调度,及时解决生产过程中发生的问题,指导生产部门按照规范完成生产任务,生产指挥调度中心应根据本局实际向各枢纽派驻现场调度。

现场调度对本枢纽生产运行情况负责。各枢纽应以生产部门为单位,设立总值班长,与值班调度建立直接联系,接受值班调度指挥调度并对值班调度负责。

三、邮区中心局生产运行监控

邮区中心局生产指挥调度中心实行主任负责制,各管理岗位在主任领导下从事各项生产管理工作。

1. 生产指挥调度中心主任

(1) 岗位职责

1) 在中心局主管局长领导下，主持生产指挥调度中心日常工作并负责组织、管理全局通信生产工作。

2) 认真贯彻执行上级调度部门下达的调度通知和调度命令，严格执行邮件发运计划和各项邮运生产相关制度、规定，及时下发相关调度指令，及时调整本局的生产作业组织，保证全网畅通。掌握全网生产运行动态，对于生产中的突发事件及时向上级领导汇报。提出制定本局生产作业组织调整、计划调整、生产操作规范和管理规范的方针和思路。按月制订生产运行计划，经局领导批准后下达生产单位实施。对下发的调度通知进行把关签发。

3) 根据上级精神，向局领导提出生产运行改革、作业优化等意见和建议，为局领导决策提供依据。

4) 主持召开生产调度会议，定期向局领导汇报全局生产运行情况。

5) 监督、检查本部门各岗位人员履职、工作情况，依据内部考核制度，对各岗位人员履行职责情况进行考核。

6) 加强与上级调度部门和相关局调度部门的联系，协调解决上下级和局内外平级部门间的工作关系。

7) 认真按时完成局领导交办的临时工作任务。

(2) 权限

1) 对全局生产流程、作业规范(包括生产作业系统操作规范)、通信设备、邮运车辆的使用、邮路运行等工作负有监督、检查和指导的权力。

2) 有权根据上级调度指令和本中心局方针目标与阶段工作重点安排阶段性网运工作；有权签发调度通知或在主管局长授权下签发调度命令并监督执行。

3) 有权根据上级调度指令开始或终止某项生产工作，有权向生产单位领导安排各项生产工作。

4) 有权制止生产单位领导违章指挥生产；对违章指挥造成影响的生产单位，有权依据相关文件进行考核、处罚。

5) 对本部门未认真履行职责的各岗位人员，有权予以撤换。

2. 邮路计划管理岗

(1) 岗位职责

1) 在生产指挥调度中心主任领导下进行邮路运行管理和计划管理工作。

2) 认真贯彻落实上级调度命令、调度通知和调度指示。及时下载、签收上级调度命令、调度通知和公告文件，并及时将相关情况上报生产指挥调度中心主任。根据上级调度命令、调度通知和调度指示拟定调度命令或调度通知，报经主管领导审核、签发后负责下发和落实。

3) 根据铁路、航空部门运行计划调整和上级调度部门的统一部署，编制干线邮路邮件发运计划；根据通信生产和经营需要，及时调整干线邮件发运计划，各类计划报经上级调度部门同意后下发执行，并对计划执行情况进行监督落实。

4) 根据发运计划调整情况，协同作业计划管理人员编制生产作业计划，做好邮路信息、干线总包经转关系、局计划等信息数据的更新、下载、维护、上报和执行工作。

5) 加强与调度员的沟通联系，及时向调度员传达上级安排的各项生产运行工作和相关要求；经常深入基层掌握了解邮路运行情况，及时将邮路路阻、邮车停运、邮件积压等特殊情况和事件上报主管领导,根据上级指示随机调整发运计划。

6)认真收集整理邮路运行情况,并及时向主管领导提供分析报告。

7)按时完成上级交办的临时工作任务。

(2)权限

1)有权对干线邮路运行及发运计划执行情况进行监督、检查。

2)对生产单位违反发运计划及生产单位领导违反发运计划指挥生产现象有权制止,必要时,有权根据相关规定进行处罚。

3)有权要求生产单位随时提供邮路运行情况和相关数据。

4)对调度人员及生产单位业务管理人员有业务指导的权力。

3. 作业计划管理岗

(1)岗位职责

1)在生产指挥调度中心主任领导下进行本中心局生产运行管理和作业计划管理工作。

2)认真贯彻落实上级调度命令和调度指示,根据上级下达的调度命令和调度指示及干线邮路变更情况,结合本局生产实际制定生产作业流程和相关规章制度,对本局生产进行具体安排,并拟定调度通知,经主管领导审阅、签发后负责下发和落实。

3)依据干线邮路发运计划,认真编制各类生产作业计划(包括各类邮件分拣封发计划、报刊分发发运计划、趟班运行计划等);根据发运计划的调整,及时调整生产作业计划,各类作业计划经与相关生产单位充分讨论并报经主管领导批准后下发执行,并对计划执行情况进行监督、检查。

4)根据计划调整情况,及时下载更新分拣封发关系等基础数据,做好作业计划相关信息及控制参数的维护、调整工作。

5)加强与调度员的沟通联系,及时向调度人员传达有关生产安排的内容和注意事项;经常深入基层,掌握了解本局生产运行情况,遇到重大事件及时上报部门主管领导并协助解决。

6)认真收集、汇总本局生产运行情况原始资料,并及时向主管领导提供分析报告。

7)按时完成上级交办的临时工作任务。

(2)权限

1)有权对本局生产作业计划执行情况进行监督、检查。

2)对生产单位违反作业计划、违规操作及生产单位领导违反计划指挥生产现象有权制止,必要时,有权根据相关规定进行处罚。

3)有权要求生产单位随时提供生产运行情况和相关数据。

4)对调度人员及生产单位业务管理人员有业务指导的权力。

4. 网运统计核算岗

(1)岗位职责

1)按统计周期及时收缴、整理、统计、汇总各生产单位上报的各类作业量、邮运产品量报表,总结中心局生产运行效率和效益情况,写出书面统计分析报告,及时上报主管领导及上级主管部门。

2)利用调度日报、生产作业系统、监控系统随时收集、统计、汇总邮件流量、流向、邮车发运量等各种生产数据,为生产运行管理提供数据资料。

3)根据各项基础数据、资料对全局生产运行效率和效益等相关指标进行统计核算,为领导提供决策依据。

4）加强与本局财务部门的沟通，按月核对各类业务量、产品量数据，确保网运部门与财务部门上报数据的一致性。配合财务部门做好中心局损益核算工作，并将相关数据提供给生产单位，作为各生产单位提高双效的参考。

5）做好邮路年报的统计、汇总和核对工作，核对无误后，由财务部门集中上报。年度内如发生邮路撤并、新开、变更应及时向人事、财务部门通报。

（2）权限

1）有权检查各生产单位工作量、业务量统计台账及相关原始资料，有权对生产单位上报的报表进行检查、核实。

2）有权要求生产单位随时提供阶段作业量和产品量。

3）有权要求生产单位对异常业务量进行分析并提供书面分析报告。

4）有权根据作业量及产品量的变化情况向主管领导提出调整作业组织结构和生产作业的意见和建议。

5. 信息系统管理岗

（1）岗位职责

1）在生产指挥调度中心主任领导下进行全局生产信息系统的运行管理和生产信息系统部分通用控制数据的维护工作。

2）负责对全局生产车间（包括远程车间）、班次、台席、操作员及相关生产参数在生产作业系统中进行维护；负责下载和维护机构代码、邮件种类等基础数据；按照生产需要，合理配置生产作业系统和管理信息系统操作员权限，并对操作员进行统一管理。

3）负责对局内生产信息系统终端、线路、车间服务器及其相关应用的管理工作，实时对生产应用情况进行监控，及时调查、处理，上报并协调解决信息系统运行过程中出现的异常情况；负责对全局组织信息系统的升级、维护，加强与上级信息技术主管部门的沟通、协调，并对信息系统维护部门日常维护工作进行监督、考核。

4）负责与电子化支局、速递、报刊发行、国际、物流、投递等相关信息系统的使用和运行维护部门沟通协作，做好网运系统与相关信息系统的接口数据维护和管理工作。定期汇总各系统应用情况，并上报主管领导。

5）负责生产信息的安全管理，提出和执行具体措施保障计算机网络设备和配套设施的安全，保障信息的安全及运行环境的安全。合理调配使用信息系统的各类资源，组织和检查应用系统网络数据备份与资料整理和归档。

6）负责信息系统应用功能和操作优化，为业务提出合理的优化系统使用方案以及根据业务人员的要求制定使用方法和流程。根据中心局生产发展对信息系统的需求，对信息系统改造和建设提出建设性意见。

7）制定生产信息系统维护规范及操作规范，并对各使用单位进行检查和考核。

8）负责对全局生产信息系统操作员进行业务指导和操作培训，防止违规作业。

9）按时完成上级交办的临时工作任务。

（2）权限

1）有权对各生产单位生产信息系统使用情况（包括各种硬件设施的使用和保养）和操作规范进行检查、考核。

2）有权制止违反操作规程的任何操作（包括不按操作流程操作，随意变更设备位置、地点，随意变更、撤换外设配置等），对因违规操作影响生产的情况有权向主管领导提出处理意见。

3）有权根据生产实际提出更换、增设、撤销信息系统设施及增设、撤换信息系统操作员的建议。

4）有权根据系统异常及故障情况随机采取应对措施，必要时根据应急预案启动机制报主管领导启动应急处理预案。

6. 值班调度岗

(1) 岗位职责

1）在生产指挥调度中心主任领导下对全局生产运行进行实时指挥、调度、监控和管理。

2）认真贯彻落实上级各项调度指令以及中心局下达的调度通知，对相关内容落实执行情况实时跟踪、反馈。

3）与现场调度员以及局内各生产单位、各相关局之间保持沟通、联系，借助中心局监控系统充分掌握生产运行情况，认真分析生产中存在的问题并及时予以协调解决。遇到重大事情及时报主管领导(紧急情况时可越级上报)，并协助做好处理工作。

4）铁路、公路和航空运邮过程中发生突发事件(如邮车摘挂、折返，道路受阻，航班延误、停飞及其他临时变故)以及邮件积压等情况时，及时上报主管领导，涉及其他局的，及时进行联系和协调，在不影响邮件传递时限的基础上下达临时变更、调整发运计划、邮运路线的指令，采取措施积极组织疏运邮件并预报相关局。

5）根据邮件流量、流向合理安排运邮车辆。遇到邮件量不足或骤增，根据实际情况临时安排停班或加班，并向相关局做好预报工作，加班邮路做好加车流水号的申请和分配工作；涉及其他局承运的邮路邮件量突增，应及时联系疏运事宜。

6）做好各种生产数据的收集、整理和调度日报的统计、填报工作；把值班调度日志、电话记录、现场调度记录按照规范的格式输入计算机存档并认真做好交接班工作。

7）按要求认真填写履职周报，定期向主管领导汇报生产运行情况，根据生产实际情况对生产运行管理、计划调整等提出意见和建议。

8）按时完成上级交办的临时工作任务。

(2) 权限

1）对各项调度指令(包括上级下达和本人发出)的内容和要求负有传达和监督执行的权力。

2）有权根据生产实际临时调整发运计划或作业计划，有权向生产单位安排临时性工作。

3）根据实际情况，有权调动全局范围内的各种车辆、设备和生产人员从事邮件疏运、抢险等应急工作。

4）有权要求生产单位随时上报生产运行情况和相关数据。

5）有权根据生产情况提出调整邮件发运计划、生产作业组织和生产运行管理的建议。

7. 现场调度岗

(1) 岗位职责

1）在生产指挥调度中心主任领导下对所派驻的生产现场进行实时指挥、调度、监控和管理。

2）认真贯彻落实上级各项调度指令以及中心局下发的调度通知，对相关内容进行现场检查、督促落实。

3）在生产现场实时指挥协调生产，要做好邮件封发，邮件局内盘运，重点火车、干线汽车配量发运以及本局承担的各级邮路运行等关键时段、关键环节的现场监控和调度，对卡口时段进出口邮件的送交、领取、发运等情况进行实时监控，尤其对交接时间紧张的火车邮路，要逐车在火车站台进行现场指导；重点做好对特快专递、畅销报刊、一体化物流等各类限时邮件处理、发运的监控、管理工作。

4）监督检查生产单位是否按规定的时限、频次、发运计划和操作规程进行交接、处理和发运邮件，通过现场检查，掌握生产运行情况，并加强与值班调度员以及局内各生产单位、各相关局之间的沟通、联系，及时解决处理影响生产的各类问题。

5）发生各类突发事件（如邮车摘挂、折返，道路受阻，航班延误、停飞以及其他临时变故），及时与值班调度联系沟通，协助值班调度员实施现场指挥调度，采取相应措施组织疏运邮件。遇紧急情况，可直接向生产指挥调度中心主任汇报。

6）按照发运原则、发运计划和邮车容间监督邮件配量情况，在保证邮件传递时限的基础上，根据邮件流量、流向以及堆位、体积等情况协同值班调度员合理安排运邮车辆，做到运能运量匹配、均衡。

7）认真做好现场调度日志、现场调度格式化报表的填写工作，当班结束交值班调度汇总。按要求填写调度员履职周报，定期向部门主管领导汇报生产运行情况。

8）按时完成上级交办的临时工作任务。

（2）权限

1）对各项调度指令的内容和要求负有监督执行的权力。

2）有权根据生产实际临时调整作业计划，有权向生产单位安排临时性工作。

3）对违反通信纪律以及各项规章制度、违规操作等情况有权制止、纠正和处罚。

4）对不按发运原则和发运次序配发邮件的现象有权要求其更正。

5）有权根据生产情况提出调整邮件发运计划、生产作业组织和生产运行管理的建议。

（3）现场调度与值班调度的关系

现场调度是走动式管理和动态调度的基本形式，是值班调度的延伸和补充，值班调度侧重于局间协调，而现场调度侧重于现场指挥及内部各单位之间的协调。现场调度通过现场跟踪查看能够及时、准确地了解生产现状，有利于提高反应速度，有效实施动态调度。为了准确地指挥生产，现场调度与值班调度之间必须保持良好的沟通联系，相互通报生产情况，值班调度应对当班全局生产运行情况负总责，在总体生产安排上，现场调度应服从值班调度。

第七节　邮区中心局质量管理

一、邮区中心局质量管理体系

按照三级质量管理体系和网运检查三级负责制的要求，本着一级管一级、一级向一级负责的原则，各级质量检查人员严格按照上级要求的检查内容、检查频次履行检查职责，以日常检查和专项检查相结合，普遍检查和重点抽查相结合等方式，对全局生产作业、邮路运行及传递时限进行全方位的监督、检查，按照上级下达的各项质量指标对生产单位进行考核，并对检查和考核结果进行统计、分析、反馈，保障中心局生产运行质量。

中心局质量控制管理体系包括质量检查、业务档案管理等职能。

二、生产质量指标设置与计算方法

邮政通信生产质量指标是反映中心局生产管理总体水平的重要尺度。为了适应生产作业组织和生产流程的要求，掌握邮政生产过程中各单位、各工种、各环节生产质量情况，同时确保各类邮件在传递过程中实物与信息同步运行，按照“迅速、准确、安全、方便”的原则，设置邮区中心局生产质量指标，并加以检查考核，促使中心局各生产单位加强生产质量管理，不断提高通信质量，为用户提供优质的服务，增强邮政企业的市场竞争能力。

(一)设置生产质量指标的原则

1. 准确性原则

指标能够准确、真实地反映生产管理过程中各环节、各层面上的基本情况和发展水平，为生产决策提供准确、真实的依据。

2. 及时性原则

各项指标的统计、反馈要及时，为各级领导和管理部门了解情况、制定政策和措施争取时间。

3. 全面性原则

指标的设置要齐全，要能全面反映通信生产的总体情况。

4. 方便性原则

能够为各级领导和管理部门提供数据清晰、清楚明了、使用方便的原始资料。

(二)生产质量指标体系

1. 生产质量指标的构成

(1) 通信质量指标

1) 总包邮件延误差错率

2) 总包邮件丢失损毁率

3) 总包邮件封发不合格率

4) 给据邮件延误差错率

5) 给据邮件丢失损毁率

6) 平常邮件延误差错率

7) 报刊分发延误差错率

8) 报刊分发丢失损毁率

9) 机要邮件总包失密丢损率

10) 机要邮件总包延误差错率

11) 邮车运行准班率

12) 邮车运行准点率

13) 总包邮件信息发送准时率

14) 总包邮件信息发送正确率

15) 总包邮件扫描勾核率

16) 邮件查询逾限率

17) 重大通信事故次数

上述指标由中心局及上级主管部门分级考核。

(2) 外部考核指标

1) 给据邮件条码化率

2) 给据邮件条码正确识读率

3) 给据邮件信息上网率

4) 给据邮件网上信息准确率

上述指标主要发生在营投环节,由相关部门考核,邮区中心局按要求提供相关数据。

(3) 运行效率和效益控制指标

1) 运邮车辆利用率

2) 运邮车辆完好率

3) 通信设备利用率

4) 通信设备完好率

5) 邮件分拣上机率

6) 邮车运能利用率

7) 人均劳动生产率

8) 给据邮件网络化分拣率

9) 给据邮件信息预处理率

10) 改退邮件比率

11) 中心局全网贡献率

2. 生产质量指标解释与计算方法

(1) 通信质量指标解释与计算方法

1) 总包邮件延误差错率(万分比)

总包邮件延误差错是指生产人员因违反邮件发运计划、发运次序,总包邮件漏发运、错装、错卸等主观原因导致总包邮件超过规定传递时限,或因错发等主观因素导致总包邮件的差错责任。

总包邮件延误差错率是指某企业某时期发生总包邮件延误差错的袋数占本企业总包邮件交换量的比例。该指标数据按月、年或者根据实际需要的统计期统计,总包邮件延误差错的袋数根据验单或者"两子系统"内控制系统全额统计,但与总包邮件交换量的取数必须保持同期、同范围。计算公式为:

总包邮件延误差错率=总包邮件延误差错袋数÷总包邮件交换量

2) 总包邮件丢失损毁率(万分比)

总包邮件丢失损毁是指生产人员未执行规章制度和操作规程造成总包邮件有进无出、查无下落,因安全防范措施不力导致总包邮件被盗,因操作失当导致总包邮件损毁而引起的赔偿责任。

总包邮件丢失损毁率是指某企业某时期发生总包邮件丢失损毁的袋数占本企业总包邮件交换量的比例。该指标数据按月、年或者根据实际需要的统计期统计,总包邮件丢失损毁的袋数根据赔偿情况实际统计,但与总包邮件交换量的取数必须保持同期、同范围。计算公式为:

总包邮件丢失损毁率=总包邮件丢失损毁袋数÷总包邮件交换量

3) 总包邮件封发不合格率(%)

总包邮件封发不合格是指:

① 无条码袋牌或条码不可识读;

② 袋牌字迹模糊,不能辨别接收局名和号码;

③ 总包超过限重,特快专递邮件未标注重量;

④ 铅封印志模糊,不能辨别封发局名;铅志不固、铅志顺夹袋绳可以抽出,印志有撬动、锤砸等痕迹;

⑤ 扎绳有结头,捆扎不紧能将袋绳捋下。

⑥ 使用手携扎袋器封袋的,夹印在塑料带上无封发局名。

⑦ 袋身有2 cm以上破洞、裂口,破洞非机器缝补或破洞用袋绳捆扎,内件有取出可能,内件破损造成袋皮水湿、油污。

总包邮件封发不合格率是指某企业某时期封发的总包邮件不合格的袋数占本企业封发的总包邮件总袋数的比例。该指标数据采取定期或不定期的抽样检查方式取得,但总包邮件不合格的袋数与总包邮件总袋数必须保持同批次、同范围。计算公式为:

总包邮件封发不合格率=(总包邮件封发不合格袋数÷封发总包邮件总袋数)×100%

4)给据邮件延误差错率(万分比)

给据邮件延误差错是指生产人员因违反邮件封发计划、未执行规章制度和规程造成给据邮件漏封发、错封等主观因素导致给据邮件超过规定传递时限,或因错发等主观因素导致给据邮件的差错责任。

给据邮件延误差错率是指某企业某时期发生给据邮件延误差错的件数占本企业给据邮件交换量的比例。该指标数据按月、年或者根据实际需要的统计期统计,给据邮件延误差错的件数根据验单或者“两子系统”内控制系统全额统计,但与给据邮件交换量的取数必须保持同期、同范围。计算公式为:

给据邮件延误差错率=给据邮件延误差错件数÷给据邮件交换量

5)给据邮件丢失损毁率(万分比)

给据邮件丢失损毁是指生产人员未执行规章制度和操作规程造成给据邮件有进无出、查无下落,因安全防范措施不力导致给据邮件丢失、被盗,因操作失当导致给据邮件损毁而引起的赔偿责任。

给据邮件丢失损毁率是指某企业某时期发生给据邮件丢失损毁的件数占本企业给据邮件交换量的比例。该指标数据按月、年或者根据实际需要的统计期统计,给据邮件丢失损毁的个数根据赔偿情况实际统计,但与给据邮件交换量的取数必须保持同期、同范围。计算公式为:

给据邮件丢失损毁率=给据邮件丢失损毁件数÷给据邮件交换量

6)平常邮件延误差错率(万分比)

平常邮件延误差错是指生产人员因违反邮件封发计划、未执行规章制度和规程造成邮件漏封等主观因素导致平常邮件在某一生产环节超过规定处理时限,或者因错封等主观因素导致平常邮件发运路向错误而造成该邮件传递时限超过规定时限。

平常邮件延误差错率是指某企业某抽样检查期发生平常邮件延误差错的件数占本企业抽样检查平常邮件总件数的比例。该指标数据采取定期或者不定期的抽样检查方式取得,但平常邮件延误差错件数与抽查平常邮件的邮件总数必须保持同批次、同范围。计算公式为:

平常邮件延误差错率=平常邮件延误差错件数÷抽查平常邮件总件数

7)报刊分发延误差错率(万分比)

报刊分发延误差错是指生产人员因主观因素导致报刊在分发环节分发处理时间超过规定时限。

报刊分发延误差错率是指某企业某时期发生报刊延误差错的份数占本企业报刊总分发量的比例。该指标数据按月、年或者根据实际需要的统计期统计，报刊延误差错的份数根据验单或者质量抽查统计，但与报刊分发量的取数必须保持同期、同范围。计算公式为：

报刊分发延误差错率＝报刊分发延误差错份数÷本企业分发报刊总份数

8）报刊分发丢失损毁率（万分比）

报刊分发丢失损毁是指报刊分发人员未执行规章制度和操作规程造成报刊短少，因安全防范措施不力导致报刊被盗，因操作失当导致报刊损毁而引起的人为责任。

报刊分发丢失损毁率是指某企业某时期发生报刊丢失损毁的份数占本企业报刊分发总量的比例。该指标数据按月、年或者根据实际需要的统计期统计，报刊丢失损毁的份数根据验单责任和实际赔偿情况统计，但与报刊分发总量的取数必须保持同期、同范围。计算公式为：

报刊分发丢失损毁率＝报刊分发丢失损毁份数÷本企业报刊分发总量

9）机要邮件总包失密丢损率（万分比）

丢失是指生产人员未执行规章制度和操作规程造成机要邮件总包有进无出、查无下落，或者因安全防范措施不力导致机要邮件总包被盗。

失密是指机要邮件在传递过程中被拆阅造成内容泄漏，或者机要邮件的总包不合规格，经机要处理人员确认内件封条有拆动痕迹等现象。

损毁是指机要邮件在传递过程中受到损坏，无法辨认文件内容。

机要邮件总包失密丢损率是指某企业某时期发生机要邮件总包失密丢损袋数占本企业机要邮件总包交换量的比例。该指标数据按月、年或者根据实际需要的统计期统计，机要邮件总包失密丢损袋数根据验单或者用户查询、投诉、追查责任等全额统计，但与机要邮件总包交换量的取数必须保持同期、同范围。计算公式为：

机要邮件总包失密丢损率＝机要邮件失密丢损袋数÷机要邮件交换量

10）机要邮件总包延误差错率（万分比）

机要邮件总包延误差错是指生产人员因违反邮件发运计划、发运次序，总包邮件漏发运、错装、错卸等主观因素导致机要邮件总包超过规定传递时限，或因错发等主观因素导致机要邮件总包安全受到威胁而未造成实际损失后果的差错责任。

机要邮件总包延误差错率是指某企业某时期发生机要邮件总包延误差错的个数占本企业机要邮件总包交换量的比例。该指标数据按月、年或者根据实际需要的统计期统计，机要邮件总包延误差错的个数根据验单或者用户查询、投诉等全额统计，但与机要邮件总包交换量的取数必须保持同期、同范围。计算公式为：

机要邮件总包延误差错率＝机要邮件延误差错个数÷机要邮件交换量

11）邮车运行准班率（%）

邮车运行准班是指汽车邮路承运企业能够按规定的发班频次派出车辆执行运邮任务。

邮车运行准班率是指某时期某企业邮车实际发班次数占本企业计划发班次数的比例。该指标数据按月、年或者根据实际需要的统计期统计，邮车正常发班次数根据行车排班表或者调度记录全额统计，但与计划发班次数必须保持同期、同范围。计算公式为：

邮车运行准班率＝（实际发班次数÷计划发班次数）×100%

12）邮车运行准点率（%）

邮车运行准点是指在某时期某企业的汽车邮路能够按照运行时刻表规定的时间准点运行。

邮车运行准点率是指某时期某企业邮车实际准点到达各条邮路所有交接点的车次数占该企业应正点到达各条邮路所有交接点的车次数的比例。该指标数据按日、月、年或者根据实际需要的统计期统计，邮车准点到达交接点车次数可根据行车排单表统计，邮车实际到达时间与计划到达时间前后误差在规定的范围内可视为正点到达。但与应准点到达次数必须保持同期、同范围。计算公式为：

邮车运行准点率=(准点到达交接点的车次数÷应准点到达交接点的车次数)×100%

13）总包邮件信息发送准时率(%)

总包邮件信息发送准时是指在邮车发出后30分钟内，能够将总包邮件信息在网上发送。

总包邮件信息发送准时率是指某时期某企业总包信息准时发送的批次占本企业信息发送的总批次的比例。该指标数据按月、年或者根据实际需要的统计期统计，总包信息准时发送的批次根据"两子系统"记录的数据和相关局缮发的验单作为依据统计，但与信息发送的总批次必须保持同期、同范围。计算公式为：

总包邮件信息发送准时率=(准时发送信息批次数÷本企业发送信息批次总数)×100%

14）总包邮件信息发送正确率(%)

总包邮件信息发送正确是指发送的总包邮件电子信息与发出的总包邮件实物信息对应相符。

总包邮件信息发送正确率是指某时期某企业向网上发送的总包邮件信息发送正确的批次数占本企业总包邮件信息发送批次总数的比例。该指标数据按月、年或者根据实际需要的统计期统计，总包信息发送正确的批次根据验单统计，但与总包信息发送总批次必须保持同期、同范围。计算公式为：

总包邮件信息发送正确率=(信息发送正确的批次数÷信息发送批次总数)×100%

15）总包邮件扫描勾核率(%)

总包邮件扫描勾核是指以邮区中心局或生产环节为节点，对总包邮件实物袋牌的条码信息使用条码扫描器扫描后，同网上下载的电子信息或子系统内操作终端上生成的电子信息在计算机内(操作终端)进行自动核对。

总包邮件扫描勾核率是指某时期某企业扫描勾核总包邮件的袋数占本企业处理总包邮件总数的比例。该指标数据按日、月、年或者根据实际需要的统计期统计，扫描勾核总包邮件袋数根据"两子系统"内统计系统全额统计，但与处理总包总数必须保持同期、同范围。计算公式为：

总包邮件扫描勾核率=(扫描勾核总包邮件袋数÷处理总包邮件总数)×100%

16）邮件查询逾限率(%)

邮件查询逾限是指业务档案室自收到普通邮件查单之日起2个工作日内，收到特快专递查单之日起1个工作日内没有将递查回复单发出，或者在网络查询的方式下没有在规定时限答复对方。

邮件查询逾限率是指某时期某企业邮件查询逾限的次数占该企业邮件查询总次数的比例。该指标数据按月、年或者根据实际需要的统计期统计，邮件查询逾限的次数根据查单回复的实际情况全额统计，但与邮件查询总次数必须保持同期、同范围。计算公式为：

邮件查询逾限率=(某企业邮件查询逾限次数÷该企业查询总次数)×100%

17）重大通信质量事故次数

重大通信质量事故次数是指某企业或某生产环节由于没有执行规章制度和操作规程，或者不执行邮件发运计划、封发计划和生产作业计划等，造成严重后果和重大影响的次数。包括非客观因素而造成整车普通邮件错发、漏发、错漏交换；大批邮件(50袋或者100件以上)水湿、污染、损坏、毁弃；一次性丢失、被盗总包30袋(散件50件)以上，给企业带来重大的经济损失；机要邮件失密、丢失、损毁引起严重后果，给企业声誉造成不良影响的事件次数。

(2) 外部考核指标解释与计算方法

为了实现邮件信息的一次录入全程共享，提高信息的利用率和生产作业效率，对营投环节提出如下建议：

- 窗口邮件收寄三状化；
- 窗口邮件收寄标准化；
- 给据邮件采用ID码；
- 给据邮件信息完整准确；
- 营业、投递与邮区中心局信息互连互通。

下列指标为考核营业和投递部门对邮政内部生产和邮件全程处理、查询的支撑力度而设置。

1) 给据邮件条码化率(%)

给据邮件条码是指在收寄的散件给据邮件上粘贴系统能够识别的唯一条码，实现一次生成，多次使用，全程共享。

给据邮件条码化率是指某时期某企业抽查有条码的给据邮件数占该企业抽查给据邮件总数的比例。该指标实行定期和不定期的统计周期抽样统计，抽查的有条码的给据邮件数根据实际抽查情况全额统计，但与抽查给据邮件总件数必须保持同期、同范围。计算公式为：

给据邮件条码化率＝(抽查的有条码的给据邮件数÷抽查给据邮件总件数)×100%

2) 给据邮件条码正确识读率(%)

给据邮件条码正确识读是指给据邮件的ID条形码用条码扫描设备能够正确识读。

给据邮件条码正确识读率是指某时期某企业抽查给据邮件条码可正确识读的件数占该企业抽查给据邮件总件数的比例。该指标数据按月、年或者根据实际需要的统计期抽样统计，抽查给据邮件条码正确识读的个数根据实际抽查情况全额统计，但与抽查给据邮件总数必须保持同期、同范围。计算公式为：

给据邮件条码正确识读率＝(抽查给据邮件条码可正确识读的件数÷抽查给据邮件总件数)×100%

3) 给据邮件信息上网率(%)

给据邮件信息上网是指给据邮件的收寄信息、封发清单信息通过邮政综合网发送到邮件处理中心，并在邮件实物到达处理中心之前完成信息发送操作。

给据邮件信息上网率是指某时期某企业收寄、封发的给据邮件信息上网的件数占本企业收寄、封发给据邮件总件数的比例。该指标数据按月、年或者根据实际需要的统计期统计，给据邮件信息上网的件数根据“两子系统”内统计系统全额统计，但与给据邮件总件数必须保持同期、同范围。计算公式为：

给据邮件信息上网率＝(给据邮件信息上网的件数÷该企业给据邮件总件数)×100%

4) 给据邮件网上信息正确率(%)

给据邮件网上信息正确是指给据邮件的电子清单信息与给据邮件的实物信息相符。

给据邮件网上信息正确率是指某时期某企业给据邮件网上信息正确的件数占本企业信息

上网的给据邮件总数的比例。该指标数据按月、年或者根据实际需要的统计期统计,给据邮件网上信息正确的件数根据验单统计,但与信息上网的给据邮件总数必须保持同期、同范围。计算公式为:

给据邮件网上信息正确率=(给据邮件网上信息正确的件数÷该企业信息上网的给据邮件总数)×100%

(3) 运行效率和效益控制指标解释与计算方法

1) 运邮车辆利用率(%)

运邮车辆利用是指邮政车辆被安排在邮路上正常运行。

运邮车辆利用率是指某时期某企业邮政车辆在线运行总里程(或总时间)占本企业邮政车辆总量及其配置标准的比例。该指标数据按月、年或者根据实际需要的统计期统计,运邮车辆运行里程从运输部门派发车辆记录统计,但必须与企业拥有邮政车辆总数保持同期、同范围。计算公式为:

运邮车辆利用率=邮政车辆行驶总里程(或运行总时间)÷[车辆总数(含备车)×按配置标准应行驶里程(或运行时间)]×100%

2) 运邮车辆完好率(%)

运邮车辆完好是指邮政车辆具有良好的、能够正常安全行驶的技术性能。

运邮车辆完好率是指某时期某企业邮政车辆完好车日占本企业邮政车辆总车日的比例。该指标数据按月、年或者根据实际需要的统计期统计,运邮车辆完好车日从车辆维修部门和运输部门维修车辆记录统计,但必须与企业拥有邮政车辆总数保持同期、同范围。计算公式为:

运邮车辆完好率=(邮政车辆完好车日÷总车日)×100%

3) 通信设备利用率(%)

通信设备利用是指通信设备被配置在生产部门正常运行。

通信设备利用率是指某时期某企业使用中通信设备实际开机台时占本企业通信设备制度台时的比例。该指标数据按月、年或者根据实际需要的统计期统计,通信设备开机台时从生产部门使用记录统计,但必须与企业拥有通信设备总数保持同期、同范围。计算公式为:

通信设备利用率=(设备实际开动台时÷设备制度台时)×100%

设备制度台时是指根据生产作业需要,设备应开机工作的时间。

4) 通信设备完好率(%)

通信设备完好是指通信设备具有良好的、能够正常安全使用的技术性能。

通信设备完好率是指某时期某企业通信设备完好台时占本企业通信设备制度台时的比例。该指标数据按月、年或者根据实际需要的统计期统计,通信设备完好台时从生产单位和设备维护部门维修记录统计,但必须与企业拥有通信设备总数保持同期、同范围。计算公式为:

通信设备完好率=(设备完好台时÷设备制度台时)×100%

设备完好台时=设备制度台时-设备故障停机台时

5) 邮件分拣上机率(%)

邮件上机分拣是指邮件按“三状化”标准利用各类分拣设备自动分拣入格。

邮件分拣上机率是指某时期某企业某种邮件利用分拣机分拣数量占该邮件全部分拣总量的比例。该指标数据按月、年或者根据实际需要的统计期统计,上机分拣邮件数量直接从分拣机分拣记录中统计,但必须与分拣总量保持同期、同范围、同种类。计算公式为:

邮件分拣上机率=(某种邮件上机分拣数量÷该邮件全部分拣数量)×100%

6）邮车运能利用率（%）

邮车运能利用率是指某时期某企业某种运输工具运输量占该运输工具容间（容积或吨位）的比例。该指标数据按月、年或者根据实际需要的统计期统计，邮车装载数量从邮件发运部门发运记录统计，但必须与转运部门发运总量保持同期、同范围。计算公式为：

邮车运能利用率＝（某种运输工具装载邮件的体积÷该运输工具自身容积）×100%

或：

邮车运能利用率＝（某种运输工具装载邮件的重量÷该运输工具载重重量）×100%

由于目前邮件体积无法采集，除特快邮件外，普通邮件尚不能采集重量信息，为便于考核，集团公司经过测算，制定了以标准袋为基础、袋千米为核定量的邮车满载标准：

火车邮厢按 18 吨计算，邮运汽车按实际载重吨位计算，平均每吨装载量为 50 标准袋。

邮车满载标准袋千米＝邮车运行里程×实际吨位×计划班次×50 袋/吨

所以，邮车运能利用率计算公式可演变为：

邮车运能利用率＝（某种运输工具装载邮件袋千米÷该运输工具满载标准）×100%

另外，通过某运输工具实际完成袋千米－该运输工具满载标准也可以直观了解邮车满载情况，当结果为正时，表示达到满载标准；反之，则没有达到满载标准。

7）人均劳动生产率（%）

人均劳动生产率是指单位时间内平均每人处理邮件的数量。这项指标数据按月、年或者根据实际需要的统计期统计，劳动生产量从邮件处理部门处理邮件记录统计，但必须与处理总量保持同期、同范围。计算公式为：

人均劳动生产率＝（单位时间内处理邮件的数量÷实际生产人数）×100%

8）给据邮件网络化分拣率（%）

给据邮件网络化分拣率是指利用电子化支局上传的收寄信息中的寄达局邮编进行分拣的邮件占中心局封发同类邮件总件数的比例。该指标按月、年或者实际需要的时间段统计，网络化分拣的邮件数根据实际情况全额统计，但与中心局封发同类邮件总件数必须保持同期、同范围。该指标在中心局进出口处理环节分别统计。计算公式为：

给据邮件网络化分拣率＝（网络化分拣的邮件数÷中心局封发同类邮件总件数）×100%

9）给据邮件信息预处理率（%）

给据邮件信息预处理率是指某时期给据邮件分拣部门在信息预处理环节和总包开拆环节，进行人工补录全邮编或直接指定分拣格口的无邮编或邮编不完整的邮件数量占该时间内分拣的同类给据邮件总量的比例。这项指标反映中心局网络化分拣效率受给据散件信息准确性影响的程度。该指标可对进口、出口邮件分别统计，也可在信息预处理环节、总包开拆环节分别统计，但必须与开拆邮件总量保持同期和同种类。计算公式为：

给据散件信息预处理率＝（给据邮件信息维护处理量÷同种邮件分拣处理总量）×100%

10）改退邮件比率（%）

改退邮件比率是指某时期邮件分拣部门分拣处理的粘贴有改退批条的邮件量占同类邮件总处理量的比例。这项指标综合反映中心局分拣环节的重复工作量和全网邮件分拣水平，侧面反映中心局分拣资料、分拣操作以及用户邮政邮编地址使用的准确性。该指标可对各业务种类和进、出口作业环节分别统计。计算公式为：

改退邮件比率＝（粘贴有改退批条的邮件量÷同种邮件分拣处理总量）×100%

11) 中心局全网贡献率(%)

中心局全网贡献率是分析邮区中心局经济效益的一个指标。是指有效或有用成果数量与资源消耗及占用量之比,即产出量与投入量之比,或所得量与所费量之比。计算公式为:

中心局全网贡献率=贡献量(散件处理+总包经转量)÷投入量(中心局当年占用总资产)×100%

三、质量管理制度与考核方法

为加强通信质量管理,邮区中心局应建立生产指挥调度中心质量检查岗、生产单位专职质量检查岗和生产班组专、兼职质量检查岗三级质量检查体系。

(一) 生产指挥调度中心质量检查岗

1. 岗位职责

(1) 在生产指挥调度中心主任领导下,负责制定中心局质量管理制度和考核办法,对全局通信质量实施定量考核。

(2) 依据上级主管部门质量检查制度和工作计划,结合本局实际工作情况,制订本局检查计划并组织实施,按照检查频次和要求定期进行检查活动,按规范填写检查记录。

(3) 对邮政通信质量、服务质量、邮件安全、通信纪律等规章制度的落实情况实施监督、检查;负责通信质量、服务质量、邮件传递时限等各项指标的考核;协调、督促各生产单位贯彻落实检查制度,对各生产单位质量管理岗和专职质量检查岗履职情况进行检查和考核。

(4) 及时掌握本局发生的重大质量问题并积极调查处理。对违章违纪和妨碍邮政通信的违法犯罪行为配合有关部门进行查处并督促整改。

(5) 定期召集质量分析会,针对各基层生产单位通信质量存在的问题,认真分析原因,查找问题症结,督促各基层单位制定整改措施并跟踪检查落实情况。

(6) 查阅、调阅有关业务档案资料、原始记录,利用信息系统调阅生产情况数据资料。根据相关资料以及各级检查员的检查报告进行综合分析,对生产单位生产管理、质量情况或重要个案进行剖析、通报。

(7) 处理来自各种渠道的质量投诉,对投诉内容分析,落实责任。

(8) 定期汇总检查记录,编写中心局质量分析报告,填报质量报表,按规定时间上报上级主管部门和中心局主管领导。

(9) 对下级质检人员进行工作指导和业务培训,定期组织经验交流。

(10) 按时完成上级交办的临时工作任务。

2. 权限

(1) 根据上级质量管理方针和有关规定,有权制定本中心局质量管理、考核制度;有权根据上级下达各项考核指标,分解、下达本中心局质量管理考核指标并落实考核。

(2) 有权进入本局各生产现场进行检查,有权对生产单位的日戳、夹钳等专项用品用具使用管理情况进行检查,有权调阅各种业务档案。

(3) 持邮运检查证和火车邮运视导员免费乘车证有权跟随干线汽车、火车检查工作。

(4) 持机要通信检查证有权检查机要接发员、机要押运员的有关证件,检查机要邮件交接、处理情况。

(5) 有权查验干线汽车、趟班车驾押人员准驾证、上岗证,检查驾驶员是否按规定携带驾驶证、行驶证;有权打开车厢封志并要求汽车驾押人员打开车厢检查邮件装运情况。

(6) 有权打开邮件封志检查内件封发质量。

(7) 有权制止违章违纪、违反操作规程等现象，有权对上述问题及各种隐患下达整改通知书并督促整改；有权依据有关管理制度实施处罚；有权协助有关部门进行各种通信案件的调查和处理。

(8) 有权对全局通信质量、服务质量情况进行总结、剖析，有权对局内通信质量责任进行裁决，有权向生产单位主管领导提出提高通信质量的建议。

(9) 有权对生产单位专、兼职检查员进行考核，对不认真履行职责的生产单位专、兼职质量检查员，有权提出撤换意见。

(二) 生产单位专职质量检查员

1. 岗位职责

(1) 在本单位主管负责人领导下，根据管理规范，结合本单位实际情况，按检查频次、检查内容和数量要求履行检查职责，同时接受生产指挥调度中心业务管理和指导。

(2) 对本单位的通信质量、服务质量、邮政规章制度的落实情况以及兼职检查员履职情况进行综合检查。

(3) 根据上级规定，对邮件封发、处理规格、邮件处理、传递时限进行检查。

(4) 按时收集、整理、汇总生产班组质量检查资料，依据资料进行质量分析，定期向生产指挥调度中心上报质量分析报告和质量报表。

(5) 定期组织本单位质量分析会，针对本单位通信质量存在的问题，认真分析原因，查找问题症结，制定切实可行的整改措施，并认真组织落实、实施。

(6) 按时完成上级交办的临时工作任务。

2. 权限

(1) 有权根据中心局相关管理制度，制定本单位质量管理考核制度，有权依据中心局下达的质量考核指标对生产班组进行质量考核。

(2) 有权进入本单位所辖各生产现场，有权对本单位各班组用品用具使用管理情况进行检查。

(3) 汽车运输单位和火车押运单位检查员持有中心局邮运检查证和火车邮运视导员免费乘车证有权跟随干线汽车、火车检查工作。

(4) 有权制止违章违纪、违反操作规程等现象，有权对上述问题依据有关管理制度进行处罚；有权界定本单位内部质量差错责任。

(5) 有权召集本单位质量分析会，对本单位通信质量、服务质量情况进行总结、剖析；有权对本单位在生产运行和质量方面存在的问题，向本单位主管领导和生产指挥调度中心提出意见和建议。

(6) 有权对生产班组专、兼职检查员进行考核，对不认真履行职责的班组专、兼职质量检查员，有权向单位领导提出撤换意见。

(三) 生产班组专职或兼职质量检查岗

1. 岗位职责

(1) 生产班组专、兼职质量检查岗在班组长领导下，从事本班组质量检查和质量管理工作，同时接受本单位专职质量检查岗的业务管理和指导。

(2) 对本班组通信质量、传递时限、邮件处理规格进行检查。

(3) 对本班组各生产岗位执行各项规章制度、生产操作规范情况进行检查。

(4) 对本班组执行邮件发运计划和作业计划情况进行检查。

(5) 定期组织召开本班组质量分析会,剖析质量问题,提出改进措施并监督落实实施。

(6) 定期汇总本班组质量情况和检查记录,及时上报本单位专职检查员。

(7) 按时完成上级交办的临时工作。

2. 权限

(1) 有权根据中心局和生产单位质量管理考核制度制定本班组具体考核办法并落实实施。

(2) 有权对本班组各岗位和生产工序进行检查,有权对本班组生产人员作业情况、操作规范及用品用具使用情况进行检查。

(3) 有权制止本班组员工违章作业及违计划封发、发运,有权依据规章对违章违纪、违反操作规程和发运计划现象进行处罚。

(4) 有权召开本班组质量分析会,分析质量问题,提出整改措施并监督落实。

(5) 有权对本生产单位及生产指挥调度中心提出改进管理、提高质量的意见和建议。

第八节　邮区中心局生产现场管理

一、邮区中心局生产现场管理概述

(一) 现场管理含义

按照企业的经营目标,对生产现场的一切活动,进行计划、组织、指挥、控制、监督与调整,促成人员流、实物流和信息流的有机结合,实现优质、低耗、高产、安全的目标。现场管理的重点以生产现场为主体,现场管理的中心以人为对象。

(二) 现场管理的优化

在原有现场管理基础上,运用现代先进管理思想,采用现代管理方法和手段,运用系统论的观点对生产现场的全部活动、各种生产要素、各专业管理进行合理的组合与科学的调配,对投入转换为产出的全过程进行有效的运筹、控制和激励,使其具有自我调节能力,始终保持协调有序的良好状态,发挥其综合、整体的效能,达到优质、低耗、高产、安全、快捷、增效的目的。

(三) 现场管理的主要特征

1. 目的性

为了实现优质、高效、低耗、安全、促进生产发展。

2. 科学性

建立标准、规范,消除低效劳动、无效劳动、高耗浪费,消除不科学、不合理、落后现象,对生产诸要素合理科学配置,建立协调有序的投入产出转换机制。

3. 协调性

各项专业管理都在现场贯彻、物化,管理会出现交叉,务必在现场协调,达到同向、同步、同度。

4. 整体性

现场管理是企业管理在生产现场的综合作用和反映，是互相制约又互补的整体。

5. 动态性

产品结构的变化，导致生产要素跟随变化，现场管理优化就无止境，现场管理优化是一个由动态到静态再到动态的不断演变发展过程。

(四) 现场管理的作用

(1) 良好的现场管理是企业增强竞争力的一个重要条件。

(2) 良好的现场管理状态是企业良好形象的直观第一印象，是吸引国内外合作者的重要条件。

(3) 良好的现场管理与技术进步能够同步，保证先进技术发挥应有的效益。

(4) 加强与优化现场管理是实现企业管理整体优化的基本保证。

(5) 加强和优化现场管理，可以促进各部门、各专业管理的职能发挥和协调。

(6) 加强与优化现场管理，建立一个良好的生产环境，使员工在一个清新的、确保安全的、有益于身体健康的环境中，极大地激发和调动员工的积极性。

二、"6S"管理理论在邮区中心局生产现场管理中的应用

由于实施大平面作业，邮件种类多、数量多、设备复杂，对生产现场管理提出了更高的要求。为了保证正常的生产秩序，应按照"6S"管理方法对邮区中心局生产作业现场制定严格的管理规范。

(一) "6S"管理的内涵

"6S"管理是加强企业基础管理的必要手段，是从清理、整顿、清扫、安全、规范、素养六方面进行现场管理的方法。其基本目标是使生产现场达到"门类清楚、区隔整齐、标识分明，洁净安全"的状态。其内涵和实施要点如表 4-17 所示。

表 4-17 "6S"管理内涵与实施要点

要素	含义	实施要点
清理	清理现场空间和物品	(1) 清除垃圾或无用、可有可无的物品 (2) 明确每一项物品的用途、用法、使用频率 (3) 现场只保留必要的物品
整顿	整顿现场次序、状态	(1) 在清理基础上，合理规划现场的空间和场所 (2) 按照规划安排好现场的每一样物品，使其各得其所 (3) 做好必要的标识，使所有人都感觉清楚明白
清扫	进行清洁、打扫	在清理、整顿基础上，清洁场地、设备、物品，形成干净、卫生的工作环境
安全	采取系统的措施，保证人员、场地、物品等安全	系统地建立防伤病、防污、防火、防水、防盗、防损等保安措施，加强摄像监控和封闭作业管理
规范	形成规范与制度，保持、维护上述四项行动的方法和结果	(1) 检查、总结，持续改进 (2) 将好的方法与要求纳入管理制度与规范，明确责任，由突击运动转化为常规行动
素养	建立习惯与意识，从根本上提升人员的素养	通过宣传、培训、激励等方法，将外在的管理要求转化为员工自身的习惯、意识，使上述各项活动成为发自内心的自觉行动

(二)“6S”管理的作用

(1) 改善和提升企业形象。

(2) 促成效率的提高。良好的工作环境和工作气氛,有修养的工作伙伴,物品摆放有序、不用寻找,员工可以集中精神工作,工作兴趣高,效率自然会提高。

(3) 减少直至消除故障。优良的品质来自优良的工作环境。通过经常性的清扫、点检,不断净化工作环境,避免污物损坏机器,维持设备的高效率,提高品质。

(4) 保障企业安全生产。储存明确,物归原位,工作场所宽敞明亮,通道畅通,地上不会随意摆放不该放置的物品。如果工作场所有条不紊,意外情况的发生也会减少,当然安全就会有保障。

(5) 降低生产成本。通过实施“6S”,可以减少人员、设备、场所、时间等的浪费,从而降低生产成本。

(6) 改善员工精神面貌,使组织活力化。人人都变成有修养的员工,有尊严和成就感,对自己的工作尽心尽力,并带动改善意识(可以实施合理化提案改善活动),增强组织的活力。

(7) 缩短作业周期,确保交货期。由于实施了“一目了然”的管理,使异常现象明显化,减少人员、设备、时间的浪费,生产顺畅,提高了作业效率,缩短了作业周期,从而确保交货期。

三、生产作业现场定置定位管理规范

1. 现场定置定位管理

按照“6S”管理中“清理”、“整顿”、“清扫”的基本要求,对邮区中心局生产作业现场进行定置定位管理。按照科学、合理、方便的原则,依据作业流程和环境条件绘制定置图,将场地划分区域,物品定(位)置存放,减少生产现场的不安全因素;生产用品用具严格按定置图所标位置摆放,如有变动,应及时更改,报相关部门备案;设备、设施一经安装投入使用,不能随意挪动其位置;工作终了,所有用品用具要及时归位,设备、物品定置图以外的用品不得进入定置区,达到“有物必有区,有区必挂牌,挂牌必分类,按图定置,图物相符”,“以物对号,以号对图,图号相符”的要求。具体规范如下。

(1) 运输工具

① 空拖车

横看成行,纵看成列,车把合上,每辆车间距相同,不能超过通道黄线。待修空拖车另放于指定位置。

② 装邮件的拖车

按发运路向依次摆放,要求横看成行,纵看成列,不能超过通道边线。

③ 牵引车

不得驶出生产区域;场内行驶速度不超过5 km/h;牵引拖车,连挂限空车4辆,挂装邮件拖车不得超过3辆,工作完毕整齐停放于指定位置。

(2) 总包邮件

① 开拆前邮件

按照卸车顺序整齐摆放,袋口朝向一致。

② 待发运邮件

按发运车次整齐摆放,堆码整齐牢固,界限清楚。

③ 待封发邮件

在规定位置按顺序整齐摆放。

(3) 邮件容器

① 空袋

按型号对折向外，露出“中国邮政”字样及袋型标号，整齐存放于指定区域；每种型号只能按列堆位，堆放界限清楚；未用完邮袋按要求摆回散袋堆放处，现场不留任何散落空袋；所退空袋整齐码放于指定位置。

② 空信盒

现场原则上不得存放空信盒。特殊情况下有滞留时，在指定位置按同一方向、同一高度分类依次排列。

③ 理信筐

在指定位置按同一方向依次摆放。

④ 空集装箱

在指定位置整齐摆放，朝向一致，界限清楚。

(4) 用品用具

① 生产用品

各种单式、账册、登记簿分类整齐摆放于公物柜指定位置；封套、袋牌、绳扣、铅丸、塑料扎条、日戳、夹钳(钢钳、塑料钳)、条码识读器等按类分开，按方便取用的原则整齐摆放，班后及时清理，保持地面干净整洁，台面抽屉归位无杂物。

② 安全用品

安全帽整齐放于规定位置；消防器材在规定位置存放，定期检查。

(5) 分拣封发、终端设备

所有生产作业现场的分拣封发、终端设备必须保持使用前、中、后的正常、顺畅、整洁和保养；工作终了，清理检查分拣封发、终端设备；终端设备应加盖防静电布罩。

故障设备和报废设备应及时清退搬离现场；不能及时清退搬离现场的设备必须加注明显标识，以示待修和报废。

(6) 其他

① 桌椅

细分台桌子与格口分布方向平行摆放，接发室内桌面无杂物，抽屉内物品按类摆放整齐，椅子放于抄登点或微机点指定位置，未作业时推至桌内。

② 水杯

在水杯架处摆放整齐，其他地方严禁摆放。

③ 废杂物品

废路单、清单及时放入垃圾筐，台席不得有废纸屑、色带、袋牌等。

④ 其他物品

雨披、伞等挂在更衣室外衣钩上，不得带入生产现场。

2. 生产作业现场封闭管理规范

按照“6S”管理对安全的要求，在邮区中心局生产现场进行封闭作业管理。具体内容包括以下几个方面。

(1) 建立封闭管理制度，主要包括建立来宾登记制度、值班制度和检查巡视制度。

(2) 划分生产作业区域,严禁生产人员串岗,非生产物品严禁带入生产现场。

(3) 加强作业现场的摄像监控。

(4) 加强处理中心装卸站台的管理,严禁邮件处理中心以外人员(包括司机)进入内部作业区。邮件交接完毕,要求生产作业人员及时关闭装卸站台闸门。

3. "6S"管理考核

按照"6S"管理中"规范"和"素养"的要求,定期对邮区中心局生产现场"6S"的开展情况进行指导、监督、检查、评比、奖罚和公布,从制度上保证"6S"工作的顺利实施。

(1) 考核要求

① 各局依据要求制定"6S"管理考核办法,定期进行检查。

② 每次检查,将检查记录交给各作业区负责人一份,督促当事人在期限内整改。

③ 每次检查的下一周公布上周评比结果,并张贴于公告栏。

④ 各作业区的"6S"管理执行情况,将作为对作业区负责人及员工的工作考核内容之一。

⑤ 邮区中心局在年中及年末对成绩突出的部门予以奖励。

(2) 检查表

图4-27所示为"6S"检查记录单,图4-28所示为"6S"检查问题汇总表。

被检部门:				检查时间:				
序号	检查部位	检查情况	评定结果	直接责任人	整改后应达到的标准	整改截止日期	合格	不合格
1								
2								
3								
4								
5								
…								
检察人员:				得分:				

图4-27 "6S"检查记录单

检查项目序号	检查项目名称	检查部位	检查中发现的主要问题(分类列出)	建议

检查人员:

检查组长:

检查时间:

图4-28 "6S"检查问题汇总表

第九节　邮政车辆管理

一、邮政车辆管理概述

车辆管理工作与社会、经济、生产、法律、环境、技术的动态紧密关联，与任务、效益直接挂钩。行车要遵守交通法规，这是车辆管理的首要工作；车辆运行就要有消耗，如何使产出大于投入，获得最大效益，这就要求按邮政车辆的运行规律和固有属性进行管理——精细化管理。不同环境，行车要求和消耗不一样，要求车要与环境、邮件种类、运量友好配合，同时合理控制消耗。掌握车辆技术、车辆运用技术是做好车辆管理工作的重要基础。

(一) 邮政车辆管理体系

(1) 邮政车辆实行分级管理。采取中国邮政集团公司，省、自治区、直辖市邮政公司(以下简称省公司)，市(地、州)邮政局、邮区中心局及相关专业局或部门(以下简称车辆配属局)三级管理体制。有关车辆固定资产管理职责分工执行《邮政企业固定资产管理办法》的相关规定。

(2) 邮政车辆按管理范围划分可分为集团公司管车辆、省公司管车辆。

(3) 集团公司主要职责为：

① 贯彻执行国家有关车辆管理的方针、政策、法规和制度；

② 制定全国邮政车辆管理的方针、政策、规章和制度，负责领导、监督、检查全国邮政车辆的管理工作；

③ 根据邮政通信生产需要，负责编制全国邮政车辆的发展规划和邮政车辆的选型；下达集团公司管车辆的新增、更新、技术改造计划；审批集团公司管车辆的调拨、报废、租赁、封存；

④ 利用信息技术及时准确掌握邮政车辆有关数据，从技术、经济、管理等方面进行综合分析、管理与指导；

⑤ 组织对全国邮政车辆管理、使用、维护的检查评定工作；

⑥ 组织交流和推广邮政车辆管理的先进经验和现代化管理方法、手段，组织有关的技术业务培训。

(4) 省公司的主要职责为：

① 贯彻执行国家和上级有关车辆管理工作的方针、政策、法规和制度，并组织实施；

② 制定本省有关邮政车辆管理的规章制度、技术经济指标及实施细则，并组织实施、监督检查；

③ 根据通信生产需要，负责编制省内邮政车辆的发展规划和邮政车辆选型；编报省内集团公司管车辆的新增、更新、调拨、报废、技术改造申请计划；编制省公司管车辆的新增、更新、技术改造计划；审批省公司管车辆的调拨、报废、租赁、封存；

④ 督促建立车辆档案资料，汇总统计本省邮政车辆使用管理相关报表，为邮政车辆的决策管理提供科学依据；

⑤ 利用信息技术及时准确掌握邮政车辆有关数据，从技术、经济、管理等方面进行综合分析、管理与指导，提高车辆完好率、利用率，降低运行成本；

⑥ 组织对本省邮政车辆管理、使用、维护的检查评定工作；

⑦ 组织交流、推广邮政车辆管理的先进经验和管理方法，推广、应用车辆维修新技术、新

工艺、新材料,组织本省的专业技术培训。

(5) 车辆配属局的主要职责为:

① 贯彻执行国家和上级有关车辆管理的方针、政策、法规和制度;制定本局邮政车辆管理的实施细则及各项技术、经济考核指标,并组织实施、检查、考核;

② 建立健全本局邮政车辆管理体系,明确岗位职责,保持专业技术队伍的相对稳定;

③ 编报本局邮政车辆的报废、更新、新增计划申请,提出本局邮政车辆的调拨、报废、租赁、封存等申请,并执行上级的审批决定;

④ 编制本局邮政车辆的维护、修理计划,贯彻落实强制维护、视情修理的制度,保持车辆技术状况良好;

⑤ 负责本局邮政车辆的技术档案管理,并按规定及时统计、分析、上报邮政车辆使用管理相关资料;

⑥ 及时准确掌握本局邮政车辆的运行使用、维护修理、检查评定、报废更新等情况,并从技术、经济、管理等方面进行综合分析研究,努力提高车辆完好率、利用率,降低车辆运行成本及维护成本;

⑦ 按技术规程要求对本局邮政车辆的技术状况进行检测,组织对邮政车辆管理、使用、维护的检查评定工作;

⑧ 组织邮政车辆管理、使用、维护、安全操作等方面的技术业务培训,不断提高职工队伍素质;

⑨ 积极推广车辆管理的先进经验,采用现代化管理方法、手段,组织开展遵纪、爱车、安全、节约和专业技术竞赛等活动。

(6) 配备20辆以上的相关专业车辆使用部门,应根据车辆使用情况设置专职人员,履行车辆管理职责。

(二) 邮政车辆管理的总体要求

(1) 邮政车辆管理应坚持预防为主和技术与经济相结合的原则,实行择优选配、正确使用、定期检测、强制维护、视情修理、合理改造、适时更新和报废的全生命周期的综合性管理。

(2) 邮政车辆管理坚持利用信息技术,建立健全车辆运行使用管理监控体系,达到车辆档案准确完整,运行数据及时可靠,消耗费用科学合理,统计分析支持决策等,坚持多种形式的技术、业务、管理教育培训,积极推广检测诊断技术应用,充分发挥激励机制作用,不断提高邮政车辆管理、使用和维护的精细化管理水平。

二、邮政车辆的选择与配置

(一) 邮政车辆选型的基本原则

(1) 选用的车辆应符合国家相关汽车技术政策规定与环保要求,具有良好的适用性、可靠性、先进性、经济性、维修的方便性和较高的质量、性能价格比,满足邮政通信生产和车辆发展规划的需要,并有一定社会保有量的国家定型产品。

(2) 根据车辆的用途,尽量选用本单位常用且相对统一的车型,避免车型过杂造成维修配件材料的供应储备及维修工作的困难。

(二) 邮政车辆在购置前的选型论证

应从技术、经济和使用等方面进行选型论证,制定技术规范。

(1) 适用性强,车型合理,能满足邮政生产需求。

(2) 技术性能先进,安全可靠,配比合理,载质量利用率和容积利用率较高。

(3) 使用舒适、视线良好、装卸方便、操作灵活,能满足道路、气候、海拔等条件要求。

(4) 故障率低、维修方便、技术资料齐全、配件供应充足。

(5) 经济性好,具有相对较低的燃材料消耗和维护维修费用。

(三) 购置

购置邮政车辆应按有关规定和程序进行,并按合同管理办法执行。

(四) 接收

使用单位接收新车时,应按国家标准和车辆购置合同进行检查、验收,对未达到出厂标准和合同要求的应予拒收。

(五) 保修与索赔

邮政车辆在质量保证期内发生损坏时,应及时做出技术鉴定,属于制造厂责任的,由厂家承担保修(包修)责任。造成损失的,应依法按规定程序索赔。

(六) 邮政车辆的配置

1. 汽车配置标准

(1) 一级干线长途邮运汽车按邮路里程分线核定:日行程 400 千米或日运行时间超过 6 小时的可配车一辆。全程为高速公路或山区公路的邮路可根据实际运行情况按上述标准进行适当调整。

(2) 省内长途邮运汽车按邮路里程分线核定:高速公路日行程 300 千米以上、二级及以上公路日行程 250 千米以上、二级(含山区)以下公路日行程 200 千米以上可配车一辆;不足上述里程,但日运行时间超过 6 小时的可配车一辆。

(3) 邮区内支线邮路邮政车辆按邮路总里程核定,日行程 200 千米以上可配车一辆;不足上述公里,但日运行时间超过 6 小时配车一辆。各省可根据实际公路情况进行适当调整。

(4) 机要通信、局站拉运、市内转趟、投递、揽收等其他通信生产用车,原则上日行程 70 千米以上或日运行时间超过 6 小时的可配车一辆。市内转趟、投递等用途的车辆配置可结合服务网点数量和服务范围等按上述标准进行配置;从事营销服务的单位车辆配置可结合业务收入等按上述标准配置。

(5) 运钞车的配置可参照公安部、银行的相关规定,结合本地区实际情况,由各省自行制定。

(6) 一级干线邮路邮运检查车配置标准:各省公司网路运维部配车一辆;承担一级干线汽车邮路的一、二级邮区中心局指挥调度中心配车一辆。

(7) 备车(系车辆维护、大修及意外事故之用)以局为单位,按上述标准核定的同类车型,不得超过总数的 15%。

2. 牵引车配置标准

(1) 牵引车按日均转运邮件交换量核定:每 2 000～2 500 袋配车一辆。

(2) 备车以局为单位,按上述标准核定总数的 20%左右配备。

3. 其他邮政车辆的配备标准

其他邮政车辆的配备标准按照管理权限分别由集团公司或省公司根据邮政通信生产的实际需要确定。

三、邮政车辆的基础管理

(一)管理制度

管理制度是各级车辆管理部门管理好、维护好、使用好车辆的有效手段和有力保障。必须根据国家有关部门车辆使用管理政策、法规,上级有关文件精神,并结合本单位通信生产的实际情况,制定相关的邮政车辆管理制度。

邮政企业车辆管理应建立以下规章制度:

《邮政通信机动车辆管理实施细则》;

《邮政车辆管理、使用、维护人员工作职责》;

《邮政车辆维护制度》;

《邮政车辆管理、使用、维护情况统计报表的定期上报制度》;

《邮政车辆的检查评定制度》;

《邮政车辆的维修费、燃料消耗核定及考核制度》;

《邮政车辆的停放管理制度》;

《邮政车辆驾驶员管理制度》;

《邮政车辆安全行车管理制度》;

《邮政车辆日常使用交接班制度》。

(二)邮政车辆技术等级划分及技术状况等级评定

1. 邮政车辆技术等级划分

邮政车辆技术等级评定采用年限、关键项和项次合格率衡量,分为一级车、二级车、三级车三个等级。

一级,完好车:新车行驶到第一次大修间隔周期定额的三分之二或第二次大修间隔周期定额的三分之二以前,各主要总成的基础件和主要零部件坚固可靠,技术性能良好;发动机运转稳定、无异响、动力性能良好、燃润料消耗不超过定额指标,废气排放、噪声符合国家规定标准;各项装备齐全、完好有效,在运行中无任何保留条件;按《邮政通信车辆维护质量评定标准》分值评定≥90分。同时符合上述条件的即为一级车。

二级,基本完好车:主要技术性能和状况或行驶里程低于一级车的要求,但符合《机动车运行安全技术条件》(GB7258—2004)的规定,能随时投入运行;按《邮政通信车辆维护质量评定标准》分值评定≥80分。已经过两次大修的邮政车辆最高只能定为二级车。

三级,需修车:送大修前最后一次二级维护后的和正在大修或待更新尚在行驶的邮政车辆。按《邮政通信车辆维护质量评定标准》分值评定<80分。

有关实施技术等级评定工作的评定规则、检测项目、检测方法及技术要求等,均参照《营运车辆技术等级划分和评定要求》(JT/T198—2004)执行。

2. 邮政车辆技术状况评定

(1) 各省公司负责本省邮政车辆技术状况等级评定和监督检查。

(2) 各邮政车辆配属局应定期对邮政车辆技术状况等级进行评定,每季度进行维护质量评定,评定结果进入技术档案。

(三)邮政车辆的档案资料管理

邮政车辆运行档案资料是车辆从购置到报废的全过程中,邮政车辆自身所具有的主要静态技术性能数据与在运行、维修、检测、使用过程中所发生的动态资料的记录，是管理的科学依据。

邮政车辆运行档案资料要以“实用、方便、节约”为原则逐车建立，由使用单位的车辆管理人员负责填写和管理。采用车辆管理信息系统进行管理的技术档案应准确完整，机动车注册登记的电子档案信息与原始纸质技术档案的内容一致，静态技术性能数据应按标准格式在车辆管理信息系统中正确录入，按实际生产需要可打印装订，动态数据能随时汇总统计，报表齐全。

邮政车辆运行档案资料由车辆配属局根据原始资料及时、完整、准确地记录并妥善保管，不得随意更改，同时录入车辆管理信息系统，车辆调动时必须随车移交，并在车辆管理信息系统中进行相关项目修改。

(四) 邮政车辆经济运行指标

(1) 邮政车辆的经济运行指标应综合考虑使用环境、使用条件、人员技术素质等因素，按本地区平均先进水平制定。

(2) 经济运行指标应保持相对稳定，但随着使用条件的改善和技术进步，可作必要的修订。

(3) 主要经济运行指标由集团公司和省公司组织制定和修订。

(4) 各级邮政车辆管理部门应将经济运行指标实施情况按期统计上报或提出建议，由上级主管部门确定合理定额标准。

四、邮政车辆的使用管理

(一) 邮政车辆使用的范围与要求

(1) 邮政车辆的使用要遵循“集中管理，统一调配，合理使用，确保安全，提高效率，节约成本”的原则，努力提高车辆使用效率，确保车辆利用率。

(2) 邮政车辆使用范围：国际邮路、省际(一级)干线汽车邮路、省内(二级)干线汽车邮路、邮区支线汽车邮路、局站运输、机要通信、市内转趟、投递揽收、邮运检查、场内作业及其他邮政通信生产。

(3) 邮政车辆的运行，其经常性装备应符合《机动车运行安全技术条件》(GB7258—2004)、《汽车及挂车外部照明和信号装置的安装规定》(GB4785—1998)和《道路车辆外廓尺寸、轴荷及质量限值》(GB1589—2004)等有关规定的要求，如需改装、改造及重新标定载质量时，应经相关部门批准。

(4) 邮政车辆必须有邮政标识。标识应符合中国邮政集团公司《中国邮政徽标》(YZ/T0035－2002)和《邮政专用汽车标志》(YZ/T0036－2002)的标准规定，非邮政通信生产车辆与租用社会车辆承担邮件运输任务的车辆，严禁使用邮政标识。

(5) 邮政车辆必须用于邮政通信生产，严禁挪作他用，严禁利用邮政车辆拉运各种违、禁、限运物品。

(6) 严禁将邮政车辆以转让、租用、借用、挂靠或变相转让等方式给个人和社会其他单位使用。

(7) 新车或总成大修后的邮政车辆，须严格执行车辆走合期的相关规定。

(8) 邮政车辆在特殊条件下使用时要遵守相关规定。

(9) 邮政车辆的燃、润料应选用符合汽车制造厂规定的型号和规格，难以购到时可按其规格性能要求选用相应的替代产品；不同牌号的燃、润料不得混合使用；更换不同牌号的润滑油或季节换油时，必须做好机件的清洁工作。

(10) 邮政车辆停用封存时，要保持完好的技术状况，指定专人妥善保管，并按照要求进行定期维护。被封存邮政车辆的零部件、工具等严禁拆换、挪用。严格执行《邮政车辆封存规定》。启封时要进行相应维护作业。

(11) 邮政车辆调动时，必须按固定资产管理办法的规定办理交接手续。

(二) 邮政车辆的安全使用

(1) 邮政车辆的安全行车管理应遵循"谁主管、谁负责"的原则，深入贯彻落实"安全第一，预防为主"的方针，严格执行安全生产的各项规章制度，做到有令必行，有禁必止。

(2) 各车辆使用单位应根据《中华人民共和国道路交通安全法》及其相关规定，结合本单位的实际情况，制定本单位的安全行车目标、安全行车经济考核办法、车辆事故处理办法及车辆事故防范措施，并将安全行车责任逐级落实到人，严格控制车辆事故的发生。

(3) 车辆发生事故后，车辆管理部门应会同相关部门尽快查清事故原因，根据车辆事故处理办法，按照事故性质、责任的大小对肇事者及相关责任人进行处理。

(4) 重特大交通事故必须立即逐级上报车辆主管部门，并要求将事故情况如实输入邮政车辆信息管理系统。

(三) 邮政车辆使用人员的要求

邮政车辆驾驶人员的职责和要求如下。

(1) 邮政车辆的驾驶人员，除持有机动车驾驶证外，还须经过企业考核并领取邮政企业机动车辆准驾证后，才能上岗驾驶与驾驶证同类型的邮政车辆。

(2) 严格遵守《中华人民共和国道路交通安全法》及其相关规定，树立安全行车的意识，确保邮政车辆的行车安全。

(3) 严格遵守邮政通信纪律和规章制度，服从指挥调度，确保准班准点，完成邮政通信任务。

(4) 爱护邮政车辆，严格按操作规程驾驶车辆，做好邮政车辆的日常维护工作，坚持"三检"、防止"四漏"、保持"四清"，发现安全隐患必须及时报修，保持车容车貌整洁和车辆技术状况良好。

(5) 严格执行邮政车辆的交接班制度，保持邮政车辆证件齐全，正确填写纸质或电子的有关邮政车辆运行记录，做到登记数字准确、项目齐全、上报及时。

(6) 执行邮政车辆的定点停车制度，归班后的邮政车辆必须集中停放在指定位置。驾驶员不得擅自将所驾车辆交给他人使用。

(7) 努力学习专业技术、交通法规和邮政业务知识，不断提高操作技能和工作质量。

五、邮政车辆的技术管理

(一) 邮政车辆的维护

邮政车辆维护应坚持预防为主、强制维护的原则。保持车容整洁，及时发现和排除故障、消除隐患。

邮政车辆的维护分为日常维护、一级维护、二级维护。维护的主要作业范围如下。

1. 日常维护

日常维护是日常性作业，由驾驶员负责执行。其作业中心内容是清洁、补给和安全检视。

2. 一级维护

一级维护由驾驶员协助专业维修人员负责执行。其作业中心内容除日常维护作业外，以清洁、润滑、紧固为主，并检查有关制动、操纵等安全部件。

3. 二级维护

二级维护由专业维修人员负责执行。其作业中心内容除一级维护作业外，以检查调整转向节、转向摇臂、制动蹄片、悬架等经过一定时间的使用容易磨损或变形的安全部件为主，并拆检轮胎，进行轮胎换位，检查调整发动机工作状况和排气污染控制装置等。

邮政车辆二级维护前，应进行检测诊断和技术评定，根据结果，确定附加作业或小修项目，结合二级维护一并进行。邮政汽车维护必须严格遵照规定的行驶里程或间隔时间，或按厂家规定强制执行。

(1) 日常维护：每日出车前、途中、收车后进行。

(2) 一级维护：每行驶不超过 6 000 千米或两个月进行。

(3) 二级维护：每行驶不超过 18 000 千米或六个月进行，或根据使用情况调整时，不得超过一个一级维护周期。

邮政牵引车、叉车等专用车辆的维护作业内容及作业周期，按照生产厂家规定执行。各邮政车辆使用单位应按规定的周期和邮政车辆技术状况，按月编制维护计划，并组织实施。同时，应根据当地气候条件，提前做好防寒、防滑和防暑材料等装备的准备，适时组织实施季节性维护作业。季节性维护作业可结合定期维护作业进行。

(二) 邮政车辆的修理

邮政车辆修理是保障车辆安全运行的重要手段，应贯彻视情修理的原则，按国家规定的修理技术标准执行，确保修理质量。

邮政车辆修理按作业范围可分为车辆大修、总成大修、车辆小修和零件修理。

1. 车辆大修

车辆大修是新车或经过大修后的邮政车辆，在行驶一定里程(或时间)后，经过检测诊断和技术鉴定，用修理或更换邮政车辆任何零部件的方法，完全或接近完全恢复邮政车辆完好技术状况的恢复性修理。

2. 总成大修

总成大修是邮政车辆的总成经过一定使用里程(或时间)后，用修理或更换总成任何零部件(包括基础件)的方法，恢复其完好技术状况的恢复性修理。

3. 车辆小修

车辆小修是用修理或更换个别零件的方法，保证或恢复邮政车辆工作能力的运行性修理，主要是消除邮政车辆在运行过程或维护作业过程中发生或发现的故障或隐患。

4. 零件修理

零件修理是对因磨损、变形、损伤等而不能继续使用的零件进行修理。

5. 邮政车辆和总成的送修规定

(1) 邮政车辆和总成送修时，必须选择有资质的承修单位，并签订承修合同。

(2) 邮政车辆送修时，应具备行驶功能，装备齐全，不得拆换。

(3) 总成送修时，应在装合状态，附件、零件均不得拆换和短缺。

(4) 肇事或因特殊原因不能行驶和短缺零部件的邮政车辆,在签订合同时,应做出相应的规定和说明。

(5) 邮政车辆和总成送修时,应将邮政车辆和总成的有关技术档案一并送承修单位;同时在车辆信息系统中填写送修记录。

(6) 有大修能力的单位,自行承修时,也应按上述规定执行。

6. 修竣邮政车辆和总成的出厂规定

(1) 邮政车辆和总成修竣检验合格后,承修单位应签发出厂合格证,并将技术档案、修理技术资料和合格证移交送修单位。

(2) 邮政车辆或总成修竣出厂时,不论送修时的装备、附件状况如何,均应按照有关规定配备齐全。

(3) 接车人员应根据合同规定,就邮政车辆或总成的技术状况和装备情况等进行验收,如发现确有不符合竣工要求的情况时,承修单位应立即查明,及时处理。

(4) 送修单位必须严格执行邮政车辆走合期的规定,在保证期内因修理质量发生故障或提前损坏时,承修单位应优先安排、及时排除、免费修理。如发生纠纷,由相关部门组织技术分析,进行解决。

在车辆信息系统中完整准确填写维修记录、费用和日期。

各级邮政企业应按照邮政车辆大修理计划安排好资金,以保证邮政车辆正常进行大修。

7. 邮政车辆大修间隔里程或年限的规定

(1) 按出厂车辆技术性能要求安排。参考:行驶里程20万千米以上或投产后5年以上。

(2) 特殊车辆,各省公司可按车辆类型参照上述里程或年限自行制定。

(三) 邮政车辆的检测诊断

邮政车辆的检测诊断是检查车辆维修质量,鉴定车辆技术性能,减少车辆故障,保证行车安全,延长车辆使用寿命,及时发现和排除故障隐患,有效地控制车辆排放污染物的重要手段;是促进维修技术发展,实现邮政车辆视情修理的重要保证。各级邮政车辆管理部门,应积极创造条件,组织推广检测诊断技术应用。

邮政车辆的维护、检测、诊断技术规范,应符合国家制定《汽车维护、检测、诊断技术规范》(GB/T18344—2001)的规定。邮政车辆检测诊断是在邮政车辆不解体的情况下,确定其工作能力和技术状况,以查明故障或隐患的部位和原因。

检测诊断的主要内容包括以下几方面。

(1) 安全性:制动、侧滑、转向、灯光信号等。

(2) 可靠性:异响、磨损、变形、裂纹等。

(3) 动力性:车速、加速能力、底盘输出功率、发动机功率、扭矩和供给系、点火系状况等。

(4) 经济性:燃油消耗。

(5) 环境保护:噪声、污染物排放状况等。

各省邮政公司应结合本省邮政通信生产实际和本地区条件,利用检测设备或委托其他部门对邮政车辆技术状况进行综合性能的检测。其内容包括:对邮政车辆的技术状况进行检测诊断;对维修的邮政车辆进行质量检测;对邮政车辆更新、改造、报废和有关新工艺、新技术、新产品,以及节能、科研项目产品等进行检测、鉴定。

六、邮政车辆的更新、新增与报废

（一）更新、新增原则

邮政车辆更新是以高效率、低消耗、性能先进的新型车辆更换在用车辆，邮政车辆的新增要依邮路的增加和邮政业务的发展情况确定，应以提高经济效益和社会效益为原则。

（二）更新、新增程序

邮政车辆的更新、新增应由车辆使用单位按规定程序向上级主管部门提出申请，说明情况并附表，逐级上报，待批准后实施。邮政车辆更新后，应及时将相关情况反馈上级主管部门，并在车辆信息管理系统中更新录入。省公司车辆管理部门负责核定本省邮政生产车辆的档案情况、自编号和车辆基础资料。

（三）报废原则

邮政车辆报废须严格按国家有关规定执行。邮政车辆凡符合下列条件之一的，可申请报废处理。

（1）车型老旧，性能低劣或车型特殊，同类型数量很少，经长期使用，主要零件损坏严重、无零配件供应、无法修复，又不宜进行技术改造的。

（2）经两次大修理，技术状况下降、物料超耗严重，维修费用过高，继续使用不经济、不安全的。

（3）长期使用虽经检修或更换零部件，在正常使用条件下行驶，耗油量严重超标，继续使用不经济的。

（4）由于多种原因，造成整车严重损坏，无法修复或一次大修费用为新车价格百分之五十以上、可回收净值百分之五十以下的。

（5）污染物的排放、噪音都已超过国家规定标准，经采取技术措施后，仍无效果的。

（四）报废程序

邮政车辆报废须填写邮政固定资产报废申请表，由车辆配属局审核盖章后，报省公司审批。其中，集团公司管车辆报集团公司审批，待批准后，各用车单位根据国家有关规定的程序应及时办理实物报废手续。在车辆实物报废前，须除去所有的邮政标志。同时在邮政车辆管理信息系统执行报废操作。

【复习思考题】

1. 简述邮区中心局的基本功能。
2. 简述邮区中心局生产作业总体流程。
3. 简述编制邮件发运计划应遵循的原则。
4. 简述编制封发计划的依据和原则。
5. 铁道运邮方式有哪几种？
6. 简述邮件处理中心生产场地布置应遵循的原则。
7. 简述邮区中心局指挥调度工作制度的主要内容。

【课后实践】

1. 在校内实训室完成邮件分拣封发作业。
2. 在校内实训室完成邮件投递作业。
3. 组织学生到当地邮区中心局和当地投递局参观学习。

第五章　邮政投递的组织与管理

【学习目标】

通过对本章的学习，学生能够了解投递网在邮政通信网中的地位和作用，熟悉邮政投递网路的组织、服务质量管理的相关内容，熟悉邮政投递作业的具体流程，掌握邮政投递作业组织与管理的具体内容，并能根据实际情况进行分析判断，选择合适的作业组织与管理方法。

【引导问题】

长久以来，邮政投递员之所以被人们称为"绿衣天使"，原因就是他们所从事的投递工作和千家万户关系非常紧密，那么为什么邮政投递工作如此重要，投递在邮政通信中到底处于一个什么位置？投递工作到底是如何开展的？在投递工作中如何加强质量管理？如何更好地开展投递工作？这些都是人们所关心的问题。带着这些问题，我们走进本章的学习。

邮政投递是整个邮政生产过程的最后一个环节。邮政投递的生产过程是将各类进口邮件，按照规定的时限频次，通过邮政投递网络，即投递区、投递局、投递道段、投递路线、社区服务点及信报箱，投交给指定的收件人的过程。投递是邮政通信网的末端，直接与用户接触，属于高接触型服务作业，并且接触面更广、更深入，是邮政联系千家万户的纽带，是社会了解和认识邮政的重要途径。

第一节　投递网络组织与管理

一、投递网在邮政通信网中的地位和作用

（一）投递网在邮政通信网中的地位

投递网是邮区通信网内的局部网路体系，它分别从属于城市邮政通信网路和县内通信网路之内，投递网遍布全国城市、农村各地，是邮政通信网的基础性设施。

城市邮政通信网由城市范围内的邮政营业、投递局所及设施，本市的邮政处理中心和市内转趟邮路，按照一定的原则和方式组建起来的从事邮政通信活动的网路系统。县内邮政通信网路是以县局为中心，包括县内局所以及由县局至县内局所之间的邮路（包括邮运工具），县局和各乡镇局所至居民之间的投递路线所组成的邮政通信网路系统。在这些网路中分别构成了既有密切联系又各自独立的营业网、投递网和运输网。

在城市投递网中，市内各投递局所通过市内转趟邮路联系市邮件处理中心，把进口邮件、报刊接收进来，经过处理之后，再通过市内投递路线联系各投递点和市内千家万户，把各类邮件、报刊投交给用户。

县内投递网覆盖着广大农村，通过农村邮路联系着邮件处理中心、县内投递局所和乡镇局所，再通过乡邮投递路线联系各居民点，并深入到偏远角落，将进口邮件、报刊投交给接受点和用户。

城乡投递网都处于全国邮政通信网的末端，是全网的出网口，是邮政的基础性设施。

（二）投递网在邮政通信网中的作用

投递网在邮政通信网中的作用，是由它在全网中所处的地位决定的。它的作用主要体现在以下几个方面。

1. 发挥对邮政通信网通信服务的大力支撑作用

城乡投递网担负着完成向广大用户投递邮件报刊的任务，沟通本地区的人民群众、机关单位、企业、事业、学校、团体等用户与国内、国际广大地区的人们、单位保持密切的通信联系，获取各方面的信息，从而在政治、经济、科学、文化、生活等诸多方面产生有益效用，为社会创造财富。所有这些投递生产任务的完成和各项效益的取得，都是建立在投递网这个物质、技术基础之上的。通过邮政投递网，不仅完成了邮政投递生产任务，更能以全网实现对国民经济和社会生活的有力支撑。

2. 发挥对邮政通信网通信的最终保证作用

城乡投递网是全国邮政通信网的重要组成部分。它处于全国邮政通信网末端，是全网的出网口，也是全网的基础性设施。邮政通信在全程全网的传递过程中，都要经过收寄、分发、运输和投递这四个环节的联合作业来完成。而投递环节处于整个传递过程的最末一环，也是重要的一环。它是全程传递的终端，也是通信任务的完成阶段。因此，在城乡投递网内所完成的投递任务，是完成全程通信任务的最终体现，也是提高全网通信质量的最终保证。

3. 发挥对邮政通信网通信信誉的宣传维护作用

城乡投递网在通信活动中，由于具有广泛地接近公众和接触用户的特征，形成了邮政企业向社会开放的“窗口”，并通过投递网的服务功能和投递人员的服务业绩，随时向用户和公众塑造可信的邮政通信“品牌”和良好的企业形象，宣传和维护着邮政通信网的信誉。

【阅读资料 5-1】

强化投递网建设，全面提升邮政整体服务能力和水平

投递网是邮政的重要基础网络，也是直接面向市场和客户的重要基础平台。搞好邮政服务，既是市场竞争的客观要求，又是邮政核心竞争力的重要体现。为了强化投递网建设，全面提升邮政整体服务能力和水平，2007 年中国邮政集团公司下发了《关于加快邮政投递网建设的意见》（以下简称为《意见》）。

《意见》要求进一步提高对邮政投递网建设重要性和紧迫性的认识。各级邮政部门要从实现企业可持续发展，构建和谐社会的战略高度出发，充分认识完善投递网功能、提升投递能力和提高投递服务质量对邮政业务发展，对传递沟通情感、构建和谐社会和对提高竞争能力的支撑和促进作用，进一步提高对邮政投递工作重要性的认识，并把这项工作列入“一把手”工程，加强领导、整合资源、加大投入、优先安排、切实抓好投递网建设，努力把投递工作推向一个新的高度。

《意见》指出邮政投递网建设的总体目标和阶段性目标。投递网建设的总体目标是：力争通过四年左右的时间，将邮政投递网建设成客户服务规范化、作业流程标准化、现场管理“6S”化，满足普遍服务需求，保障竞争性业务发展，服务质量优良的支撑平台。

《意见》提出邮政投递网分层、分网的组网模式。各省地形地貌、经济发展状况、业务发展规模、客户分布等情况差异较大,应因地制宜地采取分网、分层的投递组网模式。在保障普遍服务基本要求的基础上,重点提高竞争性业务的投递服务水平,加大对大客户的服务能力。分网运作模式即采取单独组织投递队伍、单独组织转趟运输、单独组划投递道段的投递网络组织模式。直辖市、省会城市、业务量大、竞争激烈的地市城区和东部发达县城实行邮务类业务和速递业务分网运作。信函和报刊业务规模大、市场竞争激烈的城市实行信函和报刊分网运作。省会城市和经济发达城市要实行物流业务分网运作,地市实行分层运作。分层运作模式即依托现有的邮政投递网,按照客户需求、服务标准、投递效果分别组织投递的网络组织模式。未实行信报分投的省会和经济发达的地市,都市类报刊业务量大、竞争激烈的,要单独组织投递班组(专人)实行信报分投。地市以上对个性化要求高的银行对账单等业务,要组织专人投递;业务量特别大的城市在注意劳动效率的基础上,要试点组建商函专网。速递投递专网覆盖区域外的速递邮件,要严格按照速递邮件投递的时限频次规定,进行分层投递。

《意见》还提出邮政投递网的建设标准;优化作业流程;邮政投递服务质量标准;密切和各级政府的联系,争取相关政策,解决社区住宅信报箱和投递场地问题以及投递网建设的考评办法等问题。

二、投递网的生产组织

投递网的生产组织包括投递生产过程的空间组织、时间组织和投递网的劳动组织。邮政投递生产过程的空间组织是对生产流程在空间上进行合理安排,通过确定企业内各投递区、投递局和投递道段的设置和投递局及内部工序的空间位置,确定邮件的最佳流动路线,使其具有最顺畅、最短、最经济的流动路由,避免邮件传递的无效交叉、重复和倒流。主要涉及投递区和投递段的划分、投递路线的组织、投递生产场地的布局。邮政投递生产过程的时间组织是对投递生产流程在时间上进行合理安排,即要根据全程时限的要求,确定各生产环节的作业时间,确定邮件的处理和传递的时限和频次。合理组织投递生产过程,不仅要求生产单位在空间上密切配合,而且要求它们在时间上紧密衔接,以实现有节奏地连续生产,保证邮件在投递环节完成局内阶段作业时限,从而确保邮件全程传递时限。投递生产过程的时间组织主要涉及投递频次和投递时限的安排;投递网的劳动组织是根据邮政企业生产的需要,正确处理劳动过程中劳动者之间以及劳动者与劳动工具、劳动对象之间的关系,不断调整与改善劳动过程中的劳动分工与协作关系,以充分利用劳动时间和生产设备,提高劳动生产率。劳动组织主要涉及邮政投递的人员配备。

三、投递区和投递段的划分

(一)确定投递制式

城市按址投递制度根据城市的规模分为集中和分散投递制两种。集中投递制是指全市邮件、报刊的投递都集中由邮件处理中心负责的投递制度。在集中制度下,投递员集中工作,有利于组织和管理,并且可以减少转趟的频次。集中制的缺点是:投递员从邮件处理中心到投递段的空白行程长,不利于投递时限的完成;投递员远离投递段和居民区,不利于提高服务质量;邮件报刊不能利用机动车运送。

分散投递制是在一个城市内划分若干个投递区,投递区内设投递局负责邮件的接收和投递。投递局一般设在投递区的中心部位,因此,投递员到投递段的距离相对较短,节约空行时间。由于投递区内又设若干投递段，缩短了投递服务半径，有利于延伸服务，提高服务质量。

（二）划分投递区

投递区是在分散投递制下，一个投递局负责投递邮件的范围。中小城市采用集中投递制的，只有一个投递区；较大城市采用分散投递制的，则要划分多个投递区。

1．投递区划分考虑的因素

划分投递区要考虑市区面积、行政区划、市区地形、交通情况、局所分布、人口密度、用邮状况及投递业务量等因素。一个城市应划分多少个投递区，主要由该城市的市区面积和地形、局所分布情况及投递业务量三个重要因素决定。每个投递区的范围不宜过大，过大会增加投递人员从投递局到投递段的无效行程；投递区过小会增加分拣和转趟运输工作量。

为保证投递质量，投递区一经划定就要相对稳定，不宜经常进行大的变动。投递局要选在交通地理位置适中的局所，要有利于投递段的划分和投递路线的组划，尽量减少空白行程，加快投递作业速度。同时还要有内部作业场地，方便市区转趟运输。

2．划分投递区的步骤

划分投递区的步骤如下。

（1）划区，就是圈定投递区域。一个投递区的范围要与邮政编码相结合，可以不受行政的限制，一个投递区的大小，一般以 20 个段为宜。个别地区因受自然条件限制，可以适当地增多或减少。

（2）选点，就是选定投递点。在一个投递区内，如果设有几个邮局、所，要选定位置比较适中，场地比较宽敞，而且交通比较便利的局作为投递点为宜。但在城市的边沿地区，由于城市建设不断加快，邮政机构设置较少，因此，根据情况可把每个邮局都选作投递点，甚至邮政所也可以作为投递点。

（3）定界，就是确定投递界线。在选定投递点后，就要进一步确定投递界线。在划界时，要求界线清楚、明确，既要便于投递，又要便于分拣，并尽量利用明显的自然条件和主要干线街道划界。

（三）划分投递段

投递段是指投递员投递邮件的范围，一个标准的投递段，就是投递员的工作定额。在一个投递区内，一般应设置若干个投递段来完成本投递区域的邮件、报刊投递任务。如果机关单位较多，业务量较大，而影响投递效率和投递安全时，还可以组织机关大户专段。

1．投递段的划分依据

投递段的划分主要依据以下几方面。

（1）投递频次、时限和投递员工时的规定。

（2）机关、团体、企业、学校等单位的分布情况及用邮情况。

（3）劳动定额标准。

（4）投递业务量的分布。

（5）交通、地形和街道的状况。

（6）住宅建设等情况。

2．划分投递段的基本要求

划分投递段的基本要求如下。

（1）每段每班应配备一个投递员。

(2) 投递段的划分,必须保证投递员能在规定的投递时限内完成投递任务。

(3) 保证每个投递员的工时得到充分的利用。

(4) 投递段的工作负荷基本平衡,避免劳逸不均。

(5) 投递段的起点,应尽可能从靠近投递局的地方划起,力求减少无效行程。

(6) 段之间界限清楚,避免交错,互相跨越。

(7) 农村投递段的划分除考虑路程等因素外,还应考虑其各项邮政业务和多种服务的开发潜力。

3. 划分投递段的步骤

划分投递段可分为测算、规划、调试和定案四个步骤。

(1) 测算

首先分析全投递区机关、单位的分布情况,各条街道邮件、报刊的投递量,区内地形和地区特点,房屋建筑的特点以及投递员的工作条件等。其次统计各段的投递业务量、投递户数和行走里程等资料。最后再按照定额标准核算出本区内共应划分的投递段数和每个段应增减的比例。

(2) 规划

根据测算结果,拟订出划段的初步规划方案,确定本区内的道段数以及对各个投递段的划法。然后对初步规划方案进行讨论、修改后通过。

(3) 调试

将通过后的划段方案,定期进行一次或几次试跑和调整,并在调试以前,做好人员调配,要求投递员和分发员掌握新的道段规格,以保证调试工作顺利进行。

(4) 定案

划段方案经过进一步调试、修正,并报相关部门批准后,便可定为正式的规划方案。在方案正式实施前,还应做好各项准备工作,如调整人员,画出新的投递道段图,划定各段界线,确定各段投递路线的走法,写出邮件分拣规格,做出报刊分发表,做好报刊卡片变段、变数和抄登报纸投递簿等工作。

4. 投递段划分的新思路

传统上投递道段的组划,一个投递区只有一种方案,一经划定,一个投递道段即配备一名投递员。投递员按固定的频次时限负责本投递段的邮件投递工作。由于各频次邮件业务量的不均衡,各频次投递工作任务也很不平均。如信报合投的局,没有报纸的频次工作量不饱满,相反投报的配置工作又显得格外紧张。因多数报纸面临市场竞争,要确保读者早见报,造成投递员的工作负荷和载重负荷都严重超标,投递员怨声载道,投递局长反映人员紧张。各局的生产组织和劳动组织也很传统,每个频次不考虑邮件业务量的大小,按固定道段方案和人员安排投递生产,造成生产任务的时紧时松。因此,这种不考虑生产实际情况,按固定的道段组织生产的方式可以说是一个人为的瓶颈。

因此,投递道段的组划可以根据邮件业务量和生产实际情况,设计几种预备方案。邮件业务量小的频次,按投递道段的范围可以相对大一些,储存一些劳动力以备业务量大时使用,同时保证工作量饱满,提高工时利用率。报刊邮件集中的频次,投递道段范围可以相对小一些,保证投递员的精力和体力分配均匀,以便争取时间,使读者早见报,提高邮政投递的竞争优势和服务质量。

四、投递路线的组织

（一）城市投递路线的组织

投递路线是投递员投送邮件所行走的路线，也是投递局连接用户的空间距离。组织投递路线的原则是：以服务用户为中心，以时限要求为依据，高效、低耗地组织投递路线。

1. 城市投递路线组织应考虑的因素

城市投递路线组织要考虑下列因素。

(1) 保证重点用户的优先投递，也就是把党政机关、工厂、学校等安排在去程。

(2) 每个投递段的投递路线起点，应尽量靠近投递局，避免串段。

(3) 街道宽、邮件量大的街道，靠路的一边走；街道窄、邮件量小、车流量小的街道，则可以两边穿梭行走。

外部投递应坚持统一投递路线。统一投递路线是担任该段投递任务的每个投递员都应统一行走的投递路线。统一投递路线不仅是外部投递必须遵循的投递路线，而且也是投递员投递邮件、报刊内部作业的重要依据。

2. 城市投递路线组织的方法

(1) 绘制投递道段详图。在图上要画出街道分布的图形，注明门牌号码及机关单位的名称，以充分掌握投递道段的情况。

(2) 选择里程最短的投递路线。

(3) 统一段内投递路线的去程和返程。在里程最短和费时最少的前提下，把机关、工厂、学校所在的地区作为去程，如果机关、工厂、学校比较分散，则把性质最为重要的邮政客户安排在去程，以保证重点用户邮件接收的及时性。对于没有机关单位的地段，应考虑把邮件较为密集的地区作为去程，以使多数用户收到报刊、邮件的时间提前。

(4) 把选定的统一投递路线写成资料，并标注在道段图上。

3. 城市投递路线的延伸

随着时代的迅猛发展，城市范围不仅从面积上向外扩充，同时从空间上不断立体化，服务人口剧增，社会用邮需求发生了变化。这对城市投递完成普遍服务提出了更高的要求。面对庞大的服务范围和服务人口，邮政仅利用自身的投递队伍来完全实现邮件绝对意义上的投递到户，是难以保证的。因此，中国邮政集团公司提出了三进服务网点工程，即进校园、进商厦、进社区。将三进服务网点与投递网相结合，解决邮政投递最后一千米问题。社区投递的加盟，可以发挥社区接近用户的优势，实现接力投递，增加投递深度，完善投递网的功能。

（二）农村投递路线的组织

1. 农村投递的特点

(1) 地面广大，居民分散。大部分居民集中居住在大小不等的自然村里，部分居民住所则较为分散，有的居民甚至没有固定住地，长期生活在移动中。这种居住地的不同通常表现在不同的地区，例如，沿海和平原地区，人们一般居住在大小不等的村庄里且人口密度较大；在山区、丘陵地区和边远的省区，这里的居民则更多地表现为较为分散的居住特征；而牧区的居民则长期生活劳动在活动中，他们基本是居无住所的。

(2) 交通和自然条件复杂。农村和偏远地区的交通情况是各具特点的。例如，山区和丘陵地区行车不便只能步行，湖泊和河流只能依靠舟船，草原和沙漠以牲畜代步，而平原地区则依靠自行车和摩托车作为交通工具。在自然条件方面,又受酷暑、严寒、干燥、降水和大风等气候的影响。特别是遇到洪水泛滥、大雪封山、道路阻断等特大自然灾害时通行条件就越发困难。

(3) 邮件流量参差不齐。影响农村和偏远地区的邮件流量的主要因素是受地方经济的制约,人群素质的因素和人口相对密度的影响等。

2. 农村投递路线的组织方法

(1) 摸清情况,分析资料

县局管理者首先要摸清当地用邮、交通、自然条件和居民居住情况,综合汇总后得到组织农村投递区域和路线的依据。

(2) 分析研究,进行规划

根据本县的各种原始资料图和其他调查资料,认真审核现行的农村投递网的组织建设中存在的缺点和问题。不合理的投递局所和投递路线的设置应及时更新和调整,以适应当前本县邮政投递网的运行需要。

规划投递路线时,首先要考虑的本道段(地界、段道)的投递重点户,这些重点户一般要安排在上道的位置,以保证重点户的用邮需求。再根据已经掌握的详细资料,绘制本道段的平面图,优化选择投递总里程最短、点交联系点最多、道路通行条件最好的投递路线。这样就能加快邮件的传递速度。

(3) 测定试走,修正定案

新的投递行走路线规划完毕,应详细绘制投递邮路图。组织相关乡邮员进行充分讨论,听取修正意见,对不合理的部分再次进行修改。对于变动较大和新规划的投递路线,应当先经过投递路线的试走和测定。待所有投递路线全部定案后,由县局指派专人绘制全县邮路和投递路线图,作为本县的暂行邮路和投递跑行路线标准,同时也作为今后研究和指导本县邮政投递的重要依据。

(4) 做好新邮路和投递路线的实施准备

新规划的邮路和投递路线在实施之前,还应当做好一些前期准备工作。例如,调整和配备运送邮件的车辆和人员以适应新规划的邮路的运行;合理调配乡邮员和其他辅助人员;制定每条农村投递路线单班时间表;将投递路线图交送相关邮件分拣部门和相关发行员,以便他们能按照新的规格进行分拣和封发邮件和报刊;将新的邮路、投递路线图和相关投递时间表的变动情况一并交上级主管部门审批,以便他们的掌握和使用,上级主管部门也依照此变动可随时对投递等相关部门进行监督检查。然后确定日期,正式实行新的邮路和投递路线。

3. 农村投递路线的组织

农村投递路线是指以投递局所为中心,连接各村庄、信报转接点以及各类邮政用户的投递邮件、报刊路线。农村投递路线应以投递局所为中心,选择串联村庄多、重复路线少、距离近、路面好的投递路线,本着先重点,兼顾一般的原则,先机关团体单位,后行政村居民的顺序进行,确保重点用户的用邮。

具体投递路线的组织形式有以下三种。

(1) 直线形:直线形投递路线是从起点到终点,去程和返程都沿着一条路线行走。它的优点是迅速;缺点是联系点少、服务面小、往返重复路程多、成本投入大,即人力物力消耗大。

(2) 环行:环行投递路线是从起点经绕行又回到原起点的投递路线。它的优点是联系点多、服务面广、用人少、效率高;缺点是不如直线形路线快。

(3) 直环混合形:直环混合形投递路线是既有直线形,又有环行的直环混合路线。在不能全部组织环行路线时,可采用这种形式,在保证投递时限的前提下,尽可能增加环行部分。

农村投递路线是农村投递网的重要组成部分。由于农村地形复杂,交通不发达,居民分散,实行统一的投递深度是不切实际的。必须因地制宜,尽可能方便用户。在企业成本投入最小的前提下,利用社会力量,实现邮件的接力传递,实现服务效应的最大化。同时,可以开发投递员的服务项目,在普遍服务的基础上实现增值。

五、邮政信筒、信箱开取的生产组织

(一) 筒箱的设置

筒箱的设置,一般要设在居民较集中的地区和街道上,设在主要的交通路口、公共场所(例如,车站、码头、机场、商场、宾馆等)和主要的机关、企业、厂矿和学校等处,以及邮政局所和代办所门前。

对筒箱的设置工作,应指定专人负责。筒箱管理人员要掌握筒箱的设置情况,设立专簿登记筒箱的设置地点、日期,以及筹办有关筒箱的增、减、迁、换等变动事项。

安装好的筒箱应保持整洁完好,门锁要灵敏有效,筒箱的钥匙应配备正副两把,由专人保管,防止丢失。

(二) 开箱的组织形式

1. 集中开箱制

实行集中开箱组织的城市,开箱工作由市局统一组织完成。由于是市局集中组织开箱工作,这样就造成开箱路线过长,影响开箱的时限,同时也造成开箱人员劳动强度过高,所以,集中开箱制比较适合中小城市。

集中开箱的优点是:由于是直接将邮件带到市局处理,这样就减少函件的传递过程,加快邮件的处理和发寄,便于提高邮件的传递速度。

2. 分散开箱制

实行分散开箱组织的城市,开箱工作是由各个邮政支局(所)指派的专人开取本辖区的筒箱。这样就避免了开箱路程过长所造成的影响时限等问题。分散开箱制比较适合较大的城市。

开箱取回的函件,经过处理后,发交趟车送交市局统一处理。

3. 兼职开箱

农村地区或偏远地区,用邮相对较少,筒箱的设置也比较少,所以,可以采用乡邮员(投递员)做兼开筒箱的工作。这样,可以节省劳动成本,也能满足筒箱开取的时限要求。

开箱的频次和时限要严格地按照国家邮政局规定的开箱频次和时限进行。

(三) 开箱路线的组织

1. 开箱路线的种类

(1) 环行路线:即由开箱局出发后,沿着一条闭合的曲线单向行走,最后又回到开箱局。

(2) 直线形路线:即由开箱局出发后,沿着直线路线运行,最后又按照原路返回到开箱局。

(3) 环、直混合形路线:即由开箱局出发后,采用环行和直线形交替行走的方式开箱,但行走时,要尽量扩大环行部分,减少直线形部分,以减少迂回路程。

2. 组划开箱路线的原则

(1) 保证开箱的时限与频次。

(2) 保证开箱的质量。

(3) 合理组合开箱路线，尽可能地减少空程。

(4) 合理地安排开箱人员，提高劳动生产率。

六、投递作业现场布局

作业现场布局是邮政企业生产空间组织的一项重要内容，它包括生产设备、作业台席、用品用具、邮件和通道的布置与安排。

(一) 投递生产作业现场布局的内容

作业现场布局的内容是将投递作业台席、生产场地以及投递人员有机地结合起来，使投递生产各个处理环节的作业内容能够紧密衔接，做到现场清洁、整齐、光线充足、布局合理，以确保通信质量，提高工作效率。

(二) 投递生产作业现场布局的原则

一般来说，投递生产场地布局应遵循以下原则。

(1) 顺序原则：按照投递作业流程规划各种作业面积和各序作业位置，做到上下工序衔接，缩短邮件的传递距离。

(2) 就近原则：将生产协作关系密切的工序生产环节就近布置。

(3) 最短距离原则：在符合生产流程的前提下，使邮件的传递路线尽可能短。

(4) 安全原则：生产场地布局，要保证邮件和生产人员安全，并尽可能地为生产人员创造良好的工作环境，使采光、照明、通风、取暖、防尘、卫生等条件，符合环境保护要求。

(5) 隔离原则：与作业现场有关的生产辅助现场(包括办公室、材料库、更衣室、休息室)等，要靠近现场，但又要与作业现场隔断。

(6) 弹性原则：随着生产技术的进步和业务量的增加，企业的生产始终处于动态的发展之中。因此，生产场地的布局要考虑长远发展的需要，应留有余地。

(三) 投递生产作业现场布局的总体要求

作业现场布局的总体要求，即要根据邮政生产规律和作业特点，合理利用生产场地，科学有效安排生产设备和生产人员，提高邮件传递处理的效率，保证安全生产，实行文明作业。具体要求如下。

(1) 投递作业现场须实行封闭作业，除邮政工作人员以外，其他人员不得随意进出，以确保邮件安全。有条件的局应单独设置职工更衣室。

(2) 要围绕物流、人流来布置。物流要尽可能地截弯取直，减少中间环节，缩短邮件流程；人流要尽可能地减少往返走动，避免工时浪费，减少不必要的重复动作和工序。

(3) 邮件报刊的分拣、分发要选取尽量适中的位置，以便于各台席之间取送和交接邮件报刊。并要与投递段的排信、排报作业尽量隔开，以保证邮件的安全。

(4) 根据生产场地的大小，房屋的结构，进出的通道，以及作业时间、空间等因素，尽量做到紧凑、合理，符合优化作业组合要求。

(四) 投递生产作业现场的布置

投递生产部门要有便利的通行条件，要有能够停放自行车等交通运输工具的庭院或场所，要有便于接发趟车的停放和运递邮件报刊的交接地方。投递内部作业现场,适宜设在地面一层的位置,尽量不设在楼上,避免大量的邮件报刊上下楼时费工费力费时。投递内部作业的房间要宽敞、明亮和空气畅通。邮件报刊分发作业室应与投递作业室,既要连通着,又要分隔开,方便两个作业环节的业务交接。分发室内,各工作台席的摆放位置相对要独立、互不干扰,并设有专门通道。有条件的班组给据邮件分发室应独立一室并有门有锁。投递室要宽敞明亮,便于行走。两个作业室最好呈现一字形排列,或是拐角搭连,如图 5-1 所示。

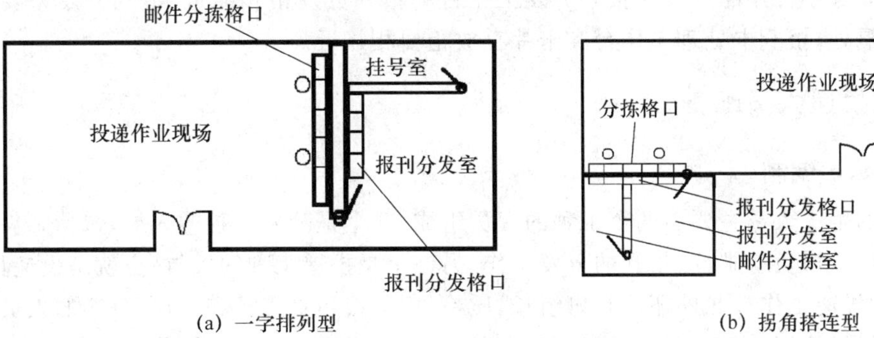

图 5-1 报刊分发室与投递作业室

投递室内,每个道段配有一个作业桌(台),可以按照单行、双行、单双混合、环行等方式排列,如图 5-2 所示。此外,在投递室内适当的位置,还要设置班组长、质检工作台席,以便于进行班组的现场管理和业务检查。

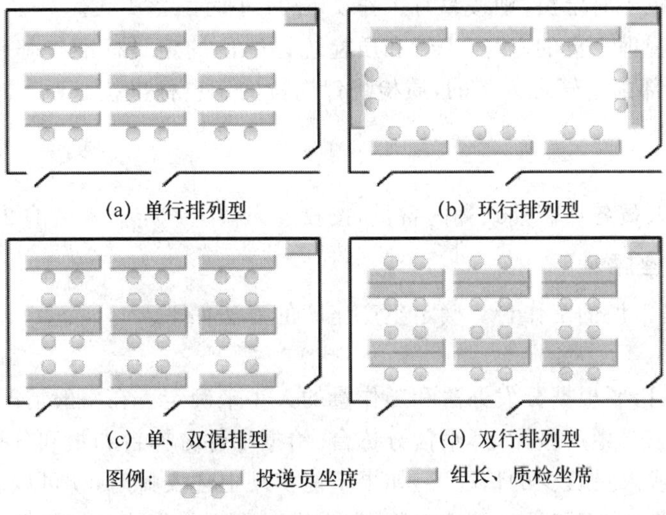

图 5-2 投递室内作业桌(台)的排列方式

(五) 投递专用设备的定置

投递作业的专业设备有:投递员作业台席、安全袋(小背篓)、报刊兜(前把兜、大梁兜、后架兜)、车辆以及投递作业使用的其他小件用品用具。投递员工作台结构要尽量简洁,如台席上设有两个抽屉,里面存放小件物品,安全袋、报刊兜等大件物品应远离作业现场,摆放在便于取放的固定位置。这样投递间内的投递工作台下方就较为开阔,为检查作业现场有无遗留邮件提供了必要的条件。同时,还要专门为员工设置橱柜,存放投递员的个人日常生活用品,有条件的还可以设置休息室。

邮件分拣作业专用设备有:过戳机、日戳、给据邮件处理台、平常邮件处理台、给据邮件分拣格、平信分拣格、大宗印刷品分拣筐(盒)、邮件存放柜、档案存放柜、单册材料存放柜、空袋存放柜和分发作业使用的其他小件用品用具。过戳机和日戳要专人管理,固定位置摆放,平信分拣格和大宗印刷品分拣筐(盒)要放在和投递间的间隔处,各存放柜应远离操作台摆放,避免干扰。

报刊分发作业专用设备有:报刊分发工作台、报刊卡片处理工作台、卡片存放柜、报刊分发格和报刊分发表等小件用品用具。报刊分发工作台和报刊分发格相靠近,报刊分发格要放在和投递间的间隔处,报刊卡处理工作台和卡片存放柜要相靠近。

七、邮政投递人员配备

(一) 核定人员编制

投递部门的生产人员主要由两个工种的人员组成:一个是分发工种的人员,包括邮件分拣员、报刊分发员等,担负着邮件、报刊的分发工作;另一个是投递工种的人员,也就是投递员,担负邮件、报刊的投递工作。此外还设有班组长、质检员、信报箱管理员和替休、备额的人员。投递生产的劳动组织依据 2010 年投递岗位"双定"标准对投递生产的各个岗位应核定人员。

1. 分发人员

应按照邮件分拣、报刊分发的定员标准,分别计算定员人数。

2. 投递人员

城市投递岗位按作业分定员,农村投递岗位按投递里程定员。

开筒(箱)取信按工时定员,即按每月工作 166.64 小时配备 1 人。

投递部未配备管理人员的,生产主管和质检统计岗位的定员标准按邮政投递岗位定员人数的 8%计算;投递部配备管理人员的,质检统计岗位的定员标准按邮政投递岗位定员人数的 5%计算。

3. 备额人员

抵替各类生产人员各项假期缺勤的备员,按投递岗位生产定员人数的 2%配备。

(二) 确定生产座席

生产座席,就是常说的工作台。确定生产座席的方法如下。

1. 分发座席

分发座席的数目,要根据分发办法和工作量的大小来确定。在一般情况下,可以按照三条流水作业线确定为三个生产座席,即平信分拣台、给据邮件分拣台和报刊分拣台。

在工作量较小或人员较少的情况下,如果不能实现上述安排时,就可以确定挂号分拣台和报刊分拣台两个工作台,而将平信分拣工作,交由投递员进行集体分拣作业。

在工作量较大或人员较多的情况下,也可以将报刊分发台分开,设立报纸分发和杂志分发两个工作台。

2. 投递座席

投递座席的数目,是按段设置,一段一个座席,并按投递段号顺序编列座席专号。

(三) 安排人员值班

生产座席确定之后,还要合理地安排人员值班,以使每个座席都有专人值班,每个生产人员都能按班上岗。

分发人员的值班安排比较复杂些。由于分发人员往往实行集体交叉作业，因此，在安排人员值班时，先要核算出各个座席在不同时间内需设的值班人数，固定每个人员的分工，然后再划出每个值班人员的值班线条，并标示值班的时间，由值班人员按时值班。

投递人员的值班安排就比较简单，只需固定各段的人员，每个值班的人员按段定岗，并按照投递作业时间表规定的时间要求，按时值班。

（四）确定班组的组织形式

班组组织应从有利于加强协作，合理使用劳动力，提高劳动生产率出发，根据具体的生产条件来选择相应的劳动组织形式。作业组（又称工作组）是在劳动分工的基础上，为完成某项工作，而将相互协作的有关工人组织在一起的劳动集体。在作业组内，每个工人都有明确的分工和职责，并由组长负责全组工作，保证全组成员的工作相互协调。投递生产中根据工作内容划分为发行组、邮件分发组和投递组。发行组负责全投递区内用户报刊订阅工作，邮件分发组负责全投递区内各类邮件的接收、内部处理和分拣到投递段工作，投递组负责全投递区内用户邮件的投递工作。

工作轮班组织是劳动组织的基本形式。投递组内按公休情况划分为若干个包区小组，包区内设若干个小组，小组内设轮休员。

投递段是一个投递员负责投递邮件的区域范围。为便于明确投递责任，熟悉投递情况，传统上每个投递段原则上配备一个投递员，单独作业。也可以换一个思路，以小组或包区为单位，数名投递员共同承担一个包区的投递和营销任务，即每个投递员轮换在本包区各段内担任投递或营销工作。采用团队工作方式，可以形成能力互补、相互激励、相互依靠与协作的团队，其成员致力于一个共同目标，并且为实现该目标履行各自的责任。良好的团队工作方式具有更高的灵活性和应变能力，有利于提高服务质量和工作效率。

（五）投递班次安排

投递班次是根据投递频次、时限的规定所作的具体工作安排。通过合理地安排投递班次，可以保证把投递频次、时限的规定贯彻落实到日常投递工作中去。在安排投递班次时，一般要做好以下几项工作。

1. 投递班次安排的原则

投递班次安排，要根据以下各项原则，进行综合研究而定。

（1）要贯彻投递频次、时限的有关规定。

（2）要衔接进口邮件、报刊到达本市时间和本市报纸的出版时间。

（3）要考虑到机关、单位和居民用户的一般用邮习惯和对邮件、报纸的某些特殊需要。

2. 具体安排投递出版时刻和每班投递内容

（1）在每天投递两次的地方，一般上、下午各投递一次。具体出班时刻要结合当地早报出版时间和运邮工具或趟班到达时刻而定。每班投递内容，要看运到的邮件、报刊种类，再按照需要赶班投递的规定进行安排。对于应该当班投递的各类邮件、报刊等内容，均应在当班内混合投递。

（2）在每天投递一次的地方，上午或下午出班均可。具体出班时刻，要根据主要运邮工具或趟班到达的时刻而定。当班投递的内容，也要按照规定，将应该赶班投递的邮件、报刊全部混合投递。

【阅读材料5-2】

上海市公司优化机动车投递的作业组织

上海市公司继续加大机动车投入,采取有效措施优化机动车投递作业组织。一是对机关、企事业单位、图书馆等大户的进口邮件报刊按户分拣、分类码放,用机动车直投到户;二是对物业代投和设立邮政服务站的住宅小区,用汽车直接送交指定位置,相关人员按址投递;三是对邮件量大、邮件重量较重、出局邮路较长的邮政直投住宅小区,用汽车进行投递,解决路线长、投递负荷大的问题;四是在管理较好的小区、邮政报刊亭等设立邮件报刊转接站,用机动车将邮件报刊载运至门卫传达室、报刊亭,然后由投递员骑自行车进行接力投递,取得了提升邮政服务形象,减轻投递员负荷,提高投递效率的良好效果。

【阅读材料5-3】

江苏省优化投递网络,提高投递运行效率

1. 全面推行进口邮件分拣前置,灵活调整投递内部作业组织,提高投递作业效率。

近年来,江苏省全面推行进口邮件分拣前置工作,投递员内部处理时间明显缩短,邮件处理质量和投递效率显著提高。同时,结合分拣前置及投递信息系统上线工程,南京、苏州等市局还适当调整了城区投递作业组织和频次。各局根据投递作业忙闲规律,实行动态排班的投递作业组织模式,灵活调整忙闲时期的作息人数,淡季下午实行投递段道合段作业,尽量安排投递员休息;在投递高量期或遇突发性业务时,员工调整休息安排,各段道全部出班以缓解投递压力。苏州局还将普邮投递部和商函投递部的投递生产结合起来,实行错峰排班。同时,苏州、无锡局还专门制定了商业函件分类处理管理办法,按照优质优价的原则对各类商业函件提供个性化的服务,并对投递环节进行全程质量监控,满足了函件部门对邮政投递的高标准要求。

2. 积极推进城区段道集中制,实现集约化管理。

随着投递信息化水平的提高及城区投递交通工具的电动车化,江苏省积极探索和推进投递部管理模式的创新。

2008年,南京局率先试行投递部大集中的管理模式,在综合考虑区域、业务量、段服务面积等因素后,分别采取网点集中、管理集中模式和网点不变、管理集中模式,原来的32个投递部合并为5个城区分局和9个城郊投递部,缩小了管理跨度。

通过实施集约化管理,南京局取得了明显成效。

(1) 精减班组长等管理人员20人、发行员28人、内部处理人员20人。为规模较大的投递分局增配了专职检查员和信息维护员,加强自我检查力度和信息处理速度,人员配置结构更加合理,投递队伍更加稳定。

(2) 改善了投递环境。通过实施营投分离,投递生产场地增加了2 000多平方米,如鼓楼分局从原来的四家总共300平方米扩大到600平方米,并配备了专门的机动车库和电动车库。营投分离也为营业局(所)就地扩大面积创造了条件,为邮政其他业务的发展提供了条件。

(3) 减少了错局信件。分拣前置后邮件量大的网点其分拣机或人工分拣的差错较多,集中网点内出现的差错就地解决,减少大量的批转工作量,同时提高了这部分邮件的服务时限。目前,分拣到段按网点封装封发的平信平刷日均错局差错在500件左右,占日均22万件的千分之二左右。批转退差错由按袋计变为按件计,减少了市内转趟、分拣作业的无效劳动工作量。

(4) 加快了邮件报刊到局时间。市中心网点集中使市内进口邮件、报刊趟运车交接点减

少，按每减少一个点时效提高15分钟/频次计算，集中的网点报刊邮件提前到局时间足以抵消因集中带来的部分投递段上界里程增加时间。另外，市区网点的集中交接也使趟班车减少了二频次邮件在市区拥堵的可能性，为城郊接合部的网点争取了时间。

(5) 提高了机动车利用效率。投递网点合并后，解决了由于各网点机关单位、大客户数量和分布不同引起的机动车利用率不等的情况，机动车实现统一调配，大范围内综合利用，提高了投递效率。

(6) 提升了基层管理水平。整合后各投递分局(部)的基层管理人员重新调整，任命了一批业务能力强、管理水平高的管理人员。在他们的努力下，投递网点的基础管理工作井井有条，各类生产、管理台账、报表等均能及时准确的更新、上报，遇到各种业务量突发的情况均能迅捷、灵活地安排生产作业，基层执行力大幅提升。在这些基层管理人员的鼓励和督促下，2009年投递员技能鉴定考试一次性通过率更是达到96%，员工持证率已达到98%，创造了邮政投递一个新的历史。

近年来，南京、南通、苏州、常州、无锡等局通过实施投递段道集中，已撤并城区投递网点40个。目前，江苏省仍将陆续投入近亿元，为深入实施投递段道集中制提供充足的资金，重新购置或扩建相应的投递部，解决段道合并后的场地不足问题，为投递能力的持续增长打好基础。

3. 组建专投队伍，充分满足函件业务的个性化需求。

2010年，江苏省提出银企账单收入要翻一番的目标。为做好投递支撑工作，江苏省根据市场竞争需要、业务特性、时限要求、用户性质实行了分网、分层运作，特别是对突发性、业务量集中或投递要求较高的商函、账单，组织了专门队伍、专频投递或专段投递。目前，各市局均组建了商函的专门投递队伍或在普邮投递部内增设了专门段道，较好地满足了当地个性化业务的发展需要。其中，南京局的商函投递部以银企双挂号投递业务为主，主城区由该投递部专投，其余地区由普邮队伍兼投；苏州局的商函投递部以银企双挂号及本局制作的商函、账单业务为主，其中20幢以上的城区住宅小区由该投递部专投，其余由普邮投递部兼投。同时，省公司还专门下发了银企账单作业流程的调整通知，明确了各环节的作业时限和责任，确定了各部门KPI控制指标，有力保障了函件业务的快速发展。

第二节　投递生产作业流程与作业规范

一、投递作业的任务和要求

(一) 投递的任务和方式

1. 投递的任务

投递是邮政生产的最后一个环节，其任务是把本口和进口邮件报刊按照规定的时限和频次准确而完整地投交给指定的收件人。

2. 投递的方式

邮件投递方式主要有按址投递和窗口投递。按址投递是按照邮件封面书写的地址将邮件投交给收件人的投递方式，它是邮件投递的最主要方式。按址投递还可以分为到户投递、信报箱投递和委托代投等多种形式。窗口投递是用户凭邮件领取通知单到指定的邮局办理领取邮件的一种投递方式。

(二)投递作业的特点和作业要求

1. 投递作业的特点

(1) 以室外单独作业为主,工作条件差、劳动强度大。

(2) 投递质量要求高,因为如果投递工作发生差错或延误,将使前面各个工序的生产劳动全部前功尽弃。

(3) 投递人员多、服务面积大。

(4) 投递范围广、投递环境差别大。

2. 投递作业的要求

根据投递作业的特点,以及用户不断增长的需求,对投递作业组织提出了以下几点要求。

(1) 要根据邮政通信生产全过程的时限要求和不同地区的用邮情况,确定邮政投递频次和投递深度,合理安排投递班次和作业时间,加快投递速度。

(2) 保证投递邮件完整无损,避免错投、漏投、丢失、损毁、延误和泄密等事故发生。

(3) 不断改善服务,力求用户方便,树立邮政良好形象。

二、投递生产作业流程

邮政投递的生产作业过程,一般要经过两个处理环节和八个作业工序的联合处理和联合作业,方能完成进口邮件、报刊的投递任务。

(一)两个处理环节

在投递生产过程中,一般需要设置进口分拣、分发(以下简称分发)和按址投递(以下简称投递)两个处理邮件、报刊的环节,并由这两个环节联合作业,共同完成对进口邮件的处理和投递工作。

目前,投递生产过程中对进口邮件、报刊的分发处理作业,有两种方式,一种是由专职分发人员进行作业,另一种是由分发与投递员实行集体作业。

在投递生产过程中,分发环节形成了整个投递生产的枢纽。经由邮区中心局分拣部门发运到各个投递局的各种进口邮件、报刊,都要首先经由分发环节进行接收、分发处理,然后再交投递环节进行按址投递。投递员每班回局后,也必须经由分发环节进行收单、特殊邮件处理、稽核等处理工作而告当班生产结束。在投递生产过程中,分发环节发挥着重要的业务监督和质量把关的作用。

投递环节是整个投递生产过程的主体和主力,担负着各类邮件报刊的按址投递任务。

分发和投递这两个环节的关系,从整体来说,它们彼此密切配合协作,互为依存。在生产中,上一环为下一环服务,下一环为上一环把关,形成一个严密的整体。

(二)几个主要投递生产工序

投递作业的主要工序有:接收、开拆、过戳、按段分拣、排信、出班投递和回局交班等过程,其中接收、开拆、过戳、按段分拣、排信等工序皆属于邮局内部作业的环节,是邮件、报刊投递前在投递支局内完成的业务处理工作,是为了使邮件、报刊能够顺利进行外部投递而做的必要准备。主要投递生产工序如下。

1. 班前准备

主要是做好分发作业班前的业务准备工作。

2. 接收

主要是接收趟车送至投递局的邮件总包和报刊袋捆。

3. 开拆

主要包括开拆报捆、刊袋、平常邮件袋和给据邮件袋、套。

4. 加盖投递日戳

在邮件规定的位置上对进口邮件当班逐件加盖投递日戳。

5. 按段分拣

按照投递道段分发报纸、期刊、平常邮件和给据邮件。

6. 排信

主要是将本段的邮件、报刊进行整理，并按投递路线排列，为外部投递打好基础。

7. 出班投递

主要是将通过投递内部作业排好的邮件、报刊，按址投交给收件人。

8. 归班处理

主要是做好投递归班后，各项交接工作和各项收尾工作。

具体邮政投递生产作业流程如图 5-3 所示。

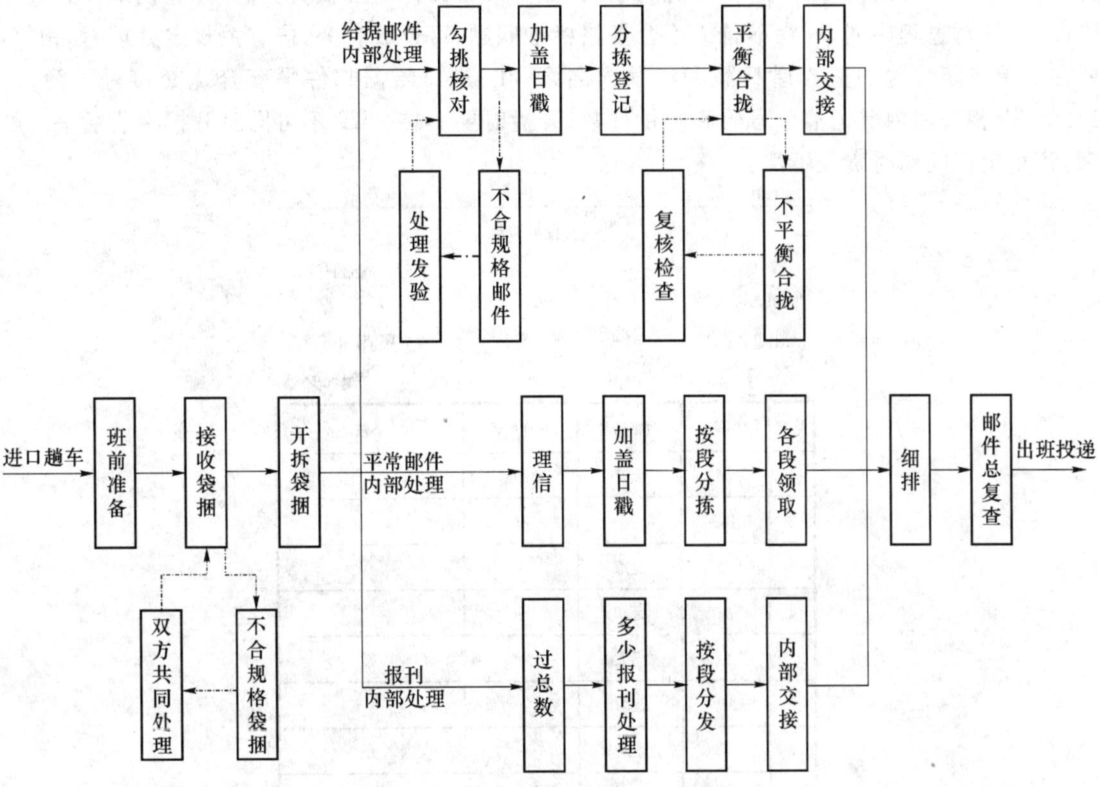

图 5-3　邮件、报刊投递作业流程图

三、投递生产作业规范

1. 班前准备

内部操作前，投递支局内各岗位生产人员要根据各自作业内容，预先做好与当班作业有关的各项准备工作，创造一个良好的开端。重点是备齐所需工具，确保当班作业顺利进行。

2. 接收

(1) 准备工作

根据运输趟车各频次运行到达时间，投递支局要提前 10 分钟做好接车准备。接车人员接车时,要认真办理交接工作。

(2) 验收邮件袋、套和报刊捆的封装规格

邮件袋即总包邮件,各类邮件须装入邮袋或者规定的容器内发寄,一律不得散件外走。邮件袋的规格标准包括袋牌、绳扣、铅志、袋身和重量五个方面。若发现不合规格的情况应及时进行处理。

3. 开拆

开拆主要包括开拆报捆、刊袋、平常邮件袋和给据邮件袋、套四个方面的内容。其中开拆平常邮件袋时,应先拆平信袋,后拆平刷袋;在靠近铅志处剪断一股绳,避免损伤铅志,剪坏袋牌和邮袋;将袋内邮件倒在工作台上,并用三角看袋法检查袋内有无遗留邮件;检查邮袋内倒出的邮件是否为本局投递;国际平信袋应由专人开拆处理。

给据邮件袋的开拆工作应由专人负责,不能进行集体作业;拆下的袋牌、铅志和空袋要单独放在一起,以备内件不符时清查;在拆出的邮件中找出"封发邮件清单(邮1201)",如图5-4所示,按照清单登列的邮件号码、收寄局名、件数等节目逐件勾挑核对。同时,验视邮件封装规格标准;核对过程中遇单、物不符或不合规格标准问题,可暂放一旁,按有关规定处理;如相符,要在清单指定位置加盖投递日戳和经手人名章;在"进口给据邮件平衡合拢交接登记簿(邮1429)"上相关栏内登记清单号码和邮件件数;开拆时要一袋一清,不可同时开拆多袋后一起处理,防止出现问题时责任不清。

(邮1201)

封发邮件清单

封发日戳：沈阳 2014 02 24 24 挂号1　　　　接收日戳：沈阳 2014 02 25 08 砂阳路投递1

第 *12* 号第 *1* 页

自*沈阳挂号局*至 *砂阳路投递局*

	格数	号码	收寄局名	投递局名	备注
✓	1	*56*	*北京*	*砂阳路*	
✓	2	*243*	*-*	*…*	
✓	3	*12*	*上海*	*…*	
✓	4	*87*	*天津*	*…*	
✓	5	*23*	*沈阳太原*	*…*	*退*
✓	6	*368*	*辽阳*	*…*	
✓	7	*50*	*沈阳法库*	*…*	*套*
	8				
	20				

总件数	挂号邮件	*6*
	挂号套	*1*

封发人员盖章 *张永*　　　　接收人员盖章 *金巍*

图5-4　封发邮件清单

4. 加盖投递日戳

进口邮件必须当班逐件加盖投递日戳，做到无遗漏。投递日戳应加盖在邮件规定的位置上，并要保证清晰。

(1) 平、挂信函应在信封背面加盖日戳，不准盖在所贴邮票上。

(2) 明信片在空白处加盖日戳，不得加盖在文字上，或美术明信片的图案上。

(3) 印刷品和特快专递邮件在空白处加盖日戳。

(4) 各种“领取邮件通知单(邮 1402)”在规定位置上加盖日戳。

(5) 遇有邮票漏销情况，可用日戳边滚销或用笔划销，不得用投递日戳盖销。

5. 按段分拣

将各种进口报纸分发给各投递段，一般在专用的报纸分发格上进行，每段一格，不准两段或多段混用一格；分发期刊时要按刊签上的期刊代号和名称从卡片柜中找出相应的刊卡，放在待分发的期刊上。再根据报刊总卡上登记的期别、刊名、刊卡数、份数、共计数依次在期刊分发表上按段别次序逐项登记。期刊全部分发完毕后，期刊和刊卡要分别与各段投递员凭已填妥的“投递卡交接簿(邮发 021)”，办理交接手续，如图 5-5 所示。

(邮发021)

1 段：　　　　2014 年 1 月10 日

报刊代号	报刊名称	投递卡张数	报刊份数	备　注
82-225	现代兵器		1	

签收人：崔雨　　　　发行员：杨峰云

图 5-5 投递卡交接簿

分拣平常邮件时若有专人负责，则由专人分拣，不设专人分拣的，由投递员集体作业。集体作业前应先固定堆位数量。每段为一个堆位。大户和疑难信件各为一个堆位。堆数、堆位一经确定，不得随意改动。信件分拣完毕，要进行并段处理，各投递段的信件全部入格后，要清理现场，巡视有无遗落邮件；各段投递员根据投递支局长指令依次到本段格口取走邮件。

给据邮件分拣操作的方法与平常函件分拣操作方法相同。各类给据邮件分拣完毕后，要逐段进行复核，检查有无误分，将按段分拣后的给据邮件逐段抄登投递邮件清单，并做好平衡合拢工作。

6. 排信

平常邮件在投递前，须按投递路线的行走顺序进行细排。细排操作一般分为分堆、细排、复核三个步骤。

分堆时可根据信件多少、路程长短、交通条件、操作方便、地界特点等因素进行设计。细排是整个排信过程中的关键一环，细排时出现差错，极易导致外部投递时误投。为保证细排质量，细排时应按照分堆的顺序和投递路线，以工作台为基准由前往后逐堆细排。每堆均先排零户，大户堆暂时不动，零户排好后再逐户穿插大户；大件印刷品单放一边，最后以排入卡片代替；边穿插边复查。排好的一堆放在左侧，逐堆由左向右排列，便于最后合堆。复核是排信过程中重要的一环，能够纠正分堆、细排时所出现的差错。因此，对每一封信件都要认真仔细地检查,确保准确无误。

给据邮件按上述方法细排结束后,要及时将投递量填入投递业务量登记表内。

7. 出班投递

(1) 投交单位邮件

单位邮件报刊的投递顺序是:先给据后平常。即按照特快专递、挂号(含账单)、其他给据邮件、期刊、平信、印刷品、报纸的顺序点交。

投交单位的给据邮件时,必须经单位收发人员逐件验视、核对并点准件数后,在投递邮件清单相关栏内加盖单位公章或收发专用章;投交单位的期刊时,应按卡投刊,并与单位的收发人员分门别类逐一点交和签收;平信、平刷投交时不需要用户签收,投交时要逐件点交,核对收件单位的全址、全名。遇有封面书写不清的信件,要与收发人员核对无误后再投交。

(2) 投交住宅邮件

投交个人用户的零星给据邮件和各种通知单时,应由收件人在投递邮件清单上签章,若收件人不在,可由家属签章代收,但应在投递邮件清单上批注其与收件人的关系及有效身份证件的名称、号码。给据邮件经两次有效投递未能投出的,相关邮件改为局内投交,另填发通知便条(图5-6)按平常邮件手续投递,通知收件人到指定的邮局领取。

第2号

通 知 便 条

收件人名址:*王勇　沈阳市和平区南八马路48号*

现有寄给您的第*634*号 *挂号* 邮件,请速带证件、图章到 *砂阳路邮局* 领取。

投递员 *李强*　　*2014年11月15日*

图5-6　通知便条

期刊应按刊卡(或报刊投递清单)书写的地址投交。投交时,要核对户名、刊名、期数、份数。核对无误后,将期刊点交给订户,并请订户在刊卡背面指定位置或报刊投递清单"用户名章"栏内盖章签收。

平常邮件投交时,不需要收件人签收。但必须做到收投相见,禁止乱扔乱放,保证邮件妥投妥收;报纸的投交不需要订户签收,但要当面核实报名、点准份数。设有信报箱的,应实行插箱投递。

8. 归班处理

(1) 再投邮件的处理

对于当班未投出而需再次投递的邮件,必须在邮件封面上粘贴"再投邮件批条(邮1410)",特快专递邮件应粘贴"特快专递邮件再投批条(邮特1011)",批注再投原因后予以妥善保管,待下班继续投递。

(2) 改寄邮件的处理

对寄件人申请的,投递局收到收寄局发来的"撤回或更改通知书(邮1607)"后,及时拣出相关邮件,按通知书上寄件人指明的地址改寄;对收件人申请的,按收件人提供的地址改寄。

对需要办理改寄的邮件,应在邮件封面上粘贴"改退批条(邮1407)",批明改寄地址后办理相关改寄手续,如图5-7所示。

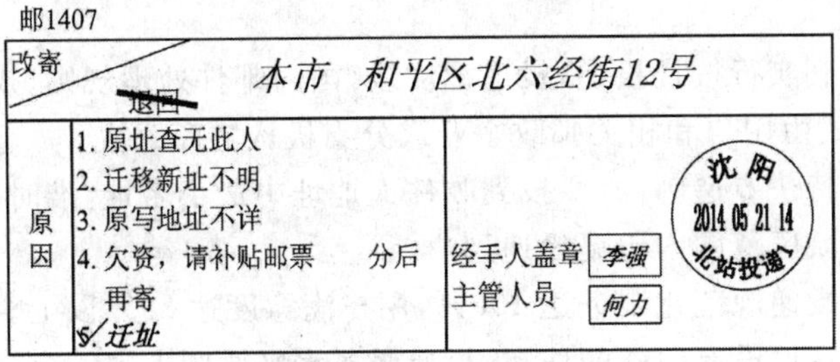

图 5-7　改退批条

注:特快专递邮件不办理改寄。

(3) 退回邮件的处理

邮件退回的原因一般分为无法投递和邮件撤回两种。对需要办理退回的邮件,应在邮件封面上粘贴“改退批条(邮 1407)”,批明退回原因后办理相关退回手续。

【案例 5-1】

签收不清留隐患

李老师在重庆的女儿急需学历证明,李老师急忙到邮局用特快专递将学历证明寄了出去。可半个月后女儿打来电话称还没有收到。为此李老师专门到邮局查询并要求邮局提供收件人签收情况的复印件。

几天后李老师收到了邮局寄来的签收情况复印件,但是他怎么也看不清楚签收人的名字,而且李老师敢肯定字迹不是女儿的。于是李老师又让邮局的人员辨认,结果工作人员也辨认不出签收的名字。之后,投递局多次与收件单位交涉,但一直也没有结果。大家分析可能是投递员当时根本没检查签名是否正确清晰就把邮件交给了签收人,造成他人冒领。之后的调查证实了大家的分析是正确的。

第三节　投递服务规范与投递质量管理

邮政通信具有全程全网、联合作业的生产特性,投递是邮政服务工作的最后一道环节,其质量的优劣不仅决定了邮件从收寄到以后各道工序所做的一切工作是否有效,更关系到整个邮政企业的信誉和形象。

一、投递服务规范

(一) 作业现场规范

(1) 现场封闭作业,非工作人员不得进入生产作业现场。

(2) 环境整洁,图表张贴整齐美观,邮件及用品用具实行定置管理。

(3) 检查校正日戳,保证戳记清晰。

(4) 投递员出班时做到“三净”,即格口净、桌面净、作业现场地面净。投递员归班后要及时查看信报兜内有无漏投的邮件报刊;兼开信筒箱的,应将取回的邮件,按规定及时交相关人员处理;及时处理再投、改退邮件,审核投递清单和期刊投递卡(以下简称“刊卡”),无误后交回。

(5) 留存的待投邮件报刊应有专柜或专人保管,以防丢失。

(二)基本标准

(1) 城市邮件报刊实行按址投递,投递深度按《国内邮件处理规则》规定执行;用户有特殊需求的,具体投递方式由用户和相关邮政企业或分支机构协商解决。

(2) 县以上城市特快专递邮件,要投到收件人地址中最小名址,准时投递率达95%以上。

(3) 县以上城市城区范围内包裹投递到户。

(4) 县以上城市投递规范化服务达100%,用户满意度达80%以上。

(5) 农村乡镇所在地设有门牌的住宅,投递服务水平原则上同城市。

(三)服务纪律

(1) 严格遵守通信纪律、保密制度和职业道德,不准将邮件报刊携带回家或宿舍。严禁私拆、积压、延误、隐匿或损毁邮件报刊。

(2) 遇国家法定节假日,县以上城市照常投递,对机关单位放假期间不接受邮件的,应请单位出具公函备案。

(3) 按相关规定进行内部处理和外部投递,认真执行定位妥投,不得擅自停投邮件报刊,如用户要求停投,须出具相关文字说明。

(4) 投递人员兼开信筒(箱),应按规定开取,并检查有无遗漏信件。遇信筒(箱)损坏时,要及时封闭,并通知维修部门及时维修或更换。信筒(箱)要经常清洗,保持清洁。投递(开箱)工作完毕后,必须办理交接班后方可下班。

(5) 投递时要使用文明用语,并按相关规定操作。

(6) 对无法投递的邮件,应严格按规定处理,不得随意改退。

(7) 及时处理用户来电和信访,详尽解答用户业务咨询,对用户查询要实行首问负责制。

(8) 严禁违反规定乱收投递费。

二、投递服务礼仪

(一)仪容仪表

1. 态度要求

(1) 投送邮件、报刊中,精神饱满,态度谦恭,微笑自然。

(2) 同用户对话时,眼睛要正视对方,解答问题诚恳耐心。

(3) 用户动作过慢时,可婉转商请其快些,不可流露出烦躁情绪。

(4) 用户提出无理要求时,应忍耐克制,得理让人。

(5) 用户需要帮助时,在不影响时限与执行制度的前提下,给予热情支持。

2. 举止要求

(1) 站立时,不倚靠它物,不叉腰,不抱胸,不背手。

(2) 投交邮件报刊时,轻拿轻放,不抛不丢。

(3) 进入用户房门前,先用手适度叩敲,经同意后方可进入;用户不在家又未锁门时,不得随意进入。

(4) 到单位和用户住处内,不东张西望。

(5) 不当众议论、嘲笑用户,不模仿用户的语调和动作,不同用户拉扯打闹。

(6) 面对用户时,不吸烟,不进食。

(7) 有工作时不进食刺激味食物。

(8) 同用户对话时,要保持适当距离,举止稳重。

3. 仪表和仪容要求

(1) 按照地市邮政企业规定,邮政标志服换装时间实施季节性换装,杜绝不换装或同机构换装不齐。

(2) 工作期间,应穿邮政标志服,佩戴工号牌(卡),衣着整洁,纽扣齐全,无撕裂豁口,不严重褪色。

(3) 不得佩戴装饰性很强的装饰物、标记和吉祥物。

(4) 手腕部除手表外不得带有其他装饰物。手指不能佩戴造型奇异的戒指,佩戴数量不超过一枚。

(5) 女士佩戴耳钉数量不应超过一对,式样以素色耳钉为宜。佩戴的项链不应露于颈外。

(6) 工作期间不得使用香水。

(7) 鞋帽色调应同着装协调,不应穿拖鞋,女士不穿高跟鞋。

(8) 信报兜等随身携带的投递工具应整洁、不陈旧、不破损。

(二) 服务用语

1. 称呼用语

投递邮件报刊时,要针对不同收件人说好第一句称呼用语,使收件人感到亲切。不得使用轻视、歧视性语言,也不得待人冷淡或者有不礼貌行为。常用称呼用语有:

- 同志、师傅、先生、女士、小姐
- 老大爷、老大娘
- 军人同志、警察同志
- 小朋友、小同学等

2. 礼貌用语

在对外服务中,语言要亲切,招呼要热情,待人要诚恳有礼貌,谈吐要自然,要主动、恰当、自如地使用文明用语。

(1) 十字礼貌用语:您好、请、谢谢、对不起、再见。

(2) 欢迎语:您好,欢迎光临。

(3) 问候语:您好、早上好、下午好、晚上好。

(4) 祝福语:祝您生日快乐、祝您节日快乐。

(5) 道别语:再见、请慢走、请走好。

(6) 征询语:需要我的帮助吗?请问您,有什么需要?我可以帮忙吗?请问您办理什么业务?我的解释您满意吗?

(7) 应答语:好的、是的、马上就好、很高兴能为您服务、我会尽量按照您的要求去做、这是我们应该做的、不要紧、没关系。

(8) 致歉语:对不起、很抱歉、请您谅解、这是我们的工作疏忽。

(9) 指示语:请这边走、请往左(右)边拐。

3. 投递邮件报刊用语

投递邮件报刊是投递员与用户面对面进行,投递员的语言是否得当,直接反映邮政企业精神面貌和服务质量。因此,城乡投递员必须讲究语言艺术,使用文明用语。

(1) 投交单位用户用语

- 您好,这是您单位的邮件报刊,请查收。

- 这是您单位的挂号信,请点清并盖章。
- 这邮件附有回执,请盖章。
- 这是您单位的特快专递邮件,请在清单上签收和批注收到时间。请注意,这是急件,请您及时交给本人,以免误事。
- 这几件退回的信件请您在批条上批注原因、日期并加盖收发专用章、名章,以便我带回邮局及时处理。

(2) 投交居民用户用语

- ××号的××同志您的信(报纸)来了。
- ××号的××同志有您的挂号信(特快专递、汇款、期刊),请带上名章(有效身份证件)来取。
- ××同志不在家,他的信麻烦您(指邻居)代收并转交给他好吗?谢谢您!

4. 回答用户咨询用语

解答用户咨询的业务问题时,要彬彬有礼,认真负责,耐心帮助用户,不得用质问、训斥的口气与用户讲话。电话答疑时要同直接接待用户一样亲切和蔼,接电话要及时,应答语言要清晰准确,不得中间打断用户讲话。

(1) 遇有用户询问业务时

- 您要寄国际保价信,对不起,因我局未设海关办事处,所以不能办理,您如需要请到××局办理,那里设有海关办事处。
- 您要订的报刊已超过订阅期,如果需要可从××日起订,我可以为您代订。
- 对不起,按照规定,这是不行的,请原谅。
- 您反映的问题很好,我回去一定向领导汇报,尽快解决。
- 由于时间关系不能详细给您介绍了,这是一份介绍业务的宣传品,送给您,内容很详细。
- 您的汇款请到最近的邮局领取,地址是在××,并请您带上名章和有效身份证件。

(2) 当投递员有误时

- 真是对不起,刚才是我搞错了,我马上更正,请您原谅。
- 欢迎您对我们的工作提出批评。

(3) 当用户有误解时

- 这确实没有错,是符合相关规定的,请您谅解。
- 请您再检查一下,是否弄错了。
- 这是规定的,请您理解、配合、支持我们的工作。

(三) 投递忌语

1. "五不讲"

- 生硬唐突的话不讲。
- 低级庸俗的话不讲。
- 粗鲁侮辱用户的话不讲。
- 讽刺挖苦用户的话不讲。
- 不耐烦催促用户的话不讲。

2. 投递人员回答用户咨询时的忌语

- 我不管订报,到邮局去订。

- 我不知道，到邮局去问。
- 我不清楚，不知道几天能到。
- 我不卖邮票，到邮局去买。
- 我不知道，找邮局查去。
- 你别问我，找领导去。

三、各类邮件、报刊投递质量标准

中国邮政集团公司 2012 年投递质量规范中规定的各类邮件、报刊投递质量标准中，对进口邮件局内作业时限做出如下规定。

（一）投递作业基本时限

按照集团公司各类邮件的全程时限，投递生产机构应合理组织作业，并做好与分拣转运部门的衔接。实行进口邮件投递集中分拣前置作业的投递生产机构，每频次内部作业时长应控制在 30 分钟内，外部投递作业时长应控制在 150 分钟内；未实行进口邮件投递集中分拣前置作业的投递生产机构，每频次内部作业时长应控制在 60 分钟内，外部投递作业时长应控制在 120 分钟内；实行早报投递作业的生产作业机构，早报频次的内部作业时长应控制在 20 分钟内，外部投递作业时长应控制在 60 分钟内。

（二）信件投递频次和投递质量标准

1. 投递频次

城市：每日投递一个频次。当日上午进口到投递生产机构，当日投递完毕。

农村：按规定班期投递。

2. 投递质量标准

（1）城市

1）收件人地址为单位地址的，按下列情况投递。

- 投交到单位设在地面层、院门口的收发室或指定的接收邮件人员。
- 多单位同在一幢楼或一个院内的，投交到地面层入口处指定的统一收发室，或投交到单位分设在地面层的指定接收邮件处。
- 多单位同在一幢楼或一个院内，并已在地面层入口处设有指定的统一收发室，但其中有要求分户投递的单位，应到相关投递生产机构办理分户投递手续后，方可投交到约定地点。

2）收件人地址为住宅楼房的，按下列情况投递。

- 设有收发室、物业代投的，投交到收发室或物业。
- 设有信报箱（群、间），实行插箱投递。
- 无收发室、物业等机构代收且未设信报箱（群、间）的平常信函，直投到户或按与用户签订的协议规定处理。
- 无收发室、物业等机构代收的给据信函，应直投到户或按与用户签订的协议规定处理。

3）收件人地址为平房、院落的，按下列情况投递。

- 按门牌号码投递到户。
- 设有收发室，投交到收发室。

• 设有信报箱(群、间),实行插箱投递。

4) 寄交船舶的邮件,投递到船舶隶属单位的收发室。

5) 用户有停投、存局自取等特殊需求的,双方签订书面协议,按照约定投递。

(2) 农村

根据交通条件和邮件量的情况,一般投递到乡(镇)或者行政村的固定地点;乡(镇)或者行政村以下的,由乡(镇)人民政府或者村民委员会与邮政企业或者分支机构协商妥交收件人的方式。

农村乡镇政府所在地设有门牌的同城市。

(三) 印刷品投递频次和投递质量标准

1. 投递频次

进口印刷品的投递频次应符合以下要求:城市为每日投递一个频次,遇有进口业务量较大的情况,经市邮政局批准,可顺延一个投递频次;用户有特殊需求的,按照与其签订的协议投递。农村为按规定班期投递,遇有进口业务量较大的情况,经市邮政局批准,可顺延一个投递频次。

2. 投递质量标准

印刷品投递质量标准同信件投递标准。无法插入信报箱的住宅用户的印刷品,改为用户领取。

(四) 普通包裹投递频次和投递质量标准

1. 投递频次

进口普通包裹的投递频次应符合以下要求:城市为每日投递包裹详情单一个频次;农村为按规定班期投递包裹详情单。

2. 投递质量标准

普通包裹(包裹详情单)的投递深度按信件投递标准执行。经当地物价部门许可后,如用户有特殊需求的,普通包裹可提供上门投递服务,并收取延伸服务费。

(五) 报刊投递频次和投递质量标准

1. 投递频次

报刊的投递频次应符合以下要求:城市为每日投递包裹详情单一个频次;农村为按规定班期投递包裹详情单。

2. 投递质量标准

报刊的投递深度按信件的投递标准规定执行。

(六) 快递包裹、特快专递邮件投递频次和投递质量标准

1. 投递频次

快递包裹、特快专递邮件的投递频次应符合以下要求:按签订的代投协议执行;未签订代投协议时,执行集团公司业务规定。

2. 投递质量标准

快递包裹、特快专递邮件的投递深度应符合以下要求:签订代投协议的,投递深度应符合代投协议的规定;未签订代投协议的,投递深度应符合集团公司业务规定。

四、投递环节通信质量管理

(一) 投递环节通信质量指标

1. 通信事故的具体指标

(1) 邮件散件一次丧失损毁,给据邮件50件以上,平常邮件300件以上的。

(2) 邮件丧失损毁造成恶劣影响的,引起诉讼或造成经济损失200元以上的。其中包括因误投、漏投造成了时效性经济损失的。

(3) 邮件误退转造成恶劣影响的。误退转的邮件包括由于投递员的工作失误而退转的,批转的新址有误的。

2. 主要差错的具体指标

(1) 丢失各类邮件散件,且当班未能找回或未能当班补救的。

(2) 农村邮路脱班的。

(3) 误投漏投邮件、报刊的。

(4) 当班投递的邮件、报刊未能在当班投出造成延误的。

(5) 退转的邮件未按照规定的时限退转造成延误的。

(6) 因投递员工作失误造成误退转的。

(7) 丢失杂志投递卡,影响当班杂志投递的。

(8) 漏开信箱、信筒的,或虽开取却未能按照规定时限交发的。

3. 一般差错的指标,要根据当地投递的具体情况自定

在投递质量管理中,通信事故、主要差错要列入质量考核中,此类情况发生后要进行登记并给予相应处罚。此外,还要及时向相关上级主管部门报告。上级主管部门对投递质量检查时,差错登记也是质量考核的主要指标。

一般差错为班组内部现场质量考核指标,不需要向上级主管部门报告。建立一般差错标准,是为了提高工作质量,避免主要差错和通信事故的发生而确定的。所以,为了保障通信质量,必须减少一般差错的发生次数。

(二) 投递工作质量的控制措施

邮政投递质量的控制措施,主要从以下五方面着手。

1. 邮政投递通信质量,要坚持"预防为主,严格控制"的方针

坚持"预防为主"的方针,就是把质量管理工作的重点从"事后把关"转移到"事先预防"上来。把要发生的质量问题消灭在萌芽阶段,做到防患于未然。这就要求我们广大员工要严格自律,严格按照邮政通信作业组织管理规定的操作手续处理邮件、报刊,严把邮件、报刊处理质量关,以确保通信质量。

2. 建立明确的质量责任制度

建立质量责任制度,就是要明确规定各级人员在保证通信质量中所应承担的责任和权限。从横向看,要划清各个生产环节的责任段落,明确质量要求,规定检查把关措施,做到有问题就能及时找到责任人并及时解决。从纵向看,从生产班组、主管主任到主管局长,对出现的质量问题,该由谁负责任,也要明确地做出规定,把通信质量的直接责任同管理责任紧密地结合起来。

3. 加强业务监督检查

加强业务监督检查,也是保证通信质量的一项重要措施。各级邮政投递管理部门,要设立各级业务监督检查人员,并规定检查项目、检查周期、检查数量和检查方法。各级业务监督检查人员要尽职尽责地搞好本职工作,把监督检查作为预防质量问题发生的重要手段,形成制度,长期执行。

4. 建立质量信息反馈系统

建立质量信息反馈系统,加强投递质量分析研究工作,来不断提高通信质量。各级邮政投递主管部门,应及时掌握以下三类信息的收集。

(1) 查单、验单反映的情况。

(2) 检查人员发现的问题。

(3) 用户的申告信息。

要规定各种信息的收集方法,制定定期的反馈制度,并指定专人分析研究,定期提出提高质量的措施。

5. 加强作业现场的安全管理

为了保证安全生产和提高通信质量,必须加强现场的作业管理。对处理、储存邮件的场地,要根据条件,尽量做到封闭作业,无关人员不得随便出入。中间休息和下班后,对存放邮件的场地要予以封闭或派专人看管。建立严格的生产作业秩序,也是提高通信质量,避免通信事故发生的有效措施。

五、投递工作质量的检查

邮政投递的作业种类繁多,作业程序复杂多变。这对于投递质量的检查工作带来一定的难度,所以,检查必须在投递工作进行过程中和在完成后进行。这样,就要求邮政投递质量检查部门和人员,必须按照中国邮政集团公司的有关规定进行定时间、定方法、定项目、定数量和定措施的检查,以确保邮政投递通信质量。

(一) 投递工作质量检查的方式

1. 自查

自查,就是自我检查。投递员在邮件操作完毕后,要自查一遍,以便及时发现问题,及时纠正。

2. 互查

互查,就是相邻或相关的两个投递员相互检查对方经过自查的邮件。主要检查邮件的排放是否正确,报纸新订、撤停卡簿的抄登粘贴是否准确等。

3. 专职检查

专职检查,是由班组长或质检员按照规定的检查项目和数量对整个投递班组的工作质量进行全面的抽查。

专职检查要每日进行,并认真做好原始记录。将发现的问题及时处理,避免通信质量问题的发生,并将发现的问题和解决的结果及时上报上级主管部门。

4. 用户检查

用户检查,就是由投递主管部门采用走访用户、发寄征求意见函和征求意见电话等向用户了解投递质量问题。有条件的还可以采取召开不同类型的用户座谈会的形式进行调查。

对发出的征求意见函或电话等,要将了解和检查的情况详加登记。

5. 社会监督检查

社会监督检查,就是在社会上聘请有一定影响的人士作为义务监督员。他们可以随时检查投递部门的通信和服务质量。将检查到的问题不定时地向投递质量监督检查部门进行反映和公布，并督察所查出的问题的解决情况。

(二) 投递工作质量检查的内容

1. 出班前的检查内容

(1) 检查投递日戳有无漏盖和是否清晰。

(2) 检查邮件有无错排和误排。

(3) 检查有无未发现的欠资邮件和漏销邮票的邮件。

(4) 检查作业座席及现场有无遗漏邮件。

2. 外部投交的检查内容

(1) 邮件是否按址投递，有无错投和乱扔乱放。

(2) 在投递过程中有无捎、转、带邮件的不妥情况；有无违反邮件投递规章制度和通信纪律的情况。

(3) 投递深度和服务水平是否达到规定标准。

3. 归班后的检查内容

(1) 已投出的投递清单和杂志投递卡上的收件人签章有无误签漏签，代收关系批注是否正确清楚。

(2) 当班未投出的邮件和通知单是否全数交回。

(3) 再投邮件批注再投原因是否属实。

(4) 改退和再投邮件是否按规定办理。

(5) 小背兜(信兜、安全袋)内有无遗漏邮件。

(6) 再投和待取邮件保管是否妥善。

(7) 乡邮排单所列项目填写、章戳和考核点印章是否齐全正确。

4. 其他检查项目

(1) 走访用户。

(2) 填发征询函。

(3) 跟班检查。

(4) 投递员工作日志。

(5) 楼房信报箱的建设和信报箱建卡情况。

(三) 接收、分发工作检查内容

对于支局(所)接收分发工作的检查，其检查项目、数量目前尚无统一的标准。下面列出一些接收分发工作的检查项目。

(1) 投递日戳有无漏盖，是否清晰。

(2) 进口邮件有无漏拆，给据邮件是否勾挑合拢。

(3) 邮件分拣、报刊分发有无错误、漏分和漏发。

(4) 投递清单的登录项目是否正确、清晰。

(5) 对改、退、欠资和破损等邮件的处理是否符合规定。

(6) 各类邮件、报刊的交接手续是否符合规定。

(7) 报刊卡片管理是否符合规定。

(8) 封发的袋、套、捆是否符合规定。

(9) 各种业务单式、各类专用工具等是否按规定使用和管理。

(10) 业务档案的填写、装订和送存是否符合规定。

(11) 作业结束,工作现场有无遗漏邮件、报刊。

(四) 开取信箱(筒)的检查内容

开取信箱(筒)的检查,分为外部检查和内部检查两部分。

1. 外部检查

外部检查,一般是通过往信箱(筒)内投放"开箱试片"的方法进行的,检查人员根据开箱具体情况,有针对性地投放"开箱试片"。

检查人员先将"开箱试片"进行编排序列号,再填写检查次数、筒箱号和所在地点,加盖检查人员名章,并登录"开箱工作检查登记簿",最后,"开箱试片"要由检查人员亲自投入筒箱内。

开箱人员开出试片后,要在试片上填写开出时间,回局后,加盖名章和日戳,将试片送交主管人员检查处理。检查后,将检查情况登录"开箱工作检查登记簿"。如属上级主管部门下发的试片,应随班套发上级主管部门。

2. 内部检查

(1) 检查筒箱钥匙的交接保管是否符合要求。

(2) 需销票的人员,日戳是否按规定的方法使用和保管。

(3) 开取的邮件是否及时送交相关人员。

【案例 5-2】

集团公司:关于进一步加强函件报刊投递质量管理工作的通知

随着城市化进程不断加快和函件报刊业务的快速发展,城市投递客户结构发生了很大变化。据统计,城市机关企事业单位的邮件报刊投递量占比约60%,住宅社区邮件报刊投递量占比约30%。因此,机关企事业单位和社区邮件报刊投递质量至关重要,直接影响经营成果和客户满意度。为进一步加强函件报刊投递质量管理工作,确保函件报刊妥投到位,2012年集团公司发布《关于进一步加强函件报刊投递质量管理工作的通知》。通知要求:

一、做好机关企事业单位函件报刊投递服务工作

(一) 收件人为机关企事业单位的各类印刷品邮件应按址投递。《邮政普遍服务标准》第7.2.1.2条规定:信件、印刷品和汇款通知、包裹领取等各类通知单实行按址投递;第7.2.3.1.1条规定:单位、单位内附设的机构和个人以及单位院内宿舍用户的邮件应投递到单位设在地面层的收发(传达)室或其他接收邮件场所。《邮政普遍服务标准》是邮件投递服务质量的基本要求,必须严格遵照执行。再次重申对寄往机关企事业单位的各类函件、报刊,包括大宗印刷品,应按址投递到单位收发室,严禁擅自将大宗印刷品改为窗口投交。

(二) 提高第三方订阅报刊投递服务水平。首次投递机关企事业单位的第三方订阅报刊时,应向收发室提供报刊投递清单,以便单位收发人员及时准确分发到收件人。同时,为做好形象期刊投递工作,报刊信息系统将进行升级,提供按赠送单位分别打印"报刊投递清单"、"收件人名址签条"功能。投递部门应按要求打印,并将"收件人名址签条"粘贴在刊物封面上投递。

(三) 加强对单位收发人员的业务指导,定期督促收发人员及时转投邮件报刊。对超过2个月仍无人领取的函件,要按规定办理改寄、退回手续。

二、提高城市住宅社区函件报刊投递服务工作

各地要依据基础地址库专项维护调查数据,全面掌握住宅社区投递方式、信报箱安装等情况，统筹解决住宅社区函件报刊妥投问题。

（一）大力发展社区委办代投工作。一要制定发展社区委办代投点的五年规划和分年度实施计划，通过社区委办代投解决住宅楼房函件报刊妥投问题。二要积极争取当地政府的政策支持，围绕邮政便民服务，将邮政社区委办代投点纳入城市社区服务体系统一规划，提供邮件报刊投递、报刊收订、代收公用事业费用、电子商务等综合便民服务项目。

（二）加快老旧楼房信报箱的补建、维护工作。各省公司、地市局要依据信报箱安装情况调查数据，积极争取当地政府部门支持，加快老旧楼房信报箱补建工作。

（三）试行接力投递。对投递量大的住宅社区，使用机动车将邮件报刊代运至投递道段上的接转箱或物业收发室，方便投递员接力投递，提高投递效率。

三、加强投递服务质量监督检查工作

（一）健全投递服务质量监督检查体系。认真落实《函件、报刊投递服务质量监督检查办法》。文件规定，进一步明确视察、函件、报刊部门对投递服务质量检查监督职能，创新检查手段，落实检查内容、检查数量和检查频次要求。

（二）强化投递专业检查。市、县局应按月组织投递质量专项检查，并及时下发通报。通报的内容应包括：当月投递业务量、投递服务工作亮点、检查发现的主要问题、整改建议等。省公司投递业务主管部门每季度对各地市投递质量检查及投递质量完成情况进行通报。

（三）加强投递部跟段检查。投递部门要按照规定的频次、数量加强平常函件外部投递跟段检查。同时，要将名址维护质量纳入每周跟段检查内容。投递部质检人员应通过名址维护系统，选取部分基础地址信息，填写“邮政名址数据维护质量跟段检查记录表”，在跟段检查过程中实地核实基础地址是否完整、准确。市、县城区投递部检查名址维护质量每周应不少于2次，检查数量每次不少于5条；农村投递机构每月检查频次应不少于1次，检查数量每次应不少于5条。市、县局投递业务管理部门应每周登录投递信息系统对录入的检查记录进行审核。

【复习思考题】

1. 简述投递网在邮政通信网中的作用。
2. 简述邮政投递的方式。
3. 简述邮政投递生产过程组织的主要内容。
4. 什么是集中投递制、分散投递制？什么是投递区、投递段？
5. 如何规划城市投递路线？
6. 农村投递路线的组织形式有哪些？
7. 简述邮政信箱、信筒开取的组织形式。
8. 简述各类邮件、报刊投递质量标准。
9. 简述投递工作质量的控制措施。
10. 简述投递工作质量检查的方式。
11. 假设你是一名邮政投递员，你认为应该如何做好本职工作？
12. 联系邮政企业实际思考如何更好地进行邮政投递工作的组织和管理？

【课后实践】

以班级为单位到邮政企业投递作业现场或学校实训场地参观学习，实地演练投递作业的基本流程，并开展投递作业的专项竞赛，来熟悉投递作业的基本流程。

第六章　邮政报刊发行过程的组织与管理

【学习目标】

通过本章内容的学习，使学生系统地了解中国报刊发行的体制沿革，理解邮政报刊发行业务的组织机构设置与管理职责，掌握邮政报刊发行业务的处理流程及重点管理内容。

【引导问题】

报刊发行业务是邮政的传统业务之一，你想了解报刊发行业务处理流程及组织管理的基本内容吗？报刊发行业务组织机构及职责是什么？报刊款是如何结算的？带着这些问题，我们走进本章的学习。

改革开放以来，我国的报刊业获得了飞速发展，报刊的产品、商品观念已经深入人心。如果把报刊看成是一种产品，报刊发行就是“出售新闻信息”，具有传播和销售的双重职能。报刊发行业务是邮政企业经营的主要业务之一，也是邮政企业大力发展的重点业务，具有重要的社会效益和经济效益。

第一节　邮政报刊发行业务概述

一、中国报刊发行体制沿革

中国最早的报纸只在封建统治机构内部发行，读者对象是分封在各地的皇族、官吏和封建王朝的上层人士，由政府设置的邮驿传送。后来在北京出现了一些报馆联合开办的报纸发行市场，通过报贩层层批发零售，有的直接投送预订户，有的设摊零售或沿街叫卖。杂志一般由书店经销。这种发行方式一直延续到解放初期。在中国革命根据地，报纸发行主要通过赤色邮政（交通局）传递。抗日战争和解放战争时期，各解放区先后成立邮、交、发三位一体的战时邮政，承担报刊的发行传送工作。

新中国的报刊发行体制，大体经历了三个阶段：第一个阶段从建国初期到 80 年代前期，“邮发合一”体制一统天下；第二个阶段从 1985 年洛阳日报退出“邮发”，自办发行开始，“邮发”和“自发”两种体制平分秋色，并存竞争；第三个阶段大约从 90 年代中期开始，出现了专业化的民营和外资发行公司，自此，报刊发行呈现多渠道的态势。如今，随着文化体制改革的不断深入，市场经济的成熟和完善，我国的报刊体制越来越呈现多元化态势。

（一）邮发合一

“邮发合一”是解放初期从苏联学来的一种发行模式，这种模式即是把报纸发行工作交给邮局来做，把报纸的生产（编辑、印刷）和流通（发行）截然分开，把送信与送报捆在一起，把多家报刊捆在一起，把报刊的征订、发运和投递捆在一起，把批发和零售捆在一起。

中华人民共和国成立以后，根据“全国报纸经理会议”和“第一次全国人民邮政会议”决议，经中央批准，1950 年 2 月，邮电部和国家新闻总署制定了《关于邮电局发行报纸暂行办法》，确定了我国的报纸交邮局发行的“邮发合一”方针。1950 年 2 月 13 日，《人民日报》社率先与邮政总局签订协议，自 3 月 1 日起《人民日报》交邮局发行。1953 年 1 月，在报纸实行“邮发合一”取得成效的基础上，中央又决定将新华书店和中国图书发行公司发行的定期出版的杂志全部交邮局发行。从此我国就正式开始了“邮发合一”的报刊发行体制，由此确定了邮政报刊发行的主渠道地位。自中华人民共和国成立到 20 世纪 70 年代，邮局的发行系统一直是我国报刊发行的唯一力量。

（二）自办发行

随着社会经济形势的不断变化，“邮发合一”渐渐不能适应新的环境，尤其是十一届三中全会以后，全国的工作重点转移，计划经济体制向社会主义市场经济体制转变，给报刊的发行模式带来了一定的冲击。

首先，改革开放政策为新闻出版事业带来空前的繁荣，报纸的数量增多，品种由单一的机关报变为多品种、多层次，开张由四版变为八版、十六版直至几十版，内容特色更是日新月异，报刊之间的激烈竞争，对发行环节也提出了更高的要求。

其次，市场经济条件下，报刊社讲求经济核算，考虑成本、利润等一系列经济指标。而当时的“邮发合一”模式存在着资金回笼较慢的缺点，不利于报刊社积累资金，扩大再生产。为了满足新时期报刊发行的需求，报刊社开始自办发行，自设发行机构，直接办理本市、外埠读者订阅或零售批发。市内订户由报社雇用的送报员投送，外埠通过邮局按新闻纸邮寄。

尽管自办发行使报刊社自身利益得到保证，但它也有自身体制上的弱点和不足。自办发行之初，我国大部分报社的发行部门都很小，体系也不完整。例如，当时《光明日报》发行部有 16 个人，与采编人员的比例是 1∶25。发行队伍力量薄弱，每到发行季节，记者、编辑都要带着发行任务，组织发行。这种亲力亲为的手工操作，并不能完全适应市场经济条件下的报刊业发展。并且，自办发行对报刊社的依附关系并没有改变，发行依然面临管理体制行政色彩浓厚、发展动力不足、运作机制不畅、创新意识不强、成本控制机制及效益评价机制不适应市场规律等困境，还有内部发行经营观念不强、激励方式单一、发行员工收入过低、队伍不够稳定、部分发行管理人员管理水平低下、职业发行经理缺乏等现实情况。因此，自办发行不能完全满足当时的市场需求。

（三）多渠道发行

随着市场经济的不断完善和新闻体制改革的逐渐深入，报业发行体制变革也随之进入了新时期，多种灵活的发行模式不断出现。

1．“邮发”和“自发”相互结合，扬长补短

“邮发”和“自发”相互结合主要是指邮政企业和报社共同商讨，在双方互惠互利的基础上，签订合约，根据市场经济下价值的原则，协调好双方的经济利益。报刊社和邮政企业因地制宜、因报制宜地制定出双方都能接受的发行费率，这是“报邮联合发行”的关键，如果在这一点上双方能达成共识，“联合发行”就有了成功的基础和前提。1998 年，《深圳商报》与当地邮局签订了“联合发行合作协议”，并且共同成立了“联合发行指挥部”，以邮政企业为主，报社协助，开办了预约征订、跨区订阅、上门收订、现场收订、分期订阅等多种新的服务项目，报纸的发行

量也因此获得全面增长,市内订户比上年增长了71.2%,外埠订户比上年增长了5.8倍。在和邮政企业重新合作的同时,报社也可以拓宽自办发行的路子,灵活地采取多种手段,因地制宜地发展发行模式。尤其是一些有经济实力的报业集团,可以由报业集团建立一个直接下属的发行总公司,再在各地建立起发行分公司,统一部署和管理此报业集团下的各家报纸发行。另外,报社还可以和银行合作,选中一家或几家全国联网的银行,委托它们在各地的营业网点设点收订报刊。随着互联网的发展,报社还利用网络,在网上征订报纸,然后委托商务站点进行投送。

2. 成立专业化的报刊发行公司

专业化的发行公司可以是同一地区的多家报社联合起来组建的,每家报社根据投入的多少,占有一定的股份。发行公司是一个独立的经济实体,它承担多家报社的发行任务,各个城市兴起和发展了自己的地方发行公司,再逐步将全国各城市的发行网连成一片,成立全国性的报刊发行中心。专业化的发行公司也可以由社会力量、甚至私人创建,它不属于任何报社,独立组建自己的发行网络,与各家报社签订合同,既可承担征订、投送业务,又可承担零售发行业务,使发行商业化、专业化和社会化,成为市场经济下的又一个新兴的服务行业。

3. 零售代理商的出现和发展

市场经济加剧了人口的流动性,尤其在人口密集的大城市,流动人口便成了报纸零售的潜在对象。报社可以自行创建自身的零售队伍,在城市各点建立发行站,聘用人员上街零售报纸,也可以在社会上招聘零售代理商,与其签订合同,由他专门负责某一地区的报纸零售,零售商能和不同的报社签约,并自己组建零售点。

随着社会经济的不断发展,会出现更多、更灵活、更合理的发行方式,报纸的发行体制也将不断地变化、更新,并会进一步促进报刊业的繁荣和发展。

二、邮政报刊发行业务面临的机遇与挑战

报刊发行是市场经济的一部分,在新的经济环境下,作为发行主渠道的邮政企业,必将面临新的机遇和挑战。

(一) 邮政报刊发行面临的挑战

1. 文化体制改革的不断深入对邮政企业带来严峻的挑战

近年来,中央出台了一系列政策,积极推进文化体制改革向纵深发展。文化体制改革,特别是党报党刊的发行体制改革,将会对邮政企业的发展带来重大影响。

文化体制改革主要包括以下内容。

(1) 调整出版格局:要求非时政类报刊加快转企速度;中央加快推动文化企业上市融资兼并步伐。

(2) 改革党报发行体制:要求副省级以上党报出版与发行分离;以省报为核心,整合旗下子报及地市报资源,成立省级发行公司;鼓励都市报、非时政类报加入党报发行公司。

(3) 组建南、北新华发行集团:要求以现有新华书店为平台,构建跨地区经营的南、北两大发行集团,与邮政共同形成出版物流通体系。

由此可见,报刊出版业一方面向集团化、集约化、规范化发展。另一方面,发行网络向多元化发展。组建省级党报发行公司将加剧区域发行市场的竞争,成立新华网络发行公司也将加剧全网发行市场的竞争,邮政发行的形势将日益严峻。

文化体制改革对邮政企业的影响已经在近几年的报刊收订工作中显现。部分省级党报报刊社以省委、省政府要求党报推进发行体制为借口,要求降低发行费、改变增版费计收办法、提

前结账付款等，而有些省份则直接要求自办发行。另外，还有部分省份党报集团提出组建报业集团股份公司，希望邮政企业以合适方式参股经营等。这些报刊社的动作对邮政企业收入的影响已非常明显，并对邮政发行的市场占有率形成现实和潜在的巨大压力。

文化体制改革使文化市场面临重新洗牌的格局，对邮政报刊发行来说，这是一次严峻的挑战，主要表现在以下几方面。

(1) 自办发行和区域发行网络的大量建立将会弱化邮政企业的网络优势，导致邮发报刊市场份额流失。自办发行后，为了减轻网络维持成本压力，自办发行公司会以比较优惠的价格吸引邮发报刊交其发行，导致部分邮发报刊多渠道发行或者脱离邮发渠道。

(2) 邮政企业的成本压力会加大。一方面，区域自办发行的报刊会选择经济比较发达、人口比较集中的城区自办发行，将其他区域交邮发行，这无疑会大大增加邮政企业的平均投递成本。另一方面，自办发行在中心城区的服务能力高于邮政企业，要提高市场竞争能力，邮政企业就要不断提高服务水平。这样就造成邮政企业以国家规定的普遍服务的价格提供了超出普遍服务标准的优质服务，加大了邮政企业的服务成本。

(3) 文化、艺术、生活、科普类报刊以及多数行业报刊，都属于经营性报刊，这类报刊的转企改制，将使一大部分小品种报刊生存遇到困难，对邮政目前 8 000 多种发行量不大的报刊将产生毁灭性影响。

(4) 行业报刊脱钩后，行政干预力会明显减弱，报刊发行量将会大幅下降。按照中央有关文件的规定，经营性报刊转制后，原则上要逐步与原主管主办党政机关脱钩。我国多数行业报刊主要是依靠行政力量来推动发行的。一旦与主管机关脱钩，在缺少行政力量推动的情况下，部分行业性报刊发行量将会明显下降。

(5) 出版产业的集团化发展，跨区域联合，私营资本允许进入，将大大增强出版企业的经济实力。届时中国邮政的合作伙伴，将从几千家报刊社一下集中成几十个实力强大的出版传媒集团。特别是在部分行业和地区具有垄断地位的传媒集团，将会走上自办发行。即使不自办的，也会在发行费率、服务质量等方面，向邮政企业施加压力。目前邮政企业作为二级法人的管理模式，任何一个省公司都难以同实力强大的出版传媒集团进行公平谈判。

2. 数字出版发行异军突起，给邮政报刊发行带来不小冲击

邮政虽然具有良好的品牌、信誉、渠道、营销网络及客户群体，但随着信息技术的发展，电子阅读、网络、手机阅读对纸质媒体的替代作用明显加快，读者的阅读习惯发生了很大变化，各大报刊都在努力做大做强数字出版发行。同时，广告主导型报刊的增多影响了邮政报刊发行盈利能力，因此，邮政进军数字出版发行领域刻不容缓。

(二) 邮政报刊发行面临的机遇

邮政虽然面临着严峻的挑战，但机遇往往与挑战并存，主要表现在以下几方面。

(1) 文化产业是朝阳产业，附加值高、创新性强、品牌效应显著，具有很强的扩张能力和持续发展力。

(2) 随着我国城市化进程的加快，城镇人口不断增加，文化消费需求日益扩大，为报刊发行提供了更为广阔的市场。

(3) 报刊社转企改制后，发行竞争更加激烈。报刊社为了生存发展，更加注重产品质量，进一步加强与邮政的合作，为我们带来了新的机遇。

(4) 党报党刊发行体制改革主要是改革事业单位的僵化体制，并没有把脱离邮政作为改革的目标，发行要看市场情况，怎么能够适应市场需求就怎么改。邮政的企业化改革及报社的企业化改革应该是双方的契机,邮政可以与报社建立新型的合作关系,参与或参股到报社组建的发行公司中去,共同面向市场,实现共赢。

第二节 邮政报刊发行作业流程

邮政报刊发行业务虽说是邮政的传统业务,但随着邮政报刊发行信息系统的不断完善和发展,业务流程也处在不断的优化和改造中,目前,邮政报刊发行业务的处理环节主要包括:报刊接办、宣传、收订、缴款、要数汇总、结算、通知印数、分发、运输、投递和零售。

报刊接办是一项职能性的工作,作为报刊邮发的起始环节,是代表邮政部门与报刊社、出版社联系协作的窗口。

报刊社委托邮政企业发行报刊,应提供国家新闻出版广电总局批准报刊出版的批文和省、自治区、直辖市新闻出版局核发的出版许可证和报纸、期刊登记表。报刊社一般应在出版地邮政企业办理发行,如有特殊需要在出版地以外地区邮政企业办理发行,须报中国邮政集团公司审批。接办局报纸按月、杂志按季向报刊社提供该报刊在发行范围内的发行数量分布情况。邮政企业发行的报刊,除使用国家规定的国内统一刊号外,邮政企业编列报刊邮发代号。

报刊接办后,就正式进入邮发渠道,邮政报刊发行业务处理流程如图6-1所示。

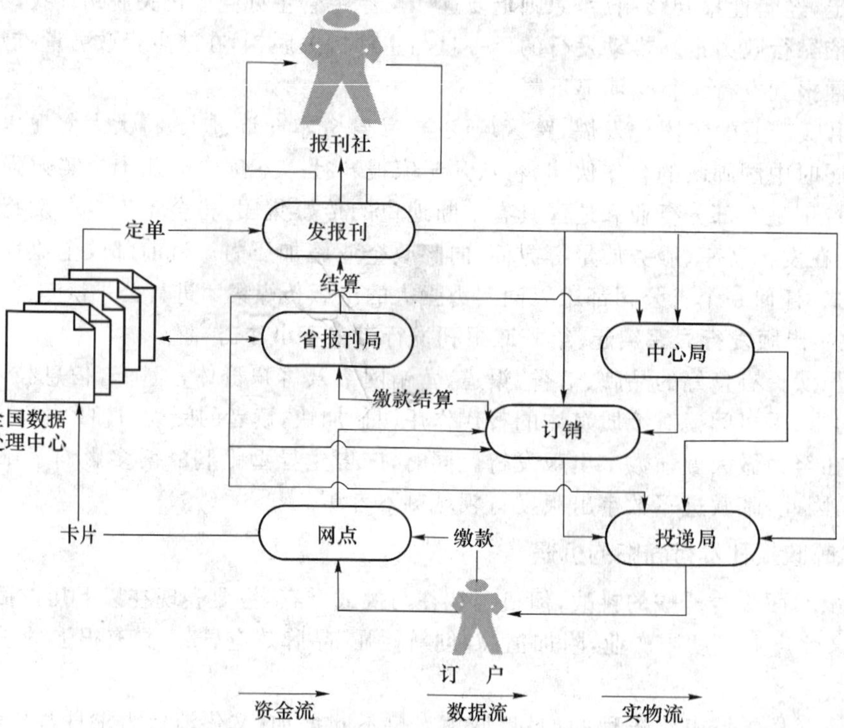

图6-1　邮政报刊发行业务处理流程

一、邮政报刊发行组织机构及职能

邮发报刊的全部工作,根据业务角色不同,由网点、订销局、省报刊发行局、发报刊局和邮区中心局协作分工，共同完成。

1. 网点

网点是指办理报刊收订、退订、改寄、补退款、零售要数、缴款、验单、分发和投递的邮政网点。它包括收订网点、投递网点和零售网点，其业务管理部门是订销局。

2. 订销局

各级市县邮政局，均承担办理发行报刊业务的收订、投递及零售任务，所以在发行业务处理过程中称作订销局。订销局的主要职责包括宣传、订阅审核、网点收订日结处理、账款管理、对账、结算、查验、分发和订销管理，它负责网点的缴款集中，向省局缴款结算和对网点的业务管理等工作。

3. 省报刊发行局

省报刊发行局主要完成业务审核、经营管理、会计结算管理等功能。其主要职责有以下几方面。

(1) 要数审核，对全国中心计算的要数结果进行审核确认。

(2) 完成省局与订销局、省局与发报刊局及省际的报刊款结算。

(3) 对省局负责的报刊目录的变动进行审核处理。

(4) 集中管理长期报刊款。

4. 发报刊局

发报刊局是各省局根据各省报刊出版实际情况和发行需要，在报刊出版地设置的办理报刊发行的专门机构，发报刊局的主要职责包括以下几方面。

(1) 具体负责与报刊社签订发行合同，接办报刊发行任务。

(2) 负责各省订单要数的审核，并进行变数处理和制签。

(3) 向报刊社通知印数。

(4) 向中心局或订销局分发报刊。

(5) 与省局及报刊社办理报刊款结算。

5. 邮区中心局

在邮政报刊发行系统中，中心局报刊分发部门主要完成报刊、图书接收、核对、分拣、封发、查验和发运的工作。

二、邮政报刊发行作业流程

(一) 宣传

为了扩大报刊发行量，在报刊集中收订期间，全国邮政报刊发行部门都会有针对性地组织报刊订阅的宣传活动。通过宣传使广大读者了解报刊的种类、内容、订阅办法、收订的时间等内容。

(二) 收订

除采取窗口收订、上门收订、报刊发行站(员)收订、网上收订、电话收订五种方式外，邮政企业还可根据需要委托社会其他单位或个人代办收订报刊。所有邮政收订窗口均可办理全省范围内通订，订户地址在地址库中明确确认的情况下，可办理全国省际异地订阅。网上可受理全国范围内订阅业务。

订户订阅报刊时应提交准确的投递地址和付款人名址。网上订阅网下取费的业务，付款人和收报人必须在同一省份,订单的起报日期以实际上门取费时双方确定的日期为准。网上订阅网下取费时,投递局收到非本局投递范围内的上门取费信息时,投递局业务处理人员应根据订户所在的实际投递局将"上门取费通知单"调整到正确的投递局。

网站订阅的报刊,到期均可在网站查询续订通知信息。客户可根据网站提供的续订通知在网站办理续订,也可凭订单查询号或续订通知单在邮政营业窗口办理。

(三) 要数汇总

报刊订销局在规定的时间内将收订的各类报刊分类计算收订总份数,另加报刊零售数,填写报刊订单,向全国中心要数。

全国统版邮政报刊发行系统实施后,报刊要数关系也进行了相应的调整。目前,报刊收订(含邮发零售订货)数据实行全国数据中心集中存储和统一处理。发生变动时,全国数据中心对集中存储的数据进行统一处理,生成变动处理信息备查。遇变价、停刊、休刊时,还需对集中存储未要数的数据,分别生成报刊差价单、报刊补退款清单,通知有关单位办理结算,向订户办理补退款。

汇总由全国中心负责分类汇总。发报刊局负责按本地出版报刊(含分地发行、省内、地市县局)的要数时间,接收全国数据中心要数汇总。

(四) 报刊款结算

报刊款是邮政企业经营报刊发行业务形成的业务资金。报刊款结算是邮政企业经营报刊业务中报刊款收缴、支付、分配的过程,是报刊业务的重要环节。

1. 订销局与发报刊局之间收入按照比例分成,各自列收

(1) 省际订销局与发报刊局发行费率分成标准由中国邮政集团公司制定;省内发行的报刊,订销局与发报刊局发行费率分成标准由省公司确定。

(2) 个别报刊需要调整省际订销局与发报刊局费率分成,由省公司上报集团公司发文通知各省执行。

(3) 省内通订业务需要按生产环节分配发行费的,分成标准由省公司局确定。

(4) 特发零售报刊发行费率分成由发货单位与订货单位双方商定。

(5) 零售报刊在邮政内部零售单位之间相互发货,按发行费率分成比例差额计算零售报刊收入。

2. 订销局与网点结算

(1) 停刊、减价退款,根据订户所持的报刊退款单,可在本省范围内办理。所退款额凭订户签收的报刊退款单在当日收订款中抵扣;当日无收订款的,可向出纳员领取备用金垫付,报刊退款单由财务人员保存。

(2) 手工网点产生的差错补、退款必须在原收订局办理。

(3) 订户可在报刊退款单发出之日起,两个月内凭三联报刊退款单办理退款。

(4) 报刊订阅专用单逾期未订阅产生的余款由订销局作溢收处理。

3. 省报刊发行局与订销局间结算

(1) 订阅报刊款结算

1) 订销局发行员按规定周期(由省局确定)查询并打印省公司生成的报刊缴款通知单,交会计人员审核,按规定全额向省局缴款。

2) 省局业务部门按省公司规定周期,根据各订销局订阅报刊款日报单、零售报刊款日报单制作报刊缴款通知单发送各订销局，同时制作报刊缴款汇总通知单(邮发单 041 乙)交财务部门。

3) 省局业务部门根据订销局应缴报刊款及财务部门提供的订销局实缴报刊款按月生成订销报刊款结算单(邮发单 054)，由订销局查询核对。

4) 省局根据订销局已要数报刊的应发款，计算订销局报刊发行收入，生成订销局报刊发行收入结算单(邮发单 055 甲)，订销局报刊发行收入详情表(邮发单 055 乙)交财务部门，由财务部门通知订销局列账。

5) 省局根据当月应缴款、要数款、应付发报刊局报刊款进行平衡后，生成省局报刊款结算单(邮发单 056)交财务部门。

6) 发生报刊变动补退款，省局业务部门将报刊补退款清单交财务部门。逾期未退报刊款清单交财务部门处理。

7) 未订阅的报刊订阅专用单年末由省公司作溢收处理。

(2) 邮发零售报刊款结算

1) 邮发零售报刊根据零售报刊定货单款额全额上缴省公司。

2) 邮发零售报刊收入由省公司业务部门按月计算，省公司财务部门通知订销局列账。

4. 省公司与发报刊局间结算

1) 发报刊局每月 3 日(遇节假日顺延)生成拨付报刊款通知单，通知各省公司缴款。同时将应收发行报刊款清单(邮发单 058)交财务部门。

2) 省公司每月 5 日前(遇节假日顺延)查询各发报刊局的拨付报刊款通知单后，生成拨付发报刊局报刊款汇总清单(邮发单 059)交财务部门，财务部门应于 5 个工作日内向发报刊局拨付当月整订的订阅、零售款及上月的破订、零售款。

3) 发报刊局收到省公司的拨付报刊款通知单后，应及时送交财务部门与银行进账单进行核对，发现不符，及时与相关省公司联系解决。核对无误的拨付报刊款通知单应随同银行进账单一并作为原始凭证进行账务处理。

4) 发报刊局根据各省公司的整、破订报刊汇总数据，报纸于次月 10 日前，杂志于次月 15 日前向各省公司发出发行报刊款结算单(邮发单 051 甲)。

5) 发报刊局对当期结算中因价格、刊期等变动引起结算款额调整，应在发行报刊款结算单中注明，以便于省公司核对。

6) 发报刊局在生成各省公司发行报刊款结算单的同时，生成发行报刊款汇总单，与省公司发生特殊处理费用抵扣款，应生成报刊特殊处理费用清单交财务部门列账。

7) 省公司收到发报刊局发行报刊款结算单后，应于 10 日内与省公司报刊要数款核对清单(邮发表 060)勾挑核对，不符事项在附言栏内说明，返回发报刊局。

8) 省公司对各发报刊局发行报刊款结算单勾挑核对后，应生成应付发报刊局报刊款汇总单，交财务部门列账。

9) 发行报刊款结算单一经发出不得修改。经核对确需调整的项目，应在下期发行报刊款结算单中单独列示说明。

5. 发报刊局与报刊社间结算

1) 报纸日报、周六报于当月 8 日前向报刊社拨付当月整订报纸款的 95%，并结清上月余额；其他报纸于每月 12 日前向报刊社拨付上月的报纸款，遇节假日顺延。

2) 杂志当月最后一期送齐后，3 日内向报刊社结清当月刊款，遇节假日顺延。

3) 零售扩大加发报刊,于次月 12 日前向报刊社拨付上月的报刊款,遇节假日顺延。

4) 提前发行次年度的杂志,于出版月向报刊社拨付刊款。

5) 发报刊局在与报刊社结算前,应根据报刊印数通知单,生成报纸印数汇总清单(邮发表 061 甲)和杂志印数汇总清单(邮发表 061 乙),并分报、分刊填制发行报刊款结算清单(邮发单 062)寄送报刊社。

6) 发报刊局在向报刊社拨付报刊款时,应向财务部门提供拨付报刊社报刊款清单(邮发单 063 甲、063 乙)作为财务部门付款依据;与报刊社结算时,应向财务部门提供应付报刊社报刊款汇总结算单作为财务部门的转账依据。

7) 发报刊局按月生成发报刊局报刊收入计提清单(邮发单 064)交财务部门列账。

6. 异地订阅结算

省际异地订阅报刊,订销局按规定将收订款全额上缴省局。收订省公司将异地订阅报刊款调整通知单(邮发单 065)发给投递省公司,并于月底前将订阅款全额拨给投递省公司。

(五) 通知印数

发报刊局负责按本地出版报刊(含分地发行、省内、地市县局)的要数时间,接收全国数据中心要数汇总,对每种报刊的省别、期别是否属于本局发行和分印供货范围进行审核。汇总印数处理时限为一天。

汇总生成本次总应发份数:包括订阅、零售、赠阅、贴报、零售加印等份数和报刊印数通知单,通知报刊社印数。

通知报刊社印数的时间为:报纸一般为出版前 1 天,日报、周六报、周五报为开印前,期刊的印数时间按邮发报刊出版详情登记表中签订的印数通知时间制定。

(六) 分发交运

报刊出版后,由出版单位或印刷厂将报刊送到发报刊局指定地点(或印刷地),经核对验收后,按订销局(中心局)所要份数进行点数分发,承担面向全国、全省报刊分发任务的部门一般是一、二级中心局。报刊分发关系实行集团公司和省公司两级管理与维护。

(1) 发报刊局省际出口分发关系

1) 一类报刊对省际报刊直封局直封。

2) 二类报刊对承担二类报刊分发功能的省际直封局直封。

(2) 省际报刊直封局进口分发关系

承担二类报刊分发功能的省际直封局承担其所辖的其他省际报刊直封局的进口报刊经转任务,在进口分发二类报刊时,对其经转的省际报刊直封局直封。

(3) 零售公司组织的零售扩大加发报刊,对地市局直封。

(4) 邮发报刊品种较少的邮区中心局或发报刊局对于期报、杂志可两天合封一次,报纸杂志合封的挂报纸袋牌。

邮运部门按照报刊发运时限要求、发运车序,将报刊发运到各订销局。

(七) 投递

订销局收到报刊后,经过进口分拣,投递员按报刊投递卡上的户名、地址,将报刊准确地投送给用户。

(1) 投递部门负责维护段道信息、投递顺序及名址信息工作。

(2) 订销局或网点制作报刊投递清单(邮发单 074)、总投递卡(邮发 075)、分段投递卡(邮发 076)、投递卡(邮发 077)和投递卡交接簿(邮发 078),进行分发和投递工作。投递部门以段区为单位，分别按报刊种类、代号妥善保管投递卡。使用投递卡进行投递的，应注意及时打印增减卡片。

(3) 投递员接收报刊，必须当时核对报刊代号、名称、版面、份数。杂志应与分发人员办理签收。投递杂志需订户在投递卡(或投递清单)上签收，签收有困难的，由投递员批注备查。

(4) 报刊投递可根据报刊情况打印报刊投递清单进行投递，对于需同时投递较多种类报刊的用户应使用报刊大宗投递清单(邮发单 079)。

(5) 报纸、期刊投递频次和时限

1) 本市出版(含分地发行)的日报，当日 5:30 以前交齐市区部分的，对市区所有订户全部实行日报早投，要在上午 8:30 以前投递完毕。其余报纸当日 7:00 以前交齐邮局发报地点的，当日上午投递；11:00 以前交齐邮局发报地点的，当日下午投递。

2) 当地出版的午报、晚报当日投递。

3) 直辖市、省会市的进口报纸，当日 10:00 前到站的，当日投递；24:00 以前到站的，次日上午投递。其他城市的进口报纸，当日 6:00 以前到站的，当日上午投递；当日 12:00 以前到站的，当日投递。进口期刊，当日 5:00 以前到站的，当日投递。

4) 省委机关报在省会及省内分地发行的，市区部分在上午 9:00 以前投递完毕。

(八) 零售

报刊出版后，订销局通过自办或委办零售点，将报刊销售给读者。投递和零售都是报刊发行过程的最后一个环节。

报刊零售分为包销和代销两种经营方式。包销按实际订货款额结算，未销售报刊不退货。代销由供销双方协商确定报刊代销份数、期限、销售信息反馈及结算方式，逾期供货单位要求退货的，由销货方按照协定将代销报刊售剩部分封退发货单位；供货单位不要求退货的，售剩报刊由邮政部门自行处理。

在报刊销售过程中要有针对性地做好宣传推荐，同时要组织专门的配送网络，加快上市时间。报刊零售业务处理过程如下。

(1) 对于挂零售袋牌的进口报刊，当日 12:00 以前到站的，立即交零售部门或通知零售单位自取，当日投放市场销售。

(2) 进口畅销期刊，5:00 以前到站或汽车到局的，当日上午上市销售；15:00 以前到站或到局的，当日下午上市销售。

(3) 各级零售经营单位要设置零售报刊登记簿(邮发表 027 甲)，掌握零售报刊进、销、存情况。

(4) 邮发零售扩大加发报刊和特发零售报刊分别设立相应邮发扩大加发/特发零售报刊登记簿(邮发表 027 乙)，包销、代销报刊应分簿登记。

(5) 特价零售报刊单独设立零售报刊登记簿。

第三节　邮政报刊发行组织管理

一、邮政报刊发行业务的管理体制

邮政部门的报刊发行业务实行集中领导，分级管理，即中国邮政集团公司、省邮政公司、市

(县)邮政局三级管理。中国邮政集团公司的专业管理部门是全国报刊发行业务的管理机构,负责制定有关报刊发行业务的方针、政策、规章制度;编制报刊发行工作发展规划、年度计划,并组织实施,确保计划的圆满完成;使用新技术,配备新设备,不断提高工作效率,确保工作质量;督促检查工作,总结交流经验。

省、市、自治区的专业管理机构是全省发行专业管理部门,负责全省发行业务的组织与管理。具体任务有:贯彻执行中国邮政集团公司制定的报刊发行业务方针政策和业务规章制度,进行市场调查,研究读者结构,制定全省报刊发行业务发展规划和年度计划,改进网点布局和服务方式;确定本省发报刊局,审批邮发报刊的接办,研究制定报刊发行工作组织管理的各项措施;组织开展全省报刊宣传收订和零售工作,总结推广报刊发行工作的先进经验,组织业务监督检查;配合教育部门组织报刊发行专业人员在职培训,不断提高发行队伍的素质;办理全省汇总要数、账务结算工作,负责长期报刊款的管理。

市(县)局包括省会市局和省辖市,除了必须要办理订阅、零售等具体业务外,省会市局或较大的省辖市局,还承担接办当地出版或分印报刊的发行任务,具体做好接办、签订发行合同等工作。

二、邮政报刊发行业务的管理内容

(一) 报刊分发关系管理

1. 报刊分发关系现状

目前省际报刊分发关系也采用集团公司和省公司两级管理模式。

现行的省际报刊分发关系为:将报刊分为两类,两类报刊执行不同的省际报刊分发关系,一类报刊对全国 238 个省际报刊直封局直封,二类报刊对全国 80 个(77 个一二级中心局加上廊坊、承德和张家口共计 80 个)省际报刊直封局直封 。

省内报刊分发关系根据各省的实际生产情况由各省自行确定,直封格口类型有中心局、订销局、投递局和段道等四种类型。

2. 报刊分发关系维护流程和方式

针对不同的主体,报刊分发关系包括发刊局分发关系、中心局分发关系和订销局分发关系,发刊局分发作业习惯称为出口分发,中心局和订销局分发作业习惯称为进口分发。

省内报刊分发关系的调整每月可进行一次,调整后的分发格口和数据于当月最后一天下发。省际报刊分发关系的调整原则上每年进行一次,年度调整每年 11 月中旬进行调整和下发。

3. 报刊分发关系维护注意事项

报刊分发关系是系统进行分发数据计算的依据,报刊分发关系维护是否完整、准确,对于报刊分发作业具有十分重要的影响。

(1) 分发关系必须要完整。发刊局对其省内所有带有名址的投递局(或段道)均有分发关系可以分下去,中心局对其所辖带有名址的投递局(或段道)均有分发关系可以分下去,避免出现分发关系断层的情况。

(2) 要多系统联动进行调整。对于新增投递机构、段道等分发关系的情况下,相关名址数据的调整一定要在分发关系生效后进行。

（二）进口报刊的分发作业管理

1. 接收进口报刊

（1）报刊进口分发部门接收报刊，应根据总路单检查报刊袋、捆的件数，验明袋牌、标签后签收，并在总路单上批注时间。

（2）网上签收转运部门发来的进口报刊总包邮件信息。

（3）拆袋（捆），点份数，登记当班接收报刊的代号、期别、份数、报纸的版面，凡与报刊封发清单内容或规格不符的要报告当班管理人员，及时发验。开拆后的空袋、报皮要整理叠放，生产完毕集中存放在指定地点。

（4）在报刊发行信息系统中对签收的报刊总包信息执行批量开拆。

2. 分发

（1）在报刊要数系统内下载分发数据到报刊分发系统内。

（2）进口报刊分发之前，应清点细数并核对标签份数与分发显示系统数据或报刊分发表应发份数是否相符，发现不符时，应登记报刊短缺登记簿（邮发表 071），根据报刊短缺登记簿进入查验流程。

（3）分发时要核对报刊的名称、期别、代号，分整捆和零数清点数字，按照报刊分发系统显示数据或报刊分发表进行实物分发，做到不错发，不串格。捆扎时应将清单捆在报刊捆的正面。

（4）报刊分发应与投递、邮运班次紧密衔接。

3. 制作分发表

报纸分发表（邮发单 072）和杂志分发表（邮发单 073）简称报刊分发表，是手工点收、分发报刊的依据。分发时，应在相关分发表上登记报刊收到日期和期别。

（1）根据卡片信息，按分发单位制作本局分发表。

（2）报刊分发表的共计份数，必须和本局报刊应发份数相符。

（3）贴报、赠报，应在分发表上注明。

（三）出口报刊的分发作业管理

1. 下载数据制作报签

在报刊要数系统内下载分发数据，按照数据制作报签或报刊条码袋牌。

2. 接收报刊

按规定时间接收报刊社交来的整批报刊。接收报刊应验看报刊代号、报刊名称、出版日期、期别、开本、版面、开印时间、送交时间、送交份数、包装规格等，先点准整捆数，清点零数，收齐，并与报刊印数通知单核对相符后，办理签收手续。包装规格不符合规定的，应通知报刊社限期改进。

3. 分发

分发时核对报刊标签，根据报刊赶发时限，按车次顺序分发，做到准确无误。

（四）一类（畅销）报刊的发行管理

1. 确定报刊封发基本单元的原则

集团公司按照统一的标准确定省际报刊订阅和零售直封局，作为省际报刊封发的基本单元。

（1）各级邮区中心局、非邮区中心局的市（地）局（限本口）可作为订阅或零售的直封局。

(2) 县(市)局汇总所辖各报刊要数量达到报纸100份,期刊(杂志)16开本订阅数达到50份、32开本达到100份的,可作为订阅直封局;汇总所辖各报刊零售点报刊每次批销数达到报纸250份,期刊(杂志)16开本每次批销数达到100份、32开本达到250份的,可作为零售直封局。

报刊经转不属于本省邮区中心局的县(市)局的,可进行省际直封。根据接办合同规定,发报刊局必须及时接发报刊,并按照出口计划组织有效作业,减少报刊的出口封发滞留。

2. 出口封发环节

畅销报刊封成总包时,应按照畅销报刊与普通报刊分别封装。畅销报刊总包必须拴挂畅销报刊总包种类的条码袋牌,袋牌上标注“畅销刊”或“畅销报”字样。报刊出口封发处理时限如下。畅销报刊:自报刊社交报于发报刊局指定地点起,1小时内完成封发作业。普通报刊:自报刊社交报于发报刊局指定地点起,报纸在3小时内分发完毕,赶发当日有效车次;期刊当日分发交运,赶发有效车次。

3. 投递配送环节

(1) 要在重点城市的城区部分,实行“信报分投”。对于信函和畅销报刊在同一投递网内运作的,不得采用报刊投递与普邮匹配投递频次。

(2) 在对“早报早投”设立专有投递频次的情况下,各局应优化作业组织,实现畅销报刊在本投递频次内投递。

(3) 对于零售的畅销报刊要做到随到随分,随发随运,按时限要求及时上市;对于订阅的畅销报刊按时限频次规定进行处理和投递。

4. 时限要求

(1) 出口时限

自报刊社交齐于发报刊局发报刊地点起,1小时内完成封发作业,交发下一环节。

(2) 进口时限

各订销局应根据畅销报刊的到站时间,及时接收、分发、运输和投递。

1) 省会城市当日5:00以前到站的报刊,当日上午投递;当日上午10:00以前进口的,当日下午投递。一般城市当日7:00以前进口的报刊,当日上午投递;当日中午12:00以前进口的,当日下午投递。

2) 报刊零售经营单位要及时组织配送、销售。市区范围内应做到5:00前进口到站的报刊,在零售网点营业前配送上市;16:00前进口的报刊,应保证在1小时内配送上市。

(3) 转运时限

转运部门自接收封发报刊总包起1小时内完成转运作业,按照发运计划发运。

(五) 报刊分地发行的管理

报刊分地发行的管理主要包括报刊分地发行点的建立、撤销,供货范围的调整以及与相关的邮路组织、时限计划、费率管理、收支差额计划的调整、系统数据维护等工作。

选择确定分地发行点要本着合理布局、缩短邮程、减少经转、加快时限的原则。

分地发行点原则上设在二级以上邮区中心局。设立报刊分地发行点的邮政企业应具备以下条件。

(1) 较强的分发、封发和运输能力。

(2) 抵达相关供货单位的直达邮路,能使报刊传递时限明显加快。

(3) 有利于促进分地发行报刊发行量的提高。

发行点按照以下两方面实行分级审批管理。

(1) 面向全国发行的邮发报刊新建、撤销发行点,调整供货范围等工作,统一由集团公司审批管理。

(2) 本省出版的报刊在省内调整分地发行点,由省公司审批管理,一个月内报集团公司备案。

(六) 报刊款的管理

(1) 报刊款是邮政企业经营报刊发行业务形成的专用资金,是邮政企业结算中的专项业务资金。

(2) 各报刊收订网点和订销局收订、零售的报刊款,当天存入银行。订阅报刊款必须严格执行预订预收制度,不得赊订。

(3) 零售报刊要数全额缴款,省公司要核定一定数额的周转金。零售报刊实行现金交易,货款两清,不得赊欠,转批报刊依照协议或合同规定按期缴款和结算,不得赊欠,确保资金安全。

(4) 报刊款全额集中到省局财务部门统一管理,业务部门按月提供拨付报刊款数据,财务部门保证报刊款项的及时拨付。业务部门与财务部门按月核对余额。

(5) 订销局、省公司、发报刊局均应建立业务账簿,进行账款管理,并作为与财务部门对账的依据。

(七) 报刊发行业务的检查

1. 订销业务检查基本内容

(1) 报刊订阅方面

1) 宣传收订方面。检查报刊收订的组织工作,报刊目录的修订,报刊破订及预订预收制度的执行情况。

2) 业务管理方面。检查报刊费收据底联和空白报刊费收据管理和使用情况,检查订阅报刊缴款单与订阅报刊款日报单反映的缴款及少款补缴情况,省、县间结算账款的调整及相关表单处理是否正确等情况。实行计算机管理的,其数据汇总信息也应按上述要求核查,同时建立计算机开机密码登录制度,便于查明原因。

3) 账款管理方面。检查钱据分管,钱账分管,长期订阅款上缴省公司,专款专用等制度执行情况;会计员对收款、缴款的审核情况;会计员与发行员按月核对订阅报刊款、报刊退款、差错补款余额的情况;报刊发行站活动费的提取和使用,以及各项手续费收缴情况。

4) 进口报刊情况。检查进口报刊分发表与卡片汇总数据是否一致,报刊短缺登记簿的登记情况。

5) 报刊投递方面。检查发行部门与投递部门间报纸点交、杂志签收;报刊投递时限,杂志投递签收等情况。

(2) 报刊零售方面

1) 业务管理方面。检查自办、委办网点管理情况,特发报刊接办和处理;组织货源、宣传陈列、销售周期、批销范围、积存滞销、盘点、报损等情况。

2) 账款管理方面。自办、委办网点缴款;批销折扣;零售资金使用情况,是否及时结算;在途余额、库存余额核对。

2. 发刊局的检查的基本内容

1) 业务处理。检查汇总变数、制签、查验处理,补报刊、退款、报皮布管理等情况。

2）报刊分发方面。检查报刊接收，分发包装、捆扎、封发规格，分发交运时限和交接验收。

3）报刊封发质量和时限。直封规定报刊袋捆的封发规格；散件报刊的包装材料、封发规格、经驶线路，报刊社交报交刊时限及规格和抽查情况记录；进出口报刊封发交运时限。

4）账款管理方面。检查发报刊局与省公司账务往来，检查发报刊局与相关报刊社账务往来结算、拨付、报刊增版加张发行费计收情况及计收标准，是否及时结算，其他手续费的计收情况。

（八）报刊投递质量的管理

报纸的投送质量标准同于普通信函投递质量标准，期刊投送质量标准比照挂号信的投递质量标准。如和用户有妥投协议约定的，按协议约定投递；对竞争性报纸的投送，要采取相应的投递措施。对缺报短刊的用户，本埠报刊3日内补送，如不能补送，15日内退款；外埠15日内补偿。但由于自然灾害或非人力所能防范的事故，以致报刊损毁时，邮政局不负补偿责任。

因特殊情况，确实投不出去的报刊，应批注原因，交专人保管待取。待取报刊时间为一个月。期满订户未领取的，由市县局处理。印刷模糊、倒装、缺页、污染等情况订户拒收的报刊，应退分发部门向发报刊局调换。

对于接受赠阅、集订分送等特殊服务的用户，投递部门在首次投递时，应向用户提供报刊投递通知单。邮政局所因报刊短缺暂时无法向订户投送的，要给订户投递报刊短缺通知单，向订户说明原因，承诺报刊补送或退款。

【复习思考题】

1．简述报刊发行业务的体制沿革。

2．简述报刊发行业务的处理流程

3．简述报刊发行业务的组织机构及其职能。

4．简述报刊发行业务的主要管理内容。

第七章　国际邮件的组织与管理

【学习目标】

通过本章的学习，了解国际邮件功能局的设置依据，掌握各个国际邮件功能局的任务；掌握国际邮件封发关系与发运路由的确定原则与要求；了解国际邮件寄递过程；了解国际邮件的监管与检疫的有关规定。

【引导问题】

您了解国际邮件的传递过程吗？国际邮件的传递要经过哪些功能局以及这些功能局在传递过程中各自发挥什么作用呢？国际邮件在传递过程中又有哪些特殊性呢？带着这些问题，我们走进本章的学习。

国际邮政通信是我国邮政通信的重要组成部分，也是我国涉外工作的一个方面。我国国际邮政通信的基本任务，是在我国独立自主、和平共处和改革开放的对外总政策的指导下，通过迅速、准确、安全、方便地传递国际邮件，加强我国与世界各国人民的通信联系，发展同全世界人民的友好关系，促进相互间的政治、经济贸易、科学技术、文化的交流和发展，为我国的社会主义现代化建设服务。

第一节　国际邮件功能局

按照万国邮政联盟规定，国际寄递的邮件，必须由各国指定的互换局对外进行封发和接收处理，其他各局都不得和国外直接发生关系。据此，各国都要根据需要和具体情况设置一定的国际邮件互换局，以便进行国际通信交流。同时，各国应从自身需要出发，设置一定数量的国际邮件交换站，目的在于国际邮件总包直接交换。因此，国际邮件的互换局和交换站成为国际邮政通信中不可缺少的两大功能局。此外，在我国国际邮政通信中，省会局及国际邮件指定经转局和验关局也承担着一定的职能。

一、国际邮件互换局

国际邮件互换局（以下简称互换局）是指与国外邮政机构有直接封发和接收邮件总包关系的邮局。

互换局作为国际邮政通信网路组织中的重要环节，担负着国际邮件进出口的集散重任。互换局是国与国之间互换邮件的具体实施单位，其重要的地位是显而易见的。

（一）国际邮件互换局的作用

国际邮件互换局一般分为航空总包互换局和水陆路总包互换局。国际邮件互换局在国际邮政通信中的作用,主要体现在以下几个方面。

(1) 向指定国外互换局封发各类国际邮件总包。

(2) 接收、开拆各类进口国际邮件总包,处理进口和散寄经转邮件。

(3) 通过缮发验单、简函和拍发电报,与国外互换局进行业务联系。

(4) 根据邮件量变化情况,及时提出调整总包封发关系的意见和散寄邮件原寄国应向邮件寄达国直封总包的建议。

(5) 搞好国际邮件总包的计划封发和发运工作,进行终端费特别统计和散寄航空函件的统计。

(6) 参与国际账务结算工作。根据计算机处理国际邮政账务的需要,及时集中、准确输入各项原始数据,并将数据和相关资料按时传递账务结算中心。未设计算机终端的互换局,应按规定向指定互换局寄送原始资料;对国外邮政修改退回的各类账单,要认真复核,不符之处,要提供原始单据。

(二) 国际邮件互换局的设置

互换局的设立与取消均由国家邮政局审定,各省局可根据实际情况提出增设或关闭互换局的建议。

设置国际邮件互换局的目的是进一步促进对外开放和地区经济的发展,并配合快速、高效干线邮运网路的建设,及时调整直封总包关系和发运路由,合理组织国际邮政通信网路,最终达到确保邮件安全、加快邮件时限、促进业务发展的目的。因此,设置国际邮件互换局要科学、合理、适量。一个国家的互换局不可太多,多了必将增加管理上的困难和经济上的负担;少了又会造成大量邮件的倒流、绕道和迂回现象,影响邮件的传递速度和服务质量。一般来说,国际邮件互换局的设置应以下列条件为依据。

(1) 当地有足够的与国外往来的业务量。这是设置互换局的首要条件。

(2) 交通比较便利。这是设置互换局的客观条件。一般情况,互换局应该设置在海、陆、空港口城市。根据国际邮政的特征,设互换局最好是航空通航局,然后再结合水陆路交通条件综合考虑,以适应对内集散邮件和对外直封总包的需要。

(3) 设有海关驻局办事处。总包的封发开拆和邮袋装卸转运必须经海关监管。海关是否在邮局设立办事处也是设置互换局的必要条件。

(4) 拥有必要的场地、人员、设备的设置。这是设置互换局的物质基础,否则投资成本高,难以实现网路组织中讲求经济效益的原则。

二、国际邮件交换站

国际邮件交换站(以下简称交换站)是负责与国外邮政或邮政的运输代理机构进行国际邮件总包交换的部门。

1. 国际邮件交换站的任务

交换站的主要任务是根据国际航班、车次和海运班期及其进出港时间,安排各类国际进出口邮件总包和过境邮件总包的接收和发运。发现有积压情况,负责查明原因和责任,并与运输部门交涉、清运。

交换站不得开拆和封发国际邮件总包,但对袋皮破损,袋牌脱落,袋绳、封志等发生异常情况的邮件总包,应会同海关、运输部门对其进行查验,重新进行袋封后发出。同时,将查验情况以验单形式通知原互换局、寄达互换局和经转互换局。

按规定，交换站在接收、装卸转运国际邮件总包时需在海关监督下进行。

2. 国际邮件交换站的设置

交换站的设置与撤销和互换局一样，由国家邮政局决定，各省局可根据实际情况提出增设或撤销的建议。根据交换站的任务，其主要设置在国际机场、海港、边境口岸等地理和交通条件便利的地方。国际机场、海港设置的国际邮件交换站，与运输部门——各航空公司、各轮船公司交换邮件总包；边境口岸设置的国际邮件交换站则直接与境外邮政机构互换邮件总包。

我国现有的国际互换局和交换站情况详见附录一（截止日期为 2010 年 12 月）

三、省会局、指定经转局、设关局

我国规定，全国各县、市局收寄的出口国际邮件都必须通过省会局或者国际邮件指定经转局转往国内相关互换局汇总封发，按指定发运路由发运出口；外国发来的进口邮件总包由互换局开拆，发往各省会局或国际邮件指定经转局分转各县、市局投递。可见，省会局和国际邮件指定经转局在国际邮政通信网路中也起着重要作用。

省会局和指定经转局的业务职能基本相同，主要负责全省或指定地区内进、出口国际邮件质量检查和经转工作，对进口用外文书写收件人名址的邮件进行批译并对各局的国际邮件收寄和投递工作进行业务指导。

设关局是海关对国际邮递物品进行查验的功能局，多数设关局担负着互换局、省会局或国际邮件指定经转局的任务，只有个别设关局只有验关单一职能。

第二节 国际邮件封发关系与发运路由

国际邮件按一定的封发关系和发运路由进行发运，特定的封发关系和发运路由的确定受多方面因素的影响。

一、国际邮件的封发关系

国际邮件以总包形式发运，即一个国际邮件总包有一袋或若干袋邮件以及不装袋的外走包裹组成。

（一）国际邮件总包的分类

根据运输方式，国际邮件总包分为以下几类。

1. 航空总包

利用航空邮路发运的总包。航空总包内可以装寄航空函件、优先函件和航空包裹。

2. 优先总包

利用水陆路邮路发运的航空函件或优先函件的总包。优先总包的发运与航空总包的发运具有同等的优先权。

3. 空运水陆路总包

利用航空邮路以低于航空总包的优先性发运的水陆路邮件总包。空运水陆路总包内可以装寄水陆路函件、非优先函件和水陆路包裹。

4. 水陆路总包

利用水陆路邮路发运的内装水陆路函件、非优先函件和水陆路包裹的总包。

另外,还有一类总包——大宗函件总包。它是指同一总包内寄发的同一寄件人交寄的大宗函件超过1 500件,或者在两周内同一寄件人寄发的大宗函件超过5 000件时,寄达邮政有权要求对这类函件单独封成总包。这类总包称为大宗函件总包,大宗函件总包视其运输方式可以是航空总包,也可以是优先总包、空运水陆路总包或者水陆路总包。

(二) 国际邮件封发方式

一般来说,原寄邮政向某一寄达邮政封发邮件,可以有两种方式:直封总包和由经转国散寄经转。

直封总包是指原寄邮政将寄往寄达邮政的邮件,直接封成一袋或数袋发往寄达邮政的传递方式。直封总包可以减少经转,加快邮件的传递。

散寄经转是指,当邮件不具备直封总包的条件,将其封入寄往第三国的邮件总包内,以便转往寄达国的传递方式。

根据《万国邮政公约》规定,各邮政间可将散寄邮件经由第三国经转。这种邮件传递方式,使得原寄邮政减少了国际邮件传递过程中的人力、物力的投入,但很可能延长邮件传递的时间。同时,《万国邮政公约》还规定,如果经转国认为来自原寄国的邮件过多,给其工作带来影响,有权要求原寄国向寄达国邮政直封总包,原寄国邮政必须照办。因此,为了保证国家对外通信的需要,我国应同世界主要国家(或地区)建立相应的邮件总包关系。这种关系是随着我国的政治、经济、文化及对外关系的发展而发展的。

(三) 建立直封总包关系应考虑的因素

从整个国家来说,对哪些国家建立直封总包关系,并通过这些总包关系,将寄往其他各国的邮件用散寄方式转寄到寄达地,是一个需要通盘筹划的重要问题。它不但反映我国与各国之间的关系,同时也反映我国对外邮政通信网路的布局,影响着国际邮政通信网路结构的合理与否。过多的直封总包关系,会造成人力、物力和运费支出的浪费。相反,如果直封总包关系太少了,就要过多地用散寄过境方式寄发国际邮件,势必会影响国际邮政通信的质量。

一般说来,建立直封总包关系应当考虑以下因素。

(1) 我国与寄达国之间通邮数量的大小。对邮件数量较大的寄达国都应当直封总包。

(2) 我国与寄达国之间的交通状况及政治关系如何。对邻近国家和交通运输条件较好的国家和地区,均应建立直封总包关系。

(3) 地区平衡因素。对每一地区的各国,即使邮件数量都不是很多,也要选择关系好的或运输条件较好的国家建立直封总包关系。

以上只是在建立直封总包关系时应着重考虑的几个方面,但要使直封总包关系确定合理并不是件容易的事。直封总包关系的确定还要受到互换局设置合理与否的影响,而且国际关系和业务量及世界各国交通联系等都是在不断变化发展的。因此,必须定期检查直封总包关系是否满足需要,应从实际出发,根据需要和可能及时调整各种直封总包关系。

至于在我国国内由哪个互换局或哪几个互换局向对方互换局封发总包,则需要根据邮件的业务量和发运路由加以考虑。总的要求是尽可能在我国境内减少邮件的倒流和经转。但这是相对的。由于国际邮政通信的特点,受到处理程序和交通条件等方面的制约而造成邮件在国内的倒流和经转,在许多情况下是不可避免的。

对某个国家建立、增加或停封某项总包,均由中国邮政集团公司决定。但是各省、自治区、直辖市邮政公司和互换局都有责任根据实际需要和业务量的增减,提出自己的建议。

我国互换局首次向国外某一互换局封发国际邮件总包，或收到某一互换局首次发来的国际邮件总包，都应将这项总包的对方互换局局名、总包的类别、封发（或接收）日期、袋数、重量以及发运路线等尽快详报中国邮政集团公司。停止向国外某互换局封发邮件总包或国外某互换局停止向本局封发邮件总包时，也应将末次总包的日期、号码等详报中国邮政集团公司。

未经国家邮政局事先通知而收到邮联会员国邮政发来的邮件总包时，接收互换局可以开拆，然后按上述规定将有关情况详报中国邮政集团公司。

二、国际邮件发运路由

国际邮件的发运路由由两部分组成：国际邮件在国内的发运路由和跨国运输所经路由。在不止一个互换局向寄达国封发总包时，省会局（指定经转局）应根据其地理位置和总包的发运路由，按照尽可能避免迂回运输的原则，将邮件发往最适合的互换局。

在这里，我们仅讨论国际邮件跨国运输所经由的路线，即国际邮路的选择。国际邮路是指利用各种运输穿越国境，经过一国（地区）或数国，运递我国出口国际邮件和第三国过境邮件所经由的路线。据此，国际路由的选择有两个方面：一是邮件总包发运路由的选择，二是散寄邮件发运路由的选择。

（一）国际路由选择的原则和要求

国际路由的选择是非常重要的，选择是否适当，直接影响到邮件运递的安全和速度，并影响国家用外汇支付运费的负担，更影响到今后参与国际邮政业务竞争的能力。所以，应该非常重视此项工作。

根据万国邮政联盟的规定，国际邮件的发运路由应由总包原寄邮政根据迅速、准确、安全和经济的原则制定。应以不给经转国邮政造成额外开支为前提，否则经转邮政有权提出修改意见，原寄邮政应予采纳。

为此，选择国际邮路的总原则和要求有以下几个方面。

（1）能够确保邮件在运输途中的安全。

（2）能够迅速转运，尽量减少经转环节。

（3）能够做到运输费用经济合理。

第一点尤为重要。在安全基础上力求迅速，并尽可能的经济。为了选择，就需了解经转国家的政治态度、国际交通网路情况、各条航线所属国籍、起始地点和停靠站、班次、航次和运费率等资料。在此基础上，可进行综合比较计算，挑选出适合我国需要的国际邮件发运路由。

（二）选择国际路由应考虑的因素

具体来说，选择发运路由应考虑以下几点。

（1）尽可能利用最短、最直接的路线，把经转环节减少到最低限度。

（2）在同一路线上有我国运输工具和其他国家运输工具共同运行时，应优先利用我国运输工具（国际航班、远洋货轮等），然后考虑卸运口岸所在国的运输工具，尽量避免使用过路的第三国运输工具。

（3）在总包需经第三国经转时，选择经转国的标准包括：

1）该国与我国和寄达国均有较频繁、稳定的运输联系，最好有总包直封关系；

2）该国国内邮政业务组织得较好，转发邮件安全、迅速且同我国邮政合作较好；

3）该国地理位置适当，邮件无须明显绕道，以保证运费开支合理；

4）不经我国明确规定不与之发生任何关系的国家或地区经转邮件，也不利用它们的国际航班或轮船；

5）水陆路邮件总包一般只用单一路由发运，以简化转运费的结算。

对于寄往没有直封总包关系的国家和地区的国际邮件，在选择封入哪个经转国家的总包时，还要考虑不要过多增加经转国的工作负担，并要注意以下几点。

（1）相关总包的寄达国和散寄邮件原寄达国是邻国或较近，以免出现倒流严重等现象。

（2）总包接受国（即散寄经转国）与邮件寄达国之间有直封总包关系，两国关系较好，并且有较便利的交通条件。

（3）总包接受国与我国关系较好，相互间直接交换的邮件数量较大。

以上条件都是相对的，不一定能找到完全合乎条件的经转国。因此，需要作必要的分析比较，然后加以决定，并随时根据变化的情况加以相应的调整。

中国邮政集团公司根据我国和世界各国的政治、经济关系和各个国家的互换局的通邮情况以及国际交通网路情况编有国际邮件发运路由手册。各互换局在封发各类国际邮件和处理散寄邮件时，都要按该路由手册所列的路由寄发，不得随意变更。各省会局或指定经转局在寄发出口邮件时，也要根据此路由手册，以不倒流和不增加经转为原则，把邮件发往相关的出口互换局，不得错乱。

由于国际关系和交通情况是不断变化的，所以路由手册也要随时加以修订。互换局在工作中要注意新的发运路由的实际效果，为确定最有利的发运路由和了解总包及散寄经转邮件的发运时限，互换局可向寄达局缮发 CN 44 试单，每次调整路由或新建直封总包关系都应发试单数次。试单退回后，应该将情况汇总，报告国家邮政局。同时，还应经常注意进口邮件散寄递路由的变更，随时向中国邮政集团公司提供信息和意见，以便供邮政集团公司调整国际邮政网路时参考。

第三节　国际邮件寄递过程的组织与管理

国际寄递类业务生产过程是指寄件人在邮局交寄国际邮件到寄达国邮局投交收件人的全部处理和运递过程。国际邮件寄递过程包括国内寄递和国外寄递两个方面，这里仅介绍国内传递阶段。

一、国际邮件寄递生产过程的特点

国际邮件寄递生产过程具有以下特点。

（1）具有国际全程全网、联合作业的特点。

（2）国际邮件的处理必须经过省会局（指定经转局）、国际邮件互换局和国际邮件交换站的处理和交换才能完成。

（3）国际邮件中物品类的邮件必须经过海关查验这一环节。

二、国际邮件寄递生产过程的组织与管理

（一）国际邮件寄递生产过程组织与管理的原则

国际邮件的传递过程必须有两个或两个以上的国家（或地区）的邮政部门共同参与、密切

配合才能完成，在国际邮件的寄递过程中，一国邮政只能完成原寄邮政或寄达邮政、经转邮政的处理工作。因此，国际邮件寄递过程的组织管理应遵守以下原则。

(1) 根据国际邮政通信政治性强的特点，在进行国际邮政通信组织管理时，要考虑我国的对外政策、国际关系和国际形势的变化。要保证国际邮政通信有利于促进国家间的政治、经济、文化交流和友好往来。

(2) 要坚持质量第一的思想。国际邮政通信的质量主要体现在邮件的时限和邮件的安全上。在进行邮政全程生产过程的组织管理时，要围绕时限和安全这两个中心进行。

(3) 要坚持全程全网的整体思想。国际邮件传递的组织管理的整体思想应包含两个：一是组织管理的措施要遵守万国邮政联盟统一的规定；二是把国际邮件在国内传递的各环节视为一个整体，在对外的联系和交涉中以一个整体出现，共同维护国家的名誉和利益。

(4) 要与我国的生产经济发展相适应。在确定国际邮件集中处理局、国际邮件互换局与交换站时，既要考虑地理位置，也要适应我国经济的发展。

(二) 国际邮件传递过程的构成

国际邮件寄递过程分为三个阶段：寄发邮政传递国际邮件的过程，接收邮政传递国际邮件的过程，经转邮政传递国际邮件的过程。

(三) 国际邮件传递过程的组织与管理

1. 寄发邮政传递国际邮件的组织与管理

寄发邮政传递国际邮件的组织与管理，如图 7-1 所示。

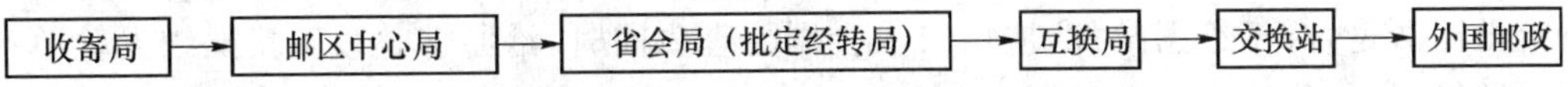

图 7-1　寄发邮政传递国际邮件框图

收寄局：寄件人将邮件投入信箱、信筒或到营业窗口交寄，收寄局将邮件收寄并检查规格和资费，盖销邮票，按照航空和水陆路邮件封往省会局处理。对于设有海关窗口的营业局所，还负责对邮递物品的验关。

邮区中心局：应将各局所收寄来的出口国际信函、明信片、航空邮简发往省局指定的经转局，不可发其他经转局或直接发往出口互换局。接受海关监管的邮件应按划定的范围发往验关局，或者发往互换局。邮区中心局对邮件的处理手续包括：检查是否有不合规格的邮件，出口国际函件应根据其种类和形状单独捆扎，相关封发清单、袋牌上应注明“国际”字样，应使用国内邮袋封装。

省会局(指定经转局)对邮件的处理手续包括：①规格复查。寄达国是否通达有关业务、封面书写、封装规格、资费计收、单式标签、退回邮件的退寄手续等方面是否符合要求，如发现不符，应按规定办理或代为更正补办；发现误发本局的出口国际邮件，应一律随验转寄正确的经转局或验关局处理，并验知原寄局；邮件封面上如发现邮票脱落，应在脱落处加盖“邮票脱落”字样的戳记；对漏销的邮票，应用日戳戳边代为滚销；信函封皮破裂的，应在封面上批注“收到时已破损”字样，加盖日戳，并用国际邮件代封纸代封，并在骑缝处加盖日戳；印刷品、小包或包裹的封装如果不合规定或已经破裂，应设法整理重封后转发，并验知收寄局；破损严重不易发出的，随验单退回收寄局处理；不能退回的，应发验单通知收寄局，征询寄件人意见，两月内没有答复，作无着邮件处理；对退回的无法投递邮件，应检查是否有投递局的日戳和注有退回原因的批条，并代为译成英文或法文。②海关查验：按禁限寄规定进行检查，以及查验邮件是否需要交纳税款;分拣封发互换局。

我国国际邮件互换局:互换局对全国各省发来的出口国际邮件总包进行最终查核,按照寄达国互换局,分别封成航空总包和水陆路总包,按照国家邮政局规定的发运路由编制路单,利用国际联运火车或国际航班,运往寄达国。对于未进行验关的邮递物品进行验关处理。同时,海关在互换局或交换站对出口国际邮件总包进行查验。

寄达国互换局:邮件到达寄达国国际邮件互换局后,按照本国国际邮件处理规则处理。

2. 接收邮政传递国际邮件的组织与管理

接收邮政传递国际邮件的组织与管理,如图7-2所示。

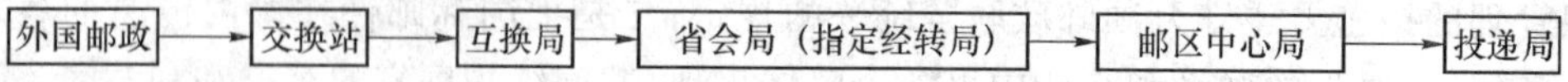

图7-2 接收邮政传递国际邮件框图

国际邮件交换站:国际航空邮件总包通过中外航空公司带到机场,机场邮件交换站与民航部门交接后,将邮件总包按照寄达局连同路单一起交民航续运到寄达互换局。水陆路邮件总包通过边境交换站接收、勾核后,按照寄达互换局分别编制路单,交运输部门运往寄达互换局。

国际邮件互换局:接收总包,进行勾核,复称重量、开拆、分拣封发后,将邮件封往各省会局。具体处理手续包括接收总包时,查验有无随附关单,并核对路单上所登各袋的原寄局、寄达局、总包号码以及总袋数与所收邮件是否相符,如发现不符或不正常情况,应在路单上详细批注,必要时,应由交接双方会同海关人员开拆查验。同时发验单通知原寄互换局。开拆进口总包时,海关人员应在场。当清单上数字与实际邮件不相符时(重量、件数),应修改清单,并在清单上批注清楚,对于给据邮件,应由二人会同处理。同时,给原寄邮政互换局缮发验单一份。分拣和转发时,将落地和需转发国内其他局投递的邮件分拣开;将验关邮件和非验关邮件分拣开;将转关邮件和非转关邮件分拣开。

省会局接收开拆后,对于用外文书写的邮件译注中文,再将邮件封往投递局,通过省内邮路运到投递局。具体处理手续有:复核互换局应办的各项手续,如有遗漏或不符,应妥为补办或更正,必要时,应发验单给进口互换局。逐件检查邮件封面书写,如有错写我国国名、地名情况时,应用红笔圈出,并通知寄件人纠正;验视邮件封装,发现破损但未见异常时可代为整理后转发;若不能转发或发现异常时,应验知互换局;对欠资邮件,按规定办理;对转关邮件,按规定办理;对验关邮件,应验视有无相关税款缴纳证,若无,应将邮件暂存,立即查问互换局,待互换局答复后再行处理;批译收件人名址;转发县、市局投递。

投递局:投交前查验、准备(应收税款的邮件,应在通知书上注明);投交邮件时,会同收件人验视邮件封装是否完好。需要收件人向驻局海关办理验关手续的,应在海关加盖验方戳记后,才能办理投递手续,必须由收件人出示证明,在相关领取通知单或包裹发递单上批明证件种类、号码、填发单位,并签名或盖章;对应纳税的邮件,应按照税款缴纳证代收税款和其他费用(改寄费、退回费、欠资费、欠资处理费、存局候领费、逾期保管费、送交海关验关费等);对海关批明要求收件人提交医疗证明或其他证明的邮件,必须在收件人交验证明后才能投交;邮件投交后,有关单据应加盖日戳和经手人名章后存档。对于逾期保管费应注意,进口500克以上平、挂小包和国际包裹自领取通知单或包裹发递单投递之日起,按照有关规定,在一定期限内无人来领取时,包裹按天数计收逾期保管费;如果查明逾期未领,为邮局责任所致,应当免收保管费,但应注明;邮件在国内改寄,在原投递局保管期间的逾期保管费不收;改寄到国外和退回寄件人的包裹,在原投递局保管期间的逾期保管费应收取,但最多不超过6.53特别提款权。

进口国际邮件同样需要验关手续，对于国际邮件总包，一般在边境交换站或第一互换局进行验关，对于进口邮递物品原则上海关应在第一互换局开拆查验，如省会局有海关驻局的，可以由省会局查验。

3. 经转邮政传递国际邮件的组织与管理

总包过境：经转国邮政不开拆总包，而是由经转国邮政将过境总包转往寄达国。

散件经转：经转国负责需要经转的散件连同本国出口国际邮件一起封成国际邮件总包，按照规定的发运路由运往寄达国。

对于过境的国际邮件总包，海关在最初进口交换站和最后出口交换站实施监管查验。

第四节　国际邮件的监管与检疫

一、国际邮件的监管

中华人民共和国海关是国家的进出境监督管理机关。海关依照海关法和其他有关法律、法规，监管进出境的运输工具、货物、行李物品、邮递物品和其他物品，征收关税和其他税、费及查缉走私，并编制海关统计和办理其他海关业务。

国家在对外开放的口岸和海关监管业务集中的地点设立海关。海关的隶属关系不受行政区划的限制。国务院设立海关总署，统一管理全国海关。海关依法行使职权，向海关总署负责。海关有权对中华人民共和国与其他国家或地区的用户相互寄递的邮递物品行使监督管理、征收关税和查禁走私物品等职能。

（一）国际邮件监管的法律依据

1. 中华人民共和国海关法

海关是国家的行政执行机关，对进出境监督管理的法律依据主要是海关法。海关法是为了维护国家的主权和利益，加强海关监督管理，促进对外经济贸易和科技文化交往，保障社会主义现代化建设而制定的法律规范。

2000年7月8日第九届全国人民代表大会常务委员会第十六次会议通过的《中华人民共和国海关法》（以下简称《海关法》），其中第四十六条至第四十九条做出如下规定：

个人携带进出境的行李物品、邮寄进出境的物品，应当以自用、合理数量为限，并接受海关监管。

进出境物品的所有人应当向海关如实申报，并接受海关查验。海关加施的封志，任何人不得擅自开启或者损毁。

进出境邮袋的装卸、转运和过境，应当接受海关监管。邮政企业应当向海关递交邮件路单。邮政企业应当将开拆及封发国际邮袋的时间事先通知海关，海关应当按时派员到场监管查验。

邮运进出境的物品，经海关查验放行后，有关经营单位方可投递或者交付。

2. 中华人民共和国邮政法

2009年4月24日第十一届全国人民代表大会常务委员会第八次会议通过的《中华人民共和国邮政法》（以下简称《邮政法》），其中第三十条做出如下规定：

海关依照《海关法》的规定，对进出境的国际邮袋、邮件集装箱和国际邮递物品实施监管。

3. 中华人民共和国邮政法实施细则

《中华人民共和国邮政法实施细则》第四十八条对国际邮件的监管做出如下详细规定：

邮政企业根据运输工具到站(港)、离站(港)时间和运递时限制定的作业时间表应当在变更前三日通知海关,海关应当按照邮政企业通知的作业时间表派员到场监管国际邮袋、查验进出口国际邮递物品;逾时不到场,延误运递时限造成的相关责任由海关承担。

海关依法查验国际邮包时,在设关地应当与用户当面查验,收、寄件人不能到场的,由海关开拆查验,邮政工作人员在场配合。被开拆查验的邮包由海关和邮政企业人员共同封装,双方加具封签或者戳记。海关依法开拆查验的印刷品,应当重封并加具海关封签或者戳记。

从《海关法》和《邮政法》的上述规定中可以看出,海关与邮政在监管和处理国际邮递物品时,既有监督与被监督的行政管理关系,又有互相支持、互相配合的协作关系;既有各自的依法权利,又有各自的依法应尽的义务。

海关方面应尽的义务主要有以下几方面。

(1) 按照邮政企业通知的时间按时派员到场监管国际邮件的装卸转运、总包开拆和查验国际邮递物品;逾时不到场,延误运递时限造成的相关责任由海关承担。

(2) 需要封存邮件时,除向寄件人或者收件人发出通知外,还应同邮政企业或其分支机构履行交接手续,并负责保管封存邮件;封存期不得超过45日,邮件在此期间发生丢失、短少、损毁等由海关负责赔偿或处理。

由海关依法变卖的无着进口国际邮包,海关应支付相关邮政费用。

邮政方面应尽的义务主要有以下几方面。

(1) 国际邮递物品必须经海关查验放行后,邮政企业才能投递。

(2) 必须在海关派员到场监管下才能办理国际邮袋的装卸转运、总包的封发和开拆。

经海关查验应征税的国际邮递物品,委托邮政企业代收税款的,邮政企业应按规定办理。

(二) 国际邮件的监管办法

海关对国际邮件的监管办法有两种:一是对我国进出口及过境的国际邮袋的装卸转运和总包封发开拆实施的监督管理,称为国际邮袋监管;二是对我国与其他国家或地区的用户相互寄递的邮递物品进行监督检查,称为国际邮递物品查验。

1. 国际邮袋监管

根据《海关法》和《邮政法》的有关规定,国际邮袋的出入境、开拆和封发、装卸、转运等均应接受海关的监管。海关监管国际邮袋的工作程序如下。

(1) 进口邮袋从国际运输工具起卸时,邮局人员将有关的收发邮件路单一份送海关值勤人员核签后才可以提运。相关邮袋在运往互换局时,邮局应将收发邮件路单一份送交海关查核签印。邮袋到局后,邮局应通知海关,由海关派员检查有关的收发邮件路单,核点邮袋并监视开拆。

(2) 出口邮件在封发时,邮局应通知海关,由海关派员监视封发。邮袋从邮局起运时,邮局应将收发邮件路单一份送交海关查核签印,在邮袋装载国际运输工具时,再交由值勤人员复核,并由其监视装入运输工具。

(3) 过境邮袋在入出境时,分别比照进口邮袋和出口邮袋办理海关核对放行。送交海关的各类路单应由海关加盖关章,作为关单密封后封入相关总包的"F"袋袋口,形成"葫芦袋",拴挂粉红色特别"关单"袋牌一枚,按上述需缮备关单的几种情况分别运至出口国际邮件交换站或进口总包寄达互换局转交驻局海关,海关根据关单对出口和过境邮袋进行验放,对进口邮袋进行开拆监管。

（4）转关邮袋的处理：互换局应将转关进口国际邮件登列清单，封成专袋发往指定验关地的邮局。相关封发清单应多缮一份，由海关加盖关章后，作为关单密封后封入相关邮件袋内一起发运，袋牌上注明"转关邮件"字样。相关设关局收到转关邮袋后，开拆时应将关单交驻局海关，并请海关对进口邮递物品进行查验，经海关查验放行后将邮件发往寄达局投交收件人。

关单是海关对进口、出口、过境国际邮件总包和转关邮件在我国境内运输过程中进行监管的重要文件，相关工作人员应按规章要求谨慎运递与交接。

2. 国际邮递物品查验

海关依据《海关法》对国际邮递物品进行监管查验工作一般称为验关。验关包括进口邮件验关和出口邮件验关两部分。

（1）进口邮件验关

进口互换局对寄往没有设关局的邮递物品和本局落地投递的邮递物品应交驻局海关查验；对寄往有设关局的进口邮递物品应作为"转关邮件"转往相关验关局交驻局海关查验。

海关按照"海关对进出口邮递物品监管办法"对进口邮件验关时，邮局应会同海关办理重封手续，对验讫后的邮件应在封口处粘贴"××海关查验××邮局会同重封"字样的封签并加盖名章，再行投递或转发。

对免税放行的进口国际邮件，由海关加盖免税戳记；对应缴纳关税的国际邮件，按照"海关委托邮局代收税款办法"和"邮局代收税款处理办法"有关规定处理。

验关邮件如由海关取走离开邮局处理邮件现场另行查验的，应向邮局办理交接签收手续。

进口信函内夹带有零星物品经海关验放的，仍按信函处理；海关征税的按小包邮件处理。

印刷品邮件内夹寄物品的，整件按小包处理。

验关邮件如果装有禁止进口或超过规定限量的物品，经海关查验后需扣留、收购、退回的，应按以下办法处理：

1）整件扣留的，邮局向海关办理移交手续；

2）整件收购或部分收购的邮件移交海关处理；

3）内件部分扣留、部分放行的，应将整件交海关处理；

4）整件退回的，由海关在邮件封皮加盖戳记后，按无法投递邮件处理；

5）对海关决定扣留的国际邮件，应使用 CN 13 扣留邮件通知单，将依据的有关法令及对邮件的处理方式通知原寄邮政。

（2）出口邮件验关

出口邮件的查验方式分为窗口查验和在内部查验两种。

1）窗口查验：海关在邮局营业厅设置台席，用户将应接受海关监管的国际邮件，先在海关窗口办理查验手续，海关验放后再到邮局窗口交寄。

2）内部查验：用户在没有海关窗口的邮局交寄需要海关查验的国际邮件，由寄件人填妥报关文件后由收寄局收寄，然后将邮件转发设关局送交海关查验。如果经转局未设海关，经转局将邮件封至出口互换局交海关查验。

出口验关邮件应尽量使用原封装并恢复原样，由海关加盖验放戳记。给据邮件如需离开生产现场查验的，一律登列清单与邮局人员交接签收；对于平常邮件，海关需拿离邮局生产现场查验时不必登记交接。

需要海关验关的邮递物品包括印刷品、印刷品专袋、小包邮件、包裹、保价信函、盲人读物、合封函件以及贴有CN 22验关签条或附有CN 23报关单的进口优先/非优先函件。

除有特殊规定外,寄自和寄往有设关局的各省、自治区、直辖市的进出境邮递物品应由当地驻局海关验关;寄自和寄往没有设关局的各省、自治区、直辖市的进出境邮递物品应由进口互换局或出口互换局驻局海关验关。

二、国际邮件的检疫

国际邮件的检疫是指国家卫生部门或者动植物检疫部门依法对相关邮件进行检疫的法定程序。对邮件进行检疫,是为了防止病疫细菌通过邮寄途径传染、扩散,危害人民身体健康和财产安全。这是国家赋予卫生或者动物检疫部门的一项职权。

(一)有关邮件检疫的法律规定

1. 中华人民共和国进出境动植物检疫法

1991年10月30日第七届全国人民代表大会常务委员会第二十二次会议通过的《中华人民共和国进出境动植物检疫法》第二十八条至第三十三条做出如下规定:

携带、邮寄植物种子、种苗及其他繁殖材料进境的,必须事先提出申请,办理检疫审批手续。

禁止携带、邮寄进境的动植物、动植物产品和其他检疫物的名录,由国务院农业行政主管部门制定并公布。

邮寄规定的名录以外的动植物、动植物产品和其他检疫物进境的,由口岸动植物检疫机关在国际邮件互换局实施检疫,必要时可以取回口岸动植物检疫机关检疫;未经检疫不得运递。

邮寄进境的动植物、动植物产品和其他检疫物,经检疫或者除害处理合格后放行;经检疫不合格又无有效方法作除害处理的,作退回或者销毁处理,并签发检疫处理通知单。

携带、邮寄出境的动植物、动植物产品和其他检疫物,物主有检疫要求的,由口岸动植物检疫机关实施检疫。

2. 中华人民共和国国境卫生检疫法

2007年12月29日第十届全国人民代表大会常务委员会第三十一次会议通过修改的《中华人民共和国国境卫生检疫法》关于邮包的检疫做出如下规定:

入境、出境的人员、交通工具、运输设备以及可能传播检疫传染病的行李、货物、邮包等物品,都应当接受检疫,经国境卫生检疫机关许可,方准入境或者出境。

入境的交通工具和人员,必须在最先到达的国境口岸的指定地点接受检疫。除引航员外,未经国境卫生检疫机关许可,任何人不准上下交通工具,不准装卸行李、货物、邮包等物品。

国境卫生检疫机关对来自疫区的、被检疫传染病污染的或者可能成为检疫传染病传播媒介的行李、货物、邮包等物品,应当进行卫生检查,实施消毒、除鼠、除虫或者其他卫生处理。

3. 中华人民共和国邮政法

2009年4月24日第十一届全国人民代表大会常务委员会第八次会议通过修改的《中华人民共和国邮政法》,其中第三十一条做出如下规定:

进出境邮件的检疫,由进出境检验检疫机构依法实施。

4. 中华人民共和国邮政法实施细则

《中华人民共和国邮政法实施细则》关于邮件的检疫规定如下:

用户交寄的应施行卫生检疫或动植物检疫的邮件,必须附有检疫证书,检疫部门应及时对邮件进行查验,以保证邮件的运递时限。

海关、检疫部门依法查验国际邮递物品或检疫邮件，应注意爱护；需要封存时，除向寄件人或收件人发出通知外，应同邮政企业或其分支机构履行交接手续，并负责保管，封存期不得超过 45 日。特殊情况需要延长封存期的，应征得邮政企业或其分支机构以及寄件人或收件人的同意，并以不致造成被封存国际邮递物品或邮件的损失为前提。被封存国际邮递物品或邮件退还邮政企业或其分支机构时，邮政工作人员应核对无误后予以签收。

依法没收国际邮递物品或经卫生、动植物检疫必须依法销毁的邮件，海关或检疫部门应出具没收或检疫处理通知单；并及时通知寄件人或收件人和邮政企业或其分支机构。

国际邮递物品在依法查验、封存期间，发生丢失、短少、损毁等，由海关或检疫部门负责赔偿或处理。

依法查验邮递物品或对邮件实施检疫需要使用邮政企业或其分支机构的场地和房屋时，由邮政企业与有关部门根据工作需要和实际可能协商解决。

（二）有关检疫邮件的处理规定

（1）凡寄往同我国签有动植物检疫协议的国家的装有应检疫物品的包裹和小包，应由寄件人随附动植物检疫部门签发的有效期内的检疫证书才能出口；对未办妥检疫证书的邮件，邮政企业一律不得收寄与转发。

（2）邮寄入境的植物或植物产品，必须经口岸动植物检疫机关检疫，经检疫未发现检疫对象的，在邮包外加盖邮寄检疫章后放行，发现有检疫对象的，在进行检疫处理后，签发检疫处理通知单，随同邮包由邮局投交收件人；不能进行检疫处理的，在邮包外加贴退包标签，交邮局退回寄件人；必须销毁的，签发处理单后，由邮局将处理单转交寄件人。

活的动植物产品禁止邮寄入境（符合规定的少量样品除外）。

（3）根据有关规定，对有碍卫生的旧衣物和来自疫区能传播疾病的食品等是禁止进口的；出口邮件除按有关规定检疫外，还要遵守对方国家的有关规定和要求，如有些国家对旧衣物要随附消毒证明书，对肉类、罐头食品等须附卫生机关的检疫证书等。

为了保证邮件的运递时限，检疫部门应对上述应检疫的邮件优先检疫，这就要求互换局及设关局根据当地具体情况与动植物检疫部门和卫生检疫部门以及海关协商制定必要的配合办法，以贯彻优先检疫、保证传递时限的要求。

【复习思考题】

1. 国际邮件互换局与交换站的任务是什么，各自设置的依据是什么？
2. 建立国际直封总包关系应考虑的因素有哪些？
3. 选择国际发运路由应考虑的因素有哪些？
4. 简述国际邮件监管与检疫的要求。

附　录

附录一　我国国际邮件互换局、交换站

我国国际邮件互换局、交换站名单(共 56 个)

	互换局兼交换站	互换局	交换站
全国	41 个	9 个	6 个
北京市	北京		
天津市		天津	塘沽
河北省			
山西省			
内蒙古自治区	二连浩特、满洲里、呼和浩特		
辽宁省	丹东、大连、沈阳		
吉林省	长春、图们、长白、集安	延吉	
黑龙江省	黑河、绥芬河、哈尔滨		
陕西省	西安		
甘肃省			
宁夏回族自治区			
青海省			
新疆维吾尔自治区	乌鲁木齐	塔城、喀什、伊宁	霍尔果斯、红旗拉甫、吐尔嘎特、巴克图
上海市	上海		
江苏省	南京	苏州	
浙江省	杭州	温州	
安徽省			
福建省	厦门、福州		
江西省			
山东省	青岛、烟台、威海		
广东省	广州、拱北、深圳、汕头、江门		
广西壮族自治区	南宁、东兴(暂停)、凭祥、水口(暂停)		

续表

	互换局兼交换站	互换局	交换站
湖南省			
湖北省	武汉		
河南省			
四川省	成都		
云南省	昆明、河口、天保(暂停)、畹町(暂停)		
贵州省			
西藏自治区	亚东	拉萨	聂拉木
海南省		海口	
重庆市	重庆		

附录二 水陆路邮件发运路由样表

寄达洲	寄达邮政	封发局	寄达局	邮件种类	发运路由	散寄经转邮政	经转互换局	备注
欧洲	阿尔巴尼亚	上海		水陆路函件		意大利	罗马	
亚洲	阿联酋	上海		水陆路包裹		香港		
亚洲	阿曼	上海		水陆路包裹		香港		
非洲	阿松森岛	上海		水陆路函件		英国	伦敦	
非洲	埃及	上海		水陆路包裹		香港		
非洲	埃塞俄比亚	上海		水陆路包裹		香港		
欧洲	爱尔兰	上海	都柏林	水陆路包裹	SHA-RTM-DUB			船名:中远深圳、中远北京、中远盐田、中远拿波利、中远希腊、中远亚洲、中远中国、中远德国、中远广州,轮流开航。船期为周日,时间为10:00
欧洲	爱尔兰	上海		水陆路函件		荷兰	阿姆斯特丹	
欧洲	安道尔	上海		水陆路函件		法国	巴黎	

附录三 航空邮件发运路由样表

寄达洲	寄达邮政	封发局	寄达局	总包种类	发运路由	开始时间	航班号	卸运时间	卸运航站
大洋洲	澳大利亚	北京	悉尼	航空函件	BJS-SYD	1535	CA175	1055	SYD
大洋洲	澳大利亚	北京	悉尼	航空函件	BJS-SYD	1600	CA173	0650	SYD
亚洲	韩国	北京	首尔	航空函件、包裹	BJS-SEL	0850	CA123	1150	SEL
亚洲	韩国	北京	首尔	航空函件、包裹	BJS-SEL	0720	8Y207	0915	SEL
美洲	美国	北京	旧金山	航空函件、包裹	BJS-SFO	1600	CA985	1140	SFO
美洲	美国	北京	纽约	航空函件、包裹	BJS-(SEL)-NYC	1155	KE852-081	1050	NYC
亚洲	日本	北京	大阪	航空函件、包裹	BJS-OSA	0920	CA927	1300	OSA
亚洲	日本	北京	东京	航空函件、包裹	BJS-TYO	0815	MU271	1520	TYO
欧洲	西班牙	北京	马德里	航空函件、包裹	BJS-(FRA)-MAD	1125	LH721-4416	2320	MAD
亚洲	香港	北京	香港	航空函件、包裹	BJS-HKG	1600	CZ310	1935	HKG
欧洲	英国	北京	大不列颠	航空函件	BJS-(CDG)-LON	1340	AF125-2370	2020	LON
欧洲	英国	北京	考文垂	航空包裹	BJS-LON	1200	CA937	1520	LON
欧洲	英国	北京	伦敦	航空函件	BJS-(CDG)-LON	1340	AF125-2370	2020	LON
亚洲	韩国	长春	首尔	航空包裹	BJS-SEL	0720	8Y207	0915	SEL
亚洲	日本	长春	大阪	航空包裹	BJS-OSA	1400	JL786	1750	OSA
亚洲	日本	长春	东京	航空包裹	BJS-TYO	1530	JL782	1950	TYO
亚洲	香港	成都	香港	航空函件、包裹	CTU-HKG	1600	CA427	1825	HKG
亚洲	韩国	大连	首尔	航空函件、包裹	BJS-SEL	0720	8Y207	0915	SEL
亚洲	日本	大连	大阪	航空函件、包裹	DLC-OSA	1415	NH946	1720	OSA
亚洲	日本	大连	大阪	航空函件、包裹	DLC-OSA	0910	CA151	1220	OSA

附录四　SAL 邮件发运路由样表

寄达洲	寄达邮政	封发局	寄达局	总包种类	发运路由	航班号	卸运航站 窗体顶端
欧洲	阿尔巴尼亚	北京	地拉那	空运水陆路函件、包裹	BJS-(VIE)-TIA	OS64-849	TIA 窗体底端 窗体顶端
欧洲	爱尔兰	北京	都柏林	空运水陆路函件、包裹	BJS-(FRA)-DUB	LH8067-4984	DUB 窗体底端 窗体顶端
欧洲	奥地利	北京	维也纳	空运水陆路函件、包裹	BJS-VIE	OS64	VIE 窗体底端 窗体顶端
大洋洲	澳大利亚	北京	悉尼	空运水陆路函件	BJS-SYD	CA175	SYD 窗体底端 窗体顶端
美洲	巴西	北京	里约热内卢	空运水陆路函件、包裹	BJS-(CHI)-(WAS)-RIO	UA850-600-873	RIO 窗体底端 窗体顶端
欧洲	白俄罗斯	北京	明斯克	空运水陆路函件	BJS-(FRA)-MSQ	LH8067-3240	MSQ 窗体底端 窗体顶端
欧洲	保加利亚	北京	索非亚	空运水陆路函件、包裹	BJS-(FRA)-SOF	LH8067-3358	SOF 窗体底端 窗体顶端
欧洲	比利时	北京	布鲁塞尔	空运水陆路函件、包裹	BJS-(FRA)-BRU	LH8067-4592	BRU 窗体底端 窗体顶端
欧洲	冰岛	北京	雷克雅未克	空运水陆路函件	BJS-CPH-REK	SK996-FI205	REK 窗体底端 窗体顶端

附录五　卡哈拉及重点国家EMS发运路由样表

寄达邮政	出口互换局	寄达互换局	发运路由	国内段运输			国内段经转				国外段经转			抵达时间	卸运航站
				航班号	起飞时间	抵达时间	经停经转局	续运航班号	起飞时间	抵达时间	经停经转局	续运航班号	起飞时间		
日本	杭州	大阪	HGH-KIX	MF 875	0940									1235	KIX
澳大利亚	北京	墨尔本	BJS-HKG-MEL	CX 317	0750					1125	香港	CX 135	1920	0730	MEL
澳大利亚	北京	墨尔本	BJS-BKK-MEL	TG 615	1750					2200	曼谷	TG 999	0810	2120	MEL
澳大利亚	上海	墨尔本	PVG-KUL-MEL	MH 387	0955					1525	吉隆坡	MH 149	2135	0815	MEL
澳大利亚	上海	墨尔本	PVG-HKG-MEL	MU 703	1115					1355	香港	CX 135	1920	0730	MEL
澳大利亚	天津	墨尔本	TSN-BJS-HKG-MEL	快速汽车	2310	0145	北京	CX 317	0750	1125	香港	CX 135	1920	0730	MEL
澳大利亚	天津	墨尔本	TSN-BJS-BKK-MEL	快速汽车	2310	0145	北京	TG 615	1750	2200	曼谷	TG 999	0810	2120	MEL
澳大利亚	北京	悉尼	BJS-SYD	CA 175	1535									1055	SYD
澳大利亚	北京	悉尼	BJS-SYD	CA 173	1600									0650	SYD
澳大利亚	福州	悉尼	FOC-HKG-SYD	MU 571	0900					1030	香港	CX 111	1905	0715	HKG

参考文献

[1] 王为民. 邮政管理基础知识.北京:人民邮电出版社,2003.
[2] 王为民. 邮区中心局生产组织与管理.北京:人民邮电出版社,2006.
[3] 赵栓亮. 邮政业务与管理.北京:科学技术出版社,2003.
[4] 王为民. 邮政通信地理.北京:北京邮电大学出版社,2008.
[5] 国家邮政局邮政通信职业技能鉴定中心. 邮政通信特有职业技能鉴定培训丛书.北京:人民邮电出版社,2007.
[6]《邮政业务学习》编辑部.邮政业务学习报.2007.
[7]《中国邮政报》编辑部.中国邮政报.2007.